Sammlung Metzler
Band 323

Martina Wagner-Egelhaaf

Autobiographie

2., aktualisierte und erweiterte Auflage

Verlag J.B. Metzler Stuttgart · Weimar

Die Autorin

Martina Wagner-Egelhaaf, geb. 1957; Studium der Literaturwissenschaft und Geschichte in Tübingen und London; 1994 Habilitation; Professorin für Neuere Deutsche Literatur in Münster. Bei J.B. Metzler sind erschienen: Die Melancholie der Literatur, 1997; Mystik der Moderne, 1989.

Bibliografische Information Der Deutschen Bibliothek
Die Deutsche Bibliothek verzeichnet diese Publikation in der Deutschen Nationalbibliografie; detaillierte bibliografische Daten sind im Internet über <http://dnb.ddb.de> abrufbar.

Gedruckt auf säure- und chlorfreiem, alterungsbeständigem Papier

ISBN 13: 978-3-476-12323-7
ISBN 10: 3-476-12323-5

© 2005 J.B. Metzlersche Verlagsbuchhandlung
und Carl Ernst Poeschel Verlag GmbH in Stuttgart
www.metzlerverlag.de
info@metzlerverlag.de

Einbandgestaltung: Willy Löffelhardt
Satz: Johanna Boy, Brennberg
Druck und Bindung: C.H. Beck, Nördlingen
Printed in Germany
September / 2005

Verlag J.B. Metzler Stuttgart . Weimar

Inhalt

I. Einführung
Zum systematischen Ort der Autobiographie in der Literaturwissenschaft

Biographien und Autobiographien erfreuen sich gegenwärtig großer Beliebtheit; die Medien berichten von einem wahren **Autobiographie-Boom** in den USA, bei dem namentlich die Lebensgeschichten sog. ›einfacher‹ und ›kleiner‹ Leute nachgefragt werden. Offenbar mobilisiert die Erwartung, in biographischen und autobiographischen Zeugnissen authentischer Lebenserfahrung zu begegnen, eine breite Leser- und Leserinnenschaft. Das Spektrum biographischer und autobiographischer Produktion ist allerdings bemerkenswert weit gefächert: Neben literarisch anspruchslosen, oftmals von Ghostwritern verfassten und in der Nähe des Enthüllungsjournalismus angesiedelten Darstellungen des Lebens von Personen aus dem Bereich der Medien- und der Unterhaltungsbranche stehen solide erzählte und fundiert recherchierte Lebensberichte historischer und zeithistorischer Persönlichkeiten sowie schließlich literarisch ambitionierte Texte, die sich an ein geschultes Lesepublikum wenden.

Vereinfachend gesprochen lassen sich zwei – nicht notwendigerweise auseinander fallende – Rezeptionshaltungen unterscheiden: Zum einen werden biographische und autobiographische Texte gelesen, weil ihre einem historischen oder einem menschlich-lebensweltlichen Interesse verpflichteten Leserinnen und Leser Einblick in und Aufschluss über realiter gelebtes Leben gewinnen möchten, zum anderen sind es ästhetische Beweggründe, die hinter der Lektüre von Lebensdarstellungen stehen, etwa die Frage, wie ein Autor oder eine Autorin die intrikate Aufgabe, historisch zurückliegendes Leben darzustellen, künstlerisch-literarisch bewältigt.

Mehr noch als die Biographie steht die Autobiographie in der Spannung dieser doppelten Perspektive, insofern als die Autorin oder der Autor die Chronik des eigenen Lebens schreibt, d.h. Subjekt und Objekt der Darstellung zugleich ist. Ihre zweifache Lesbarkeit als **historisches Zeugnis** und als **literarisches Kunstwerk**, ihr Grenzgängertum zwischen Geschichte und Literatur scheint die Autobiographie an eine Randposition des genuin literaturwissenschaftlichen Feldes zu verweisen – und doch betrifft sie aus ebendenselben systematischen Gründen den Kernbereich allgemeinliteraturwissenschaftlichen Fragens und Erkennens.

1. Wahrheit und Dichtung oder:
Die ›Wirklichkeit‹ der Autobiographie

Der viel besprochene Haupttitel von Johann Wolfgang von Goethes in den Jahren von 1811 bis 1833 erschienener Lebensdarstellung *Dichtung und Wahrheit. Aus meinem Leben* verweist auf
die bereits erwähnte Grundspannung jeglichen autobiographischen
Schreibens. Auf der einen Seite beanspruchen Autobiographien
– und ihre Leserinnen und Leser knüpfen ihre Erwartungen an
diesen Anspruch –, **historische Realität** wiederzugeben, das gelebte Leben der Verfasserin oder des Verfassers so darzustellen,
›wie es wirklich war‹. Autobiographien werden vielfach gelesen,
weil sie ein Mehr an Wissen in Aussicht stellen, weil sie etwas
zu offenbaren versprechen, was man (so) noch nicht wusste. Ihr
Anspruch auf die sog. ›Wirklichkeit‹ macht die Autobiographie zu
einem referenziellen Text. Auf der anderen Seite ist offenkundig,
dass die Autobiographie diesen Anspruch nicht einlösen kann. Der
objektiven Berichterstattung steht die **subjektive Autorposition**
gegenüber: Es liegt auf der Hand, dass niemand in der Lage ist, die
subjektive Wahrnehmungsperspektive hinter sich zu lassen. Wünsche und Illusionen leiten die Selbst- wie die Fremdwahrnehmung;
nicht ohne Grund beschreibt die Psychoanalyse die menschliche
Selbst*er*kennung als Selbst*ver*kennung. Allerdings erweist sich bei
genauerem Zusehen das Kriterium der Objektivität als ein höchst
problematisches, stellt sich doch die grundsätzliche Frage ihrer
Verifizierbarkeit.

Was heißt Objektivität im Hinblick auf historische Sachverhalte? Objektivität ist keine messbare Größe und auch nicht das
arithmetische Mittel aller subjektiven Wahrnehmungseinstellungen.
Auch am Faktischen lässt sie sich nicht ohne weiteres festmachen:
Ob etwas Fakt ist oder nicht, unterliegt der Bewertung, und selbst
bei offenbar feststehender Faktenlage ist die Frage nicht ausge-
räumt, ob für die Konstitution eines Sachverhalts nicht weitere
und wenn ja, welche Fakten zu berücksichtigen und in welcher
Weise sie aufeinander zu beziehen wären. Doch selbst im Bereich
des mathematisch Messbaren bleibt Objektivität eine relative, auf
Vereinbarung gegründete Kategorie. Als Bemessungsgrundlage des
autobiographischen Dokumentcharakters ist die Vorstellung einer
objektiven Wirklichkeit demzufolge untauglich.

Goethes Titelüberschrift spricht daher auch nicht von ›**Wirk-
lichkeit**‹, sondern von ›**Wahrheit**‹. »Es sind lauter Resultate meines
Lebens«, protokolliert Eckermann am 30. 3. 1831 eine Äußerung
Goethes, »und die erzählten einzelnen Facta dienen bloß, um eine

allgemeine Beobachtung, eine höhere Wahrheit, zu bestätigen.« Es geht Goethe also nicht um das Faktische seines Lebens, vielmehr setzt er dem Faktischen eine ›höhere Wahrheit‹ entgegen. Diese Wahrheit ›erhebt‹ sich über die Fakten und erhält zudem den Index des Allgemeinen sowie rückwirkend festgestellten Resultatcharakter. »Ich dächte«, fährt Eckermanns Goethe fort, »es steckten darin einige Symbole des Menschenlebens. Ich nannte das Buch *Wahrheit und Dichtung* [aus Gründen des Rhythmus vertauschte Goethe später die Termini; W.-E.], weil es sich durch höhere Tendenzen aus der Region einer niedern Realität erhebt.« Das ›Höhere‹ der Wahrheit sowie ihr Resultatcharakter sind Produkte der nachträglichen, der deutenden Bearbeitung. Insofern ist Goethes ›Wahrheit‹ nur scheinbar dem Begriff der ›Dichtung‹ entgegengesetzt.

»Wenn aber ein solches in späteren Jahren nicht möglich ist, ohne die Rückerinnerung und also die Einbildungskraft wirken zu lassen, und man also immer in den Fall kommt gewissermaßen das dichterische Vermögen auszuüben, so ist es klar daß man mehr die Resultate und, wie wir uns das Vergangene jetzt denken, als die Einzelheiten, wie sie sich damals ereigneten, aufstellen und hervorheben werde«, liest man dazu in Goethes Brief an König Ludwig von Bayern vom Dezember 1829 (Goethe, *Briefe*, S. 209). Nur wenig früher im selben Brief fällt das Stichwort der »**Fiktion**«, der Dichtung also, als eines bewusst eingesetzten Mittels, um »das eigentliche Grundwahre« seines Lebens darstellen zu können. Der zum Wahrheitsanspruch gewandelte Wirklichkeitsanspruch der Autobiographie befindet sich also auf dem direkten Weg zur Dichtung: Die Wahrheit wird mittels der Dichtung offenkundig. Goethes Autobiographiekonzept stellt in gewisser Weise eine Verbindung der in Aristoteles' *Poetik* sorgsam auseinander gelegten Modalitäten von Geschichtsschreibung und Dichtung dar, denen zufolge der Geschichtsschreiber berichtet, was geschehen ist, das Besondere, während der Dichter das Allgemeine darstellt, das, was geschehen könnte. Freilich ist das Goethesche Wahrheitskonzept nur *ein* mögliches Modell, andere Modelle von Wahrheit sind an die Autobiographie herangetragen worden (vgl. Winter 1985, S. 43–78), wobei stets ihre begrenzte Gültigkeit für die autobiographische Selbstvergegenständlichung zutage tritt.

Neben den Kategorien ›Wirklichkeit‹ und ›Wahrheit‹ taucht in der Autobiographiediskussion immer wieder das Kriterium der ›**Wahrhaftigkeit**‹ auf, das der Einsicht in die Begrenztheit der subjektiven Wahrnehmung Rechnung zu tragen sucht: Wenn die Autobiographie nicht im Stande ist, die ›wahre Wirklichkeit‹ zu protokollieren, so hat sie doch ›wahrhaftig‹ zu sein, d.h. nach bestem Wissen und Gewissen zu berichten. So jedenfalls führen sich zahlreiche Autobiographien namentlich früherer Jahrhunderte ein. Auch werden autobiographische Zeugnisse von vielen Interpreten und Interpretinnen explizit oder implizit an dem Kriterium der Wahrhaftigkeit gemessen. Mit ihm verbindet sich die bereits erwähnte Authentizitätserwartung: Gegenüber mittelbarem, aus den Archiven der Gelehrsamkeit bzw. der literarischen Tradition geschöpftem Wissen verspricht die Autobiographie als individuelle Lebensäußerung eines konkreten Menschen authentisch gelebte und darum ›wahre‹ Erfahrung. ›Wirklichkeit‹, ›Wahrheit‹, ›Wahrhaftigkeit‹, ›Authentizität‹ sind die Leitbegriffe eines traditionellen, häufig unreflektierten Autobiographieverständnisses.

Auch wenn seit Goethe dem Moment der ›Dichtung‹ ein Mitspracherecht im autobiographischen Schaffensprozess eingeräumt wird, so gelten die genannten Kategorien einem unkritischen Verständnis doch als die bestimmenden, die Autobiographie von ›reiner‹ Fiktionalität unterscheidenden Wesensmerkmale des selbstbiographischen Genres. An dieser Stelle sei dazu nur so viel gesagt, dass es sich dabei um einen idealen Anspruch handelt, der sowohl die Produktion wie die Rezeption leiten mag, den aber bereits eine seit der Antike zu beobachtende Grundfunktion des Autobiographischen, die der **Rechtfertigung**, konterkariert, von ästhetischen Motivationen in diesem Zusammenhang einmal ganz zu schweigen. Auf der Grundlage der Texte selbst lassen sich ›Wirklichkeit‹, ›Wahrheit‹, ›Wahrhaftigkeit‹ und ›Authentizität‹ ohnedem nicht feststellen.

Aus genau diesem Dilemma, dass der autobiographische Text auf der Folie und als Funktion einer außertextuellen Realität wahrgenommen wird, aus dem Widerstreit zwischen **Referenz** und literarischer **Performanz** resultiert die eigentümliche literaturwissenschaftliche Position der Autobiographie: ihre Nähe zum Roman und die Tatsache, dass ein autobiographischer Text als solcher letztlich von einem Ich-Roman nicht zu unterscheiden ist. So gibt es nicht wenige Romane, die sich in das Gewand der Autobiographie kleiden, z.B. Christian Reuters *Schelmuffsky* von 1696/97; auch Thomas Manns *Bekenntnisse des Hochstaplers Felix Krull* (1954) simulieren (und parodieren) gleich mit dem ersten Satz die autobiographische Schreibsituation:

»Indem ich die Feder ergreife, um in völliger Muße und Zurückgezogenheit – gesund übrigens, wenn auch müde, sehr müde (so daß ich wohl nur in kleinen Etappen und unter häufigem Ausruhen werde vorwärtsschreiten können), indem ich mich also anschicke, meine Geständnisse in der sauberen und gefälligen Handschrift, die mir eigen ist, dem geduldigen Papier anzuvertrauen, beschleicht mich das flüchtige Bedenken, ob ich diesem geistigen Unternehmen nach Vorbildung und Schule denn auch gewachsen bin.«

Der spielerische Umgang mit den Formeln der Lebensbeschreibung, die ›Unwahrscheinlichkeit‹ der z.T. grotesken Erlebnisse und nicht zuletzt außertextuelles Wissen verraten schließlich doch das fiktionale Konstrukt; indessen gibt es auch hier kein unbestechliches Kriterium für die Trennung von Roman und Autobiographie: Warum sollte eine Autobiographie nicht ebenfalls mit ihrer Formensprache spielen? Und bekanntlich ist die ›Wirklichkeit‹ oft grotesker als das, was sich erfindungsreiche Geister auszudenken in der Lage sind.

Andererseits gibt es Texte, die sich nachweislich der Biographie ihrer Autoren und Autorinnen bedienen und sich doch selbst das Etikett des Romans verleihen. Zu denken ist an Karl Philipp Moritz' *Anton Reiser* (1785–90), der sich den Untertitel eines »psychologische[n] Roman[s]« gibt, oder an Gottfried Kellers *Grünen Heinrich* (1854/55; 1879/80). Schließlich wird gerade in der jüngsten Autobiographiediskussion geltend gemacht, dass das Moment der Fiktion dem Begehren nach Selbstausdruck keinesfalls entgegenstehe, dass sich im Gegenteil *jeder* Ich- und Weltbezug als ein fiktionaler vollziehe, die Fiktion mithin erst die autobiographische Realität produziere (vgl. Finck 1995b). In diesem Sinne ist denn auch der Terminus ›**Autofiktion**‹ vorgeschlagen worden (vgl. Gronemann 1999, 2002). Da die Frage nach dem Verhältnis von Realität und Fiktion auch die romantheoretische Debatte bestimmt, kann die Autobiographie in ihrer eigentümlichen Zuspitzung der Referenzproblematik als Modellfall der Diskussion um die literarische Mimesis, d.h. den spezifischen Nachahmungscharakter der Literatur, begriffen werden.

2. Die Autobiographie und das Autobiographische

Die Feststellung der phänomenologischen Nichtunterscheidbarkeit von Autobiographie und fiktiver Lebenserzählung im Ich-Roman wirft die Frage nach dem **Gattungsstatus der Autobiographie** auf. Tatsächlich wird die Autobiographie häufig als eine eigene Gattung beschrieben. Philippe Lejeune etwa definiert die ›Gattung‹ ›Autobiographie‹ folgendermaßen:

»*Rückblickende Prosaerzählung einer tatsächlichen Person über ihre eigene Existenz, wenn sie den Nachdruck auf ihr persönliches Leben und insbesondere auf die Geschichte ihrer Persönlichkeit legt.*« (Lejeune 1994, S. 14)

Damit sind die folgenden Markierungen gesetzt:

- Die Autobiographie ist eine Erzählung in Prosa,
- sie behandelt eine individuelle Lebensgeschichte,
- Autor und Erzähler sind identisch,
- Erzähler und Hauptfigur sind ebenfalls identisch,
- die Erzählperspektive ist retrospektiv.

Andere Definitionsversuche ließen sich dem Lejeunes zur Seite stellen. Gattungsbegriffe dienen der Strukturierung des literatur-wissenschaftlichen Feldes. Sie haben daher heuristischen Charakter. Auch wenn Goethe in den *Noten und Abhandlungen* zum *West-Östlichen Divan* (1819) Epos, Lyrik und Drama als »ächte Natur-formen der Poesie« (Goethe, *Divan*, S. 206) beschreibt, ist doch zu sehen, dass dem vermeintlich Natürlichen immer auch eine historische Dimension eignet, dass Gattungsbegriffe konventionell sind, wie nicht zuletzt die von Goethe sanktionierte Dreiteilung vor Augen führt, die trotz aller offenkundigen Unzulänglichkeiten bis heute im Gebrauch ist. Gattungsdefinitionen sind auch immer normativ (zur Normativität von Gattungsbegriffen differenziert, aber doch am Gattungsgedanken festhaltend vgl. Lejeune 1994, S. 379ff.).

Dies wird insbesondere deutlich, wenn Lejeune im Anschluss an seine definitorische Bestimmung der autobiographischen Gattung die Autobiographie von ihren »**Nachbargattungen**« abzugrenzen bemüht ist: Memoiren, Biographie, personaler Roman (Ich-Ro-man), autobiographisches Gedicht, Tagebuch, Selbstporträt oder Essay unterscheiden sich von der Autobiographie dadurch, dass sie jeweils eines der genannten autobiographischen Gattungskriterien nicht erfüllen. Memoiren stellen nicht die individuelle Lebensge-schichte in den Mittelpunkt (sie beinhalten vielmehr Gedanken, Erinnerungen und Beobachtungen meist einer Figur des öffentli-chen Lebens zu ihrer Zeit, Begegnungen mit anderen Persönlich-keiten, der von ihr mitgestalteten Politik etc.); bei der Biographie entfällt das Kriterium der Identität von Erzähler und Hauptfigur; der personale Ich-Roman weist keine Identität zwischen Autor und Erzähler auf; dem autobiographischen Gedicht fehlt die Prosaform; das Tagebuch ist nicht retrospektiv (es schreitet mit seinen Eintra-gungen vielmehr von Tag zu Tag fort), während Selbstporträt und Essay sowohl das Kriterium der Erzählung als auch dasjenige der Retrospektive nicht erfüllen (vgl. Lejeune 1994, S. 14).

So einleuchtend derartige um Klarheit und Eindeutigkeit be-mühte Abgrenzungen auf den ersten Blick erscheinen mögen, bei näherem Hinsehen erweisen sie sich als problematisch. Das konkrete Einzelbeispiel zeigt, in welchem Maß jede Autobiographie an den von Lejeune als »Nachbargattungen« qualifizierten Darstellungsformen partizipiert: Jede Autobiographie hat auch Memoirencharakter, insofern als sie, und oftmals sehr ausführlich, ihren Blick auch auf Zeitumstände und Mitmenschen richtet – nicht nur Goethes *Dichtung und Wahrheit* ist dafür ein Beispiel. Gleichermaßen ist, wie bereits angesprochen, das fiktionale Moment des personalen Romans aus keiner Autobiographie wegzudiskutieren. Essayistische und selbstporträtierende Passagen finden sich in jedem autobiographischen Text. Selbst integrierte Biographien anderer sind keine Seltenheit; Goethe – um bei einem der Leitparadigmen der europäischen Autobiographik zu bleiben – etwa erzählt die Geschichte seiner Schwester Cornelia mit. Ruth Klüger integriert ihrer Autobiographie *weiter leben* (1992) Gedichte autobiographischen Gehalts – und warum sollte eine Autobiographie nicht überhaupt in Gedichtform abgefasst sein?

Weiter kennt die Literaturgeschichte Beispiele, in denen der Erzähler nicht »Ich« sagt, sondern von sich selbst in der 3. Person erzählt. Hier bedient sich die Autobiographie der Darstellungsform der Biographie bzw. geht in diese über (vgl. etwa Heinrich Seuses *Vita* von 1327), oder aber sie ist überhaupt als Roman lesbar, wie dies beispielsweise bei Moritz' *Anton Reiser* oder Kellers *Grünem Heinrich* der Fall ist. Überhaupt wird man in der Autobiographiegeschichte ein zunehmend souveräneres Verhalten, ja gar einen spielerischen Umgang mit den tradierten Merkmalen der Gattung beobachten können. All dies erweist die **Relativität und den heuristischen Charakter von Gattungsbestimmungen**.

Andererseits lässt sich geltend machen, dass gerade das Bestehen von Gattungsnormen deren gezieltes Überschreiten, wie es insbesondere in der modernen Autobiographik der Fall ist, erst ermöglicht. Indessen stellt auch das letztere Argument keine Rechtfertigung für die Naturgegebenheit und die Normativität von Gattungen dar, vielmehr zeigt es deren **Konventionalität**, die Tatsache, dass Gattungstraditionen zu einem guten Teil diskursiv installiert sind. D.h. die autobiographische Produktion bildet durchaus gemeinsame Strukturmomente aus; die Beobachtung wiederkehrender Strukturen produziert einen – rezeptionstheoretisch gesprochen – »Erwartungshorizont«, der insofern produktiv wird, als er nicht nur die Rezeption, sondern gleichermaßen die Produktion autobiographischer Texte leitet. Jeder einzelne autobiographische Akt, sei es das Lesen oder das Schreiben einer Autobiographie, bestätigt und modifiziert die ›Gattung‹ Autobiographie. Nur in diesem relativen, **diskursfunktionalen Verständnis**, keinesfalls im Blick auf eine normative Vorgabe, lässt sich sinnvoll von der Autobiographie als einer Gattung sprechen.

Abgesehen davon erscheinen aus heutiger Sicht die bemühten Versuche der älteren Forschung, die Autobiographie von anderen Gattungen abzugrenzen und das diesbezügliche Unterscheidungsinstrumentarium unendlich zu differenzieren, wenig ergiebig, weil sie an heute mehr interessierenden Fragen wie derjenigen nach der kulturellen Funktion der autobiographischen Selbstvergegenständlichung oder der topischen Verfasstheit der autobiographischen Rhetorik vorbeisehen.

Das wesentliche Moment der Autobiographie, ihr prominentestes Strukturmerkmal ist gewiss das der behaupteten Identität von Erzähler und Hauptfigur, von erzählendem und von erzähltem Ich: Auto - bio - graphie (αυτο = ›seiner, ihrer selbst‹ – βιος = ›Leben, Lebenszeit‹ – γραφειν = ›ritzen, malen, schreiben‹). An diese strukturelle Identifizierung knüpft sich das genrespezifische ›Wirklichkeitsbegehren‹ der Autobiographie. Dieses Begehren nach Wirklichkeit ist in den Köpfen derer lokalisiert, die Autobiographien lesen, wie derer, die sie schreiben (selbst wenn im parodistischen Sinn autobiographisch geschrieben wird, geschieht dies im Hinblick auf einen im Bewusstsein des Lesers bzw. der Leserin zu erzielenden Wirklichkeitseffekt). Der autobiographische Text weist bestenfalls eine beschreibbare Rhetorik dieses **Begehrens nach Wirklichkeit** auf.

In aller Entschiedenheit hat der belgisch-amerikanische Literaturtheoretiker Paul de Man den Gattungsstatus der Autobiographie in Frage gestellt (vgl. de Man 1979). Alle Versuche, die Autobiographie als literarische Gattung zu definieren, argumentiert er, scheinen sich hoffnungslos in Fragen zu verstricken, die ins Leere führen. Es sei ein Irrtum, davon auszugehen, dass das Leben die Autobiographie hervorbringe wie eine Handlung ihre Folgen; dagegen ließe sich mit gleicher Berechtigung, so de Man, behaupten, das autobiographische Projekt werde seinerseits im Hinblick auf das Leben des Autobiographen produktiv. »[...] can we not suggest [...] that whatever the writer *does* is in fact governed by the technical demands of self-portraiture and thus determined in all its aspects, by the resources of his medium?« (de Man 1979, S. 920). Damit relativiert de Man den spezifischen Wirklichkeitsanspruch der Autobiographie, indem er die unkritische Unterscheidung zwischen einer außersprachlichen Wirklichkeit und der sprachlichen Wirklichkeit des literarischen Texts außer Kraft setzt. Er plädiert dafür, die Autobiographie weder im Hinblick auf ihren referenziellen Gestus zu definieren noch sie als eine Gattung oder Textsorte zu begreifen.

Die Autobiographie sei vielmehr eine Lese- oder Verstehensfigur, die in gewissem Maße in allen Texten auftrete (vgl. Kap. II.6).

Die Feststellung, alle Texte seien in gewissem Sinne autobiographisch, verweist einmal mehr auf die **übergreifende literaturwissenschaftliche Bedeutung der Autobiographie.** Die autobiographische Lektüre macht tatsächlich nicht an den Grenzen jener Texte halt, in denen ein autobiographisches Ich es unternimmt, sein Leben zu erzählen. Vielmehr gibt es eine Tendenz, hinter jedem literarischen Text den Autor bzw. die Autorin wahrzunehmen und im Text der Verarbeitung realer lebensgeschichtlicher Erfahrungen nachzuspüren. Diese Tendenz prägt insbesondere das nichtakademische Verständnis von Literatur, ist aber gleichermaßen mit den individualitätsgeschichtlichen und subjektzentrierten Ansätzen innerhalb der Literaturwissenschaft verbunden.

Michel Foucault hat in seinem grundlegenden Aufsatz »Was ist ein Autor?« den Finger darauf gelegt, dass es sich bei der **Autorfunktion** um ein Ordnungsschema des Diskurses handelt, d.h. um eine Denk- und Wahrnehmungseinheit, die bewirkt, dass eine Äußerung nicht als aus beliebigen Wörtern bestehend betrachtet, sondern dass ihr in einer gegebenen Kultur ein spezifischer Stellenwert und damit ein bestimmter Modus der Rezeption zugesprochen wird. Kann eine Äußerung auf einen Autor/eine Autorin bezogen werden, verändert sich die Art und Weise ihres Bedeutens. Foucault zeigt, dass die Vorstellung, derzufolge ein Text notwendig einen Autor/eine Autorin braucht, keineswegs eine naturgegebene ist, dass sie sich vielmehr als historisch und im Hinblick auf den Gegenstandsbezug veränderlich erweist: So waren literarische Texte in früheren Zeiten lediglich durch ihr Alter legitimiert, während naturwissenschaftliche Werke im Mittelalter nur dann akzeptiert und mit einem Wahrheitswert versehen wurden, wenn sie einen Autornamen aufwiesen. Dies, so führt Foucault aus, änderte sich im 17./18. Jahrhundert. Wissenschaftliche Texte bedurften nicht länger der Autorfunktion; die Aufwertung des wissenschaftlichen Denkens garantierte den Wahrheitswert der einzelnen wissenschaftlichen Äußerung durch deren Zugehörigkeit zu einem systematischen Ganzen. Demgegenüber wird literarische Anonymität nicht länger akzeptiert, bestenfalls nur noch als zu lösendes Rätsel. »Die Funktion Autor hat heutzutage ihren vollen Spielraum in den literarischen Werken« (Foucault 1979, S. 19).

Foucaults Überlegungen verdeutlichen, weshalb jeder literarische Text, der eine Autorin oder einen Autor aufweist, im Prinzip autobiographisch gelesen werden kann. Die Vorstellung vom Autor als dem Produzenten, ja gar dem ›Schöpfer‹ eines zum ›Werk‹

vereinheitlichten Textes entfaltet eine solche Wirkmächtigkeit, dass
es undenkbar scheint, lebensweltliche Erfahrungen könnten nicht
in den Text eingeflossen sein. Die Autobiographie, die aufgrund
der von ihr intendierten Identität von Hauptfigur, Erzähler und
Autor nachdrücklicher als andere Texte auf ihre Autorfunktion
verweist, radikalisiert die Frage nach dem Produzenten des Textes.
Sie kann indessen nicht unabhängig von der im vorausgegangenen
Abschnitt angesprochenen Problematik des fiktionalen Charakters
jeglicher autobiographischer Setzung reflektiert werden und verweist die wissenschaftliche Analyse auf die im Text selbst gestal-
tete auktoriale Referenz. In dem Maße, in dem die Fiktionalität
der autobiographischen Erzählfunktion erkannt wird, betrifft die
Autobiographiediskussion immer schon den Problembereich der
literarischen Repräsentation im allgemeinen, deren Möglichkeiten
und Aporien sie jedoch aufgrund ihres spezifischen Referenzan-
spruchs besonders deutlich zur Schau stellt.

3.   Wer spricht? Subjekt und/oder Text

Die Problematisierung der Autorfunktion eröffnet einen zentralen
Gegenstandsbereich der autobiographischen Systematik. **Die Frage
nach dem Ich der Autobiographie** ist zu einer Grundfrage der
Forschung geworden. Sie ist in der Logik des autobiographischen
Schreibens, das die Identität von Autor, Erzähler und Protagonist
setzt, vorgegeben und wird auch in zahlreichen Autobiographien
selbst thematisiert.

Die Autobiographie gilt als Geburtsstätte des neuzeitlichen Individuums, das schreibenderweise aus der Anonymität heraustritt, sich
seiner selbst bewusst wird und auf sich selbst aufmerksam macht.
Der autobiographische Emanzipationsprozess des Individuums ist
dabei begleitet von einem sich bereits im 19. Jahrhundert verschär-
fenden Krisenbewusstsein des Ichs, das mit Freuds Psychoanalyse
endgültig als eine grundsätzlich problematische Instanz wahrnehmbar wird. Aus dem sich emanzipierenden neuzeitlichen **Individuum**
wird, könnte man pointiert sagen, das sich seiner Abgründigkeit
zunehmend bewusst werdende moderne **Subjekt**, insofern als die
philosophische Begrifflichkeit das Individuum im Kontext seiner
Handlungsgeschichte begreift, während sie das Subjekt als Zentrum der Reflexion wahrnimmt (vgl. Riedel 1989, S. 7).

Diese geistesgeschichtliche Entwicklung findet ihren prominenten
Ort in der Autobiographie, in der sich das schreibende Ich zual-

lererst auf die Bühne der Selbstwahrnehmung bringt. Ein gänzlich ungebrochenes Ich-Bewusstsein (in Verbindung mit einem ebenso unproblematischen Wirklichkeitsverständnis) findet sich heute nurmehr im Bereich der populären Autobiographik. Franz Beckenbauer beispielsweise nennt seine 1992 erschienene Selbstdarstellung schlicht und ergreifend: *Ich. Wie es wirklich war.* (Die einzelnen Kapitelüberschriften schreiben die unkritische Setzung der Ich-Funktion fort: »Die Schickeria und ich«, »Das Finanzamt und ich«, »Die Frauen und ich«, »Amerika und ich«, »Mein Körper und ich« usw.)

Haben bereits die um die Jahrhundertwende formulierten sprachkritischen Positionen, die in Hugo von Hofmannsthals berühmtem ›Chandos-Brief‹ (1902) einen literarischen Höhepunkt finden, ein Bewusstsein von der **Sprachlichkeit der Welt- und Selbstwahrnehmung** und ihrer Unverlässlichkeit entstehen lassen, so tat der sich in den 60er Jahren des 20. Jahrhunderts auf der Grundlage des klassischen Strukturalismus abzeichnende sog. ›linguistic turn‹ ein Übriges, die traditionelle Priorität des ›Inhalts‹ gegenüber der ›Form‹ und somit das binäre Form-Inhalt-Schema überhaupt in Frage zu stellen. Die kritische Literaturwissenschaft ging dazu über, literarische Texte nicht länger als ›Ausdruck‹ außersprachlicher Gegebenheiten, gar als Wiedergabe von Gefühlen und Empfindungen zu betrachten, sondern stellte die primäre sprachliche Faktur alles literarisch Geäußerten in das Zentrum ihrer Aufmerksamkeit. Dies hat Folgen für die Konzeption des literarischen Ichs: Der emphatische Subjektbegriff wird abgelöst zugunsten einer die sprachliche Verfasstheit von Subjektivität und Individualität beobachtenden Beschreibungsperspektive.

Dem diskursanalytischen Blick offenbart sich die historische Bedingtheit der Konzepte ›Individualität‹ und ›Subjektivität‹; sprachanalytisch gerät die eigentümliche autobiographische Redesituation in den Blick: Das Wort ›ich‹ in der Autobiographie steht in einer doppelten sprachlogischen Funktion; es ist prädikativ, d.h. es macht eine Aussage und markiert damit die Instanz, die spricht bzw. schreibt, und es bezeichnet gleichzeitig eine zeitlich und räumlich von dieser sprechenden Instanz unterschiedene Position, das beschriebene Ich. Die Kollision dieser beiden sprachlogischen Funktionen der autobiographischen Redesituation macht die Autobiographie zu einer in sich spannungsvollen Angelegenheit, die als solche die literaturwissenschaftliche Aufmerksamkeit auf sich zieht. Dies bedeutet nicht, dass die Vorstellung des autobiographischen Ichs als Individuum und als Subjekt ausgedient hätte – vielmehr geht es darum, Individualität und Subjektivität im Medium ihrer Sprachlichkeit zu begreifen. Entsprechend haben sich die Untersuchungsperspektiven dahingehend verschoben, dass die hinter dem autobiographischen Text stehenden realen Personen nicht mehr die primäre Bemessungsgrundlage der **textuellen Realität** darstellen, diese vielmehr **in ihrer kulturellen, diskursiven und sprachlichen Determiniertheit** wahrgenommen wird.

3.1 Erinnerung und Gedächtnis

Reflex der veränderten literaturwissenschaftlichen Betrachtungsweise ist die forschungsgeschichtliche Aktualität, die der Themenkomplex von ›Erinnerung‹ und ›Gedächtnis‹ in den beiden letzten Jahrzehnten erfahren hat. Es liegt auf der Hand, dass der Vorgang des Erinnerns und die Rolle des Gedächtnisses im systematischen Zusammenhang der autobiographischen Selbstvergegenwärtigung von besonderer Bedeutung sind. Während ›Erinnerung‹, nicht zuletzt seit Marcel Prousts monumentalem Romanwerk *A la recherche du temps perdu* (1913–1927), ein eingeführtes Forschungsthema ist, wurde dem Vermögen des Gedächtnisses in der jüngsten Vergangenheit eine gänzlich neue Aufmerksamkeit zuteil. Beide, Erinnerung und Gedächtnis, werden im Lichte des genannten ›linguistic turn‹ als kulturelle bzw. kulturanthropologische Funktionen in ihrer spezifischen sprachlichen Medialität, d.h. in der Art und Weise, wie sie in ihrer sprachlichen Verfasstheit Bedeutungen produzieren, untersucht.

Der Vorgang der **Erinnerung** ist der jeder autobiographischen Reflexion zugrunde liegende Akt. In der Erinnerung wird, so die landläufige Vorstellung, das zurückliegende Leben eingeholt, er-innert. Die Erinnerung stellt dem sich erinnernden Subjekt Vergangenes vor Augen. Die Erinnerungshaltung ist in aller Regel eine unkritische. »Mein Vater war zwar ein heftiger moralisch strenger, aber kein harter Mann.« liest man in Johann Gottfried Seumes *Mein Leben* von 1813 (S. 10). Am Wahrheits- und Wirklichkeitsgehalt dieser Äußerung scheint kein Zweifel zu bestehen. Geht man aber davon aus, dass der zitierte Satz korrekterweise lauten müsste ›Ich erinnere mich, daß mein Vater zwar ein heftiger moralisch strenger, aber kein harter Mann war‹, wird offenkundig, dass dieser Erinnerungssatz nicht nur eine Aussage über die Vergangenheit macht, sondern gleichzeitig über Gegenwärtiges spricht, nämlich über die gegenwärtige Situation des sprechenden bzw. sich erinnernden Subjekts der Äußerung. Der erinnerte Sachverhalt erscheint so besehen als Produkt des Erinnerungsvorgangs. Eben diese logische Struktur liegt auch dem Satz »Mein Vater war zwar ein heftiger moralisch strenger, aber kein harter Mann« zugrunde. Autobiographische Erinnerungssätze referieren zunächst auf die gegenwärtige, die erinnernde Redesituation, auch wenn sie vorgeben, einen vergangenen Sachverhalt unmittelbar zu beschreiben. Auch in der autobiographischen Erinnerungsrede tut sich also jener bereits bemerkte Spalt zwischen der Rede selbst und ihrem propositionalen Gehalt, zwischen Performanz und Referenz, auf.

Die ambivalente Funktion der Erinnerung hat Uwe Johnson in seinem Roman *Jahrestage*, der Autobiographisches in sein souveränes fiktionales Spiel einfließen lässt, in ein sprechendes Bild gesetzt, das Bild von der »Katze Erinnerung«: »Unabhängig, unbestechlich, ungehorsam. Und doch ein wohltuender Geselle, wenn sie sich zeigt, selbst wenn sie sich unerreichbar hält« (Johnson 1971, S. 670). Damit soll gesagt sein: Erinnerungen kommen häufig ungerufen, werden sie aber bewusst aufgesucht, entziehen sie sich, entgleiten sie wie eine Katze.

Autobiographische Erinnerung, also das Sicherinnern zum Zwecke der Niederschrift einer Autobiographie, ist immer ein Willensakt, ein Versuch, der Erinnerung die Vergangenheit abzuverlangen. In dieser Sicht ist Erinnerung Rekonstruktion; und bedenkt man, in welchem Maß die autobiographische Rekonstruktion ihren eigenen Notwendigkeiten und Gesetzmäßigkeiten folgt, etwa den Erfordernissen des autobiographischen Diskurses oder dem Wunsch, ein Lebensganzes darzustellen, wo ein Leben im Rückblick vielleicht eher unübersichtlich erscheint, kann man durchaus auch von ›Konstruktion‹ sprechen – Er-innerung nicht als Nachinnenholen eines einstmals innen Gewesenen, im Verlauf des Lebens aber der Innerlichkeit Entschwundenen, will sagen Vergessenen, sondern Er-innerung als Geste der Verinnerung eines (so) niemals innen Gewesenen. Neuere Forschungen haben den Finger darauf gelegt, in welchem Maß die rekonstruktive Arbeit der Erinnerung in der kulturellen Tradition verankerte Bild- und Wahrnehmungsmuster, sog. **Topoi**, zu Hilfe nimmt (vgl. Goldmann 1994; Berndt 1999). Der mediale Prozess der Erinnerung, der im Strukturzusammenhang der Autobiographie immer schon ein sprachlicher ist, wird zum vordringlichen Konstitutionselement der autobiographischen Fiktionalität.

Der Komplementär- und Gegenbegriff der Erinnerung ist der des Gedächtnisses. Nach überkommenem Begriffsverständnis ist das **Gedächtnis** eher negativ besetzt, bezeichnet es doch ein mechanisches Vermögen, das sich mit der Vorstellung geistloser Reproduktion verbindet, und als solches dem inspirierten Moment der Erinnerung, wie es sich gerade etwa in Prousts *Recherche* darstellt, entgegengesetzt ist. In seiner neuen literaturwissenschaftlichen Pointierung werden Begriff und Konzeption des Gedächtnisses auf die antike Rhetorik zurückgeführt; sie leiten sich von jenem vierten vom Redner zu beherrschenden Schritt der Redelehre, der **memoria**, ab, der auf die *inventio* (Findung der Gedanken), *dispositio* (Anordnung der Gedanken und Strukturierung der Rede), *elocutio* (schmückende Ausarbeitung der Rede) folgt und vor der *pronuntiatio* oder der *actio* (Halten der Rede) ihrer Einprägung gilt.

Um die Mühe des Auswendiglernens zu erleichtern, entwickelte die antike Rhetorik eine bestimmte Technik, derzufolge der Redner gehalten war, sich eine räumliche Anlage, etwa ein Haus mit mehreren Zimmern oder einen Garten, zu vergegenwärtigen und an den im Geiste vorgestellten Orten, den sog. ›loci‹, die segmentierten Inhalte der Rede in Form von sprechenden Bildern, den sog. ›**imagines**‹ zu deponieren (vgl. etwa Quintilian, *Institutio oratoriae*, XI 2, 11–51). Dahinter steht der Gedanke, dass über die eingeprägte Verbindung von *loci* und *imagines* das Gedächtnis die mit den *imagines* belegten Inhalte leichter reproduzieren könne als wenn versucht würde, die Rede Wort für Wort auswendig zu lernen. Der überlieferte Gründungsmythos dieser Technik ist die Legende, nach welcher der griechische Dichter Simonides von Keos (6./5. Jhdt. v. Chr.) die verstümmelten Teilnehmer eines Festes nach dem Einsturz des Festsaals aufgrund ihrer Sitzordnung zu identifizieren in der Lage war.

Die beschriebene Methode bezieht sich auf die Ausbildung eines Sachgedächtnisses; der Überlieferung zufolge soll es auch die Technik des Wortgedächtnisses gegeben haben, bei der tatsächlich jedes Wort der zu haltenden Rede in ein Bild übersetzt und als Bild dann am entsprechenden Gedächtnisort deponiert und wieder abgerufen wurde. Inwiefern eine solche Vorgehensweise tatsächlich eine Erleichterung gegenüber dem wörtlichen Auswendiglernen einer Rede darstellte und wie die antike **Mnemotechnik** genau funktionierte, lässt sich auf der Grundlage der überlieferten Informationen nicht mehr feststellen. Jedenfalls stellt die rhetorische Gedächtnistheorie eine Systematik des Wissens vor, deren grundlegendes bedeutungsstiftendes Merkmal ihre topologische Ordnung darstellt.

Einer an der konstitutiven Medialität der Sprache orientierten literaturwissenschaftlichen Orientierung bietet das Modell der Memoria eine analytische Handhabe für die **Lesbarkeit räumlicher Textstrukturen**. Sinn und Bedeutung müssen nicht länger als vorgeordnete und invariante Setzungen behandelt werden, sondern bilden flexible Effekte der textuellen Architektur selbst. Doch nicht nur als Textmodell taugt die Memoria; vielmehr lässt sie auch die kulturelle Wissensordnung als immer wieder aktivierte und fortgeschriebene Topografie von *loci* und *imagines* denken. Für die Autobiographie bedeutet dies, dass zum einen der autobiographische Text selbst als räumliche Anlage eines Gedächtnismusters fungiert, das bestimmte Inhalte an eine textuelle Topographie bindet wie z.B. Elternporträts an den – topologisch gesprochen – ›Eingang‹ des Textes, und dass zum anderen der individuelle autobiographische Text die im kulturellen Gedächtnis abgelegten Imagines aufruft und auf diese Weise das individuelle Gedächtnis aus dem kollektiven (Halbwachs 1967) speist. Letzteres lässt sich beispielsweise in der Art und Weise beobachten, in der Autobiographien auf vorausgegangene Autobiographien Bezug nehmen – Jean-Jacques Rousseaus *Confessions* (1782/88) etwa auf die *Confessiones* des Augustinus (um 400) – und erst in dieser Bezugnahme, die natürlich auch eine abgrenzende sein kann und es in den meisten Fällen auch ist, ihr eigenes Profil gewinnen. In beiden Fällen bedeutet es, dass Gedächtnisinhalte und -bedeutungen der unmittelbaren Verfügung des sich erinnernden Subjekts entzogen sind, dieses zwar mit den imagines des Gedächtnisses operiert und sich mithilfe ihrer als Erinnerungssubjekt konstituiert, dass es aber subjektexterne Bedingungsfaktoren sind, die kulturelle und diskursive Ordnung selbst, die in einem nicht länger geistzentrierten Sinne produktiv werden.

3.2 Rhetorik der Schrift

Die rhetorische Fundierung des Gedächtniskonzepts und die mit ihr verbundene Neubewertung der Sprache nicht als ein auf vorausgesetzte, außersprachliche Bedeutungsinhalte transparentes Ausdrucksinstrument, sondern als selbst Produktivität entfaltendes Medium verleihen dem autobiographischen Text als solchem, der autobiographischen ›Schrift‹, eine veränderte, gleichfalls rhetorisch zu nennende Funktion.

In der jüngeren Theoriediskussion ist der Begriff der ›Schrift‹ zu einem konzeptuellen Terminus technicus avanciert: Jacques Derrida hat in seinem Hauptwerk der **Dekonstruktion** *De la grammatologie* (1967) der durch Platon inaugurierten traditionellen Unterordnung der Schrift, die in der abendländischen Philosophie üblicherweise als geistfern betrachtet wurde, unter die vermeintlich logoserfüllte Stimme einen Alternativentwurf gegenübergestellt.

Ihm zufolge kommt der materialen Vorgängigkeit des Geschriebenen gegenüber seiner supplementären, d.h. seiner dem materiellen
Schriftzeichen nachträglich zugesprochenen Bedeutung der Primat
zu. Die Schrift kann zu verschiedenen Zeiten an verschiedenen
Orten gelesen werden, argumentiert Derrida; in ihrer materialen
Gestalt bleibt sie sich gleich, aber sie wird verschieden kontextualisiert, und d.h. mit verschiedenen Bedeutungen versehen. Zudem
beobachtet Derrida in der Setzung des Schriftzeichens eine dekonstruktive Gleichzeitigkeit von Bedeutungssetzung (Konstruktion)
und Bedeutungszerstörung (Destruktion), die offenbare, dass das
sprachliche Zeichen nicht mit sich selbst identisch, vielmehr dem
Prozess einer dauernden Umcodierung unterworfen sei (Dekonstruktion).

Derridas Ansatz ist viel diskutiert und auch kritisiert worden.
In jedem Fall ist aus diesen Debatten ein geschärftes Bewusstsein
für die **Materialität von literarischen Texten** hervorgegangen,
für die Tatsache nämlich, dass die konkrete materiale Form eines
Textes (Länge, Kapiteleinteilung, Anordnung der Textabschnitte,
Schriftbild etc.) nicht nur Zugabe des ›Inhalts‹ ist, sondern diesen
›Inhalt‹ im eigentlichen Sinne erst hervorbringt wie sie ihn in der
Bewegung des Textprozesses selbst auch wieder unterlaufen kann.
Vor diesem Hintergrund lässt sich, in Anlehnung an Derridas
Begriffsgebrauch, von der ›Schrift‹ des autobiographischen Textes
sprechen. Zu erinnern ist dabei auch nochmals an de Mans Bestimmung der Autobiographie als einer ›Redefigur‹, die auf die rhetorische Figürlichkeit, d.h. die räumliche Anordnung der sprachlichen
Elemente verweist. Außerdem muss noch einmal Foucault zitiert
werden, der in »Was ist ein Autor?« feststellt,

»[...] daß sich das Schreiben heute vom Thema Ausdruck befreit hat: es
ist auf sich selbst bezogen, und doch wird es nicht für eine Form von
Innerlichkeit gehalten; es identifiziert sich mit seiner eigenen entfalteten
Äußerlichkeit. Dies besagt, daß das Schreiben ein Zeichenspiel ist, das
sich weniger nach seinem bedeuteten Inhalt als nach dem Wesen des
Bedeutenden richtet; [...]« (Foucault 1979, S. 11)

Noch einmal: dies ist nicht so zu verstehen, dass die Subjektperspektive für obsolet erklärt und das autobiographische Ich im
Spiel der Zeichen zum Verschwinden gebracht würde. Das wäre
sicherlich sachunangemessen. Es bedeutet vielmehr, dass die autobiographischen Texte selbst in ihrem literarisch-handwerklichen
Gemachtsein auf eine neue Weise ernst genommen werden, die es
erlaubt, die Äußerungsformen des autobiographischen Ichs in ihrer
Rhetorizität zu beschreiben und die **konstitutive sprachliche Ver-**

fasstheit von Individualität und Subjektivität wahrzunehmen. Verabschiedet wird lediglich die emphatische Vorstellung eines (aus) sich selbst schöpfenden autonomen Subjekts. Autobiographie heißt demzufolge nicht be-schriebenes, sondern **ge-schriebenes Leben**.

4. Zu diesem Band

Im Vorstehenden wurde auf der Grundlage der neueren literaturwissenschaftlichen Theoriediskussion der aktuelle literatursystematische Stellenwert der Autobiographie umrissen. Die in den vorausgegangenen Abschnitten herausgestellten Leitkategorien werden auch der folgenden Darstellung wegweisend sein und auf diese Weise den notgedrungen abstrakt gehaltenen Ausführungen dieses Einführungskapitels die wünschenswerte Anschauung verleihen.

Der vorliegenden Band erhebt den Anspruch, auf grundlegende und umfassende Weise in die Systematik und die Geschichte der Autobiographie einzuführen. Um diesem Anspruch nachkommen zu können und die Benutzbarkeit des Bandes, der nicht zuletzt auch die Funktion eines Nachschlagewerks erfüllen soll, zu erhöhen, wird im Folgenden an der traditionellen Einteilung von Theorie (Kap. II) und Geschichte (Kap. III) der Autobiographik festgehalten. Die Vorstellung der theoretischen Ansätze zur Autobiographie erfolgt auf der Grundlage ihrer jeweiligen wissenschaftsgeschichtlichen und -systematischen Voraussetzungen, um die Einbindung der Autoren und Autorinnen in herrschende literatur- und geisteswissenschaftliche Paradigmatiken deutlich werden zu lassen. Daher kann die folgende Darstellung der Theoriegeschichte zur Autobiographie auch als eine historische wie systematische Darstellung literaturwissenschaftlicher Ansätze und Methoden am Leitfaden der Autobiographieproblematik gelesen werden.

Im historischen Abriss werden, wo immer möglich und nötig, Querverbindungen zu den bereits eingeführten theoretischen Autobiographiekonzepten hergestellt, einmal, um deren je spezifische Erklärungskraft am konkreten Material deutlich werden zu lassen, zum anderen, um die allzu künstliche Scheidung zwischen ›Theorie‹ und ›Praxis‹ wieder zu relativieren, erweist sich doch, dass autobiographische Produktion nicht losgelöst von ihrem theoretischen Überbau stattfindet, wie umgekehrt, dass die Theorie sich nicht selten an den programmatischen Vorgaben der autobiographischen Texte selbst orientiert.

Der vorliegende Band wendet sich in erster Linie an einen germanistischen Leser- und Leserinnenkreis. Im Mittelpunkt steht daher die deutschsprachige Autobiographik. Allerdings werden auch die Leitparadigmen der europäischen Autobiographietradition in die Darstellung einbezogen, zumal sich die Autobiographie in den deutschsprachigen Ländern nicht zuletzt an gesamteuropäischen Vorbildern orientiert. Das Gedächtnis der Autobiographie ist in jedem Fall ein europäisches, auch wenn es zunehmend inter- und transkulturell überschrieben wird. *

*   Sigrid Köhler gilt mein Dank für ihre sorgfältige und kritische Durchsicht des der Erstauflage dieses Bandes zu Grunde liegenden Manuskripts.

II. Theorie der Autobiographie

Im Folgenden werden – in mehr oder weniger chronologischer Abfolge – die theoretischen Ansätze vorgestellt, die in der Geschichte der Literaturwissenschaft das Verständnis der Autobiographie bestimmt haben. Dabei wird mehr Nachdruck auf die Profilierung des systematischen Ansatzes als auf die autoren- bzw. werkzentrierte Darstellung gelegt. So werden manche Autorinnen und Autoren in verschiedenen Kapiteln Erwähnung finden, insofern als der individuelle Entwurf nicht selten mehr als einer einzigen theoretischen Perspektive verpflichtet ist, vielmehr oft genug Schnittstellen zwischen verschiedenen Modellbildungen aufweist.

Die Ersten, die sich mit der Autobiographie beschäftigten, waren die **Humanisten**, also die Gelehrten des 14. und 15. Jahrhunderts, die in ihrer Rückbesinnung auf die antike Tradition auch den Lebenszeugnissen bedeutender Persönlichkeiten des Altertums Beachtung schenkten. Erst im 18. Jahrhundert aber setzte in den europäischen Ländern ein verstärktes Interesse an der Autobiographie ein, die zunächst v.a. unter dem Gesichtspunkt der Nützlichkeit und der Vorbildlichkeit betrachtet wurde.

In Deutschland stellte **Johann Gottfried Herder** (1744–1803) die Lebensbeschreibung in die Perspektive der menschlichen Kulturentwicklung. In seinen »Einleitende[n] Briefe[n]« zu den von Johann Georg Müller herausgegebenen *Bekenntnissen merkwürdiger Männer von sich selbst*, deren erster Band 1791 erschien, ermunterte er dazu, »die Lebensbeschreibungen, die merkwürdige Personen zu gewissen bestimmten Zwecken für andre von sich aufzeichnen«, zu sammeln, da eine solche »Bibliothek der Schriftsteller über sich selbst« einen »vortreflichen Beitrag zur *Geschichte der Menschheit*« darstelle (Herder 1883, S. 375f.). Herder initiierte denn auch eine weitere Sammlung von Lebensberichten, die von David Christian Seybold herausgegebenen *Selbstbiographien berühmter Männer*, die 1796 erschienen (vgl. Neumann 1970, S. 9). Goethe schloß sich Herder an; im möglichen Vergleich von Lebensbeschreibungen verschiedener Zeiten sah er die Voraussetzung, die Befreiungsgeschichte des Menschen zu erkennen.

Zeitgleich mit der Entstehung der Geisteswissenschaften, die in Abgrenzung von den Naturwissenschaften ihr disziplinäres Selbstbewusstsein zu entwickeln begannen, setzte im 19. Jahrhundert auch ein wissenschaftliches Interesse an der Autobiographie ein. Jacob Burckhardt (1818–1897) betonte in seiner *Kultur der Renaissance in Italien* (1860) die Bedeutung der Selbstbiographie für die Entwicklung und Erkenntnis der Individualität (vgl. Misch 1949, S. 4f.). Indessen begann auch die dezidiert literaturwissenschaftliche Erforschung der Autobiographie. Eine wichtige Grundlage für den Beginn der modernen Autobiographieforschung bildet die Lebensphilosophie um 1900. Deren prominenter Gewährsmann war Friedrich Nietzsche (1844–1900), in dessen Philosophie die Kategorie des ›Lebens‹ als eine dem Begriffsdenken des Geistes entgegengesetzte Kraft eine zentrale Rolle spielt.

1. Hermeneutische Konzepte

In den Umkreis der Lebensphilosophie gehört auch **Wilhelm Dilthey** (1833–1911). Am Beispiel Diltheys wird einmal mehr die zentrale Bedeutung der Autobiographie für die Systematik der Literaturwissenschaft insgesamt deutlich, sind die Koordinaten seines für die Entwicklung der sich konstituierenden Geisteswissenschaften grundlegenden hermeneutischen Denkansatzes doch implizit am Modell der erlebenden Subjektivität gewonnen. Nach Dilthey, der Professor für Philosophie in Basel, Kiel, Breslau und Berlin war, unterscheiden sich die Geisteswissenschaften von den Naturwissenschaften dadurch, dass es in den letzteren um Fakten, um gesichertes Wissen des natürlich Gegebenen geht, während die Geisteswissenschaften um das *Verstehen* der historischen Welt bemüht sind. Das ›**Verstehen**‹ wird **zum Schlüsselbegriff der Hermeneutik**, die ihren Namen von dem als Mittler zwischen Göttern und Menschen tätigen und d.h. für das Verstehen der göttlichen Botschaften durch die Menschen verantwortlichen Götterboten Hermes hat.

Der Vorgang des Verstehens stellt allerdings ein systematisches Problem dar, das in der strukturellen Differenz zwischen verstehendem Subjekt und zu verstehendem Objekt begründet ist. Die Hermeneutik ist die Lehre vom Verstehen des Fremden, vom Verstehen von Welt, eines Textes, aber auch seiner selbst, insofern der Mensch sich als Erkenntnisobjekt, und d.h. als Anderes, gegenübertritt. Sie problematisiert und reflektiert den Vorgang des Verstehens in prinzipieller und systematischer Weise. Der sog. ›hermeneutische Zirkel‹, demzufolge das Einzelne nur vom Ganzen her zu verstehen, das Verständnis des Ganzen allerdings nicht ohne das Einzelne möglich ist, verdeutlicht das Dilemma: Die Hermeneutik fasst den Prozess des Sinnverstehens als unendlichen Zirkel, der den Sinn immer enger einkreist, allerdings ohne sich dieses Sinnes in letzter Gewissheit sicher sein zu können. Kennzeichnend ist aber, dass die Hermeneutik von der Sinnhaftigkeit der Welt und der Texte ausgeht und davon, dass es möglich sei, diesem Sinn nahe zu kommen, d.h. ihn geistig zu erfassen.

In den zwischen 1906 und 1910 entstandenen »Entwürfen zur Kritik der historischen Vernunft« bringt Dilthey die Autobiographie in einen systematischen Zusammenhang mit der hermeneutischen Verstehensproblematik. Der Rahmen, innerhalb dessen Diltheys Charakteristik der Autobiographie – er selbst spricht von ›Selbstbiographie‹ – Kontur gewinnt, ist in wenigen Sätzen umrissen. Dilthey schreibt:

»Der Zusammenhang der geistigen Welt geht im Subjekt auf, und es ist die Bewegung des Geistes bis zur Bestimmung des Bedeutungszusammenhanges dieser Welt, welche die einzelnen logischen Vorgänge miteinander verbindet. So ist einerseits diese geistige Welt die Schöpfung des auffassenden Subjektes, andererseits aber ist die Bewegung des Geistes darauf gerichtet, ein objektives Wissen in ihr zu erreichen.« (Dilthey 1981, S. 235)

›Zusammenhang‹, ›Geist‹, ›Subjekt‹ und ›Bedeutung‹ sind die Kernbegriffe des hermeneutischen Ansatzes. Damit ein geisteswissenschaftlicher Gegenstand überhaupt verstanden werden kann, bedarf es eines ›Zusammenhangs‹: der Zusammenhang, das Ganze, verbürgt die ›Bedeutung‹ des Einzelnen. Der Zusammenhang ist geistiger Art, d.h. es ist der ›Geist‹, der diesen Zusammenhang herstellt. Der Geist hat seinen Ort im verstehenden Subjekt. Auch das hermeneutische Grundproblem ist hier bereits in aller Schärfe benannt: der paradoxe Sachverhalt, dass die geistige Welt zwar eine Schöpfung des verstehenden Subjekts darstellt, andererseits der Geist auf der Suche nach der Objektivität des Wissens ist. Die Kluft zwischen Subjekt und Objekt im Verstehen kann nur überwunden werden, wenn das Subjekt mit seinem Gegenstand eins wird. Das Verstehen sei ein Wiederfinden des Ich im Du, schreibt Dilthey. In eben dieser (hermeneutischen) Bewegung kommt der Geist zu sich selbst; und es ist derselbe Geist, der im verstehenden Ich, im Du, in jedem Subjekt einer Gemeinschaft, in der Universalgeschichte selbst waltet und eben den Verstehen ermöglichenden Zusammenhang herstellt. Nur mithilfe der Setzung einer abstrakten Größe, jener des objektiven Geistes, gelingt die hermeneutische Überbrückung der logischen Spannung zwischen Subjektivität und Objektivität.

Als Grundprinzip für das Verstehen des Lebens nennt Dilthey die ›**Zeitlichkeit**‹. »Zeit«, schreibt er, »ist für uns da, vermöge der zusammenfassenden Einheit unseres Bewußtseins« (Dilthey 1981, S. 237). Die Zeit oder vielmehr das Bewusstsein von Zeit entsteht also mit dem Erkennen des Zusammenhangs im verstehenden Geist. Im Hintergrund dieser Überlegungen steht ein autobiographisches Subjekt, das sich idealerweise im Schreiben des chronologisch gestifteten Zusammenhangs seines Lebens bewusst wird. Dabei definiert Dilthey drei Stufen des zeitlichen Ablaufs: **Gegenwart** ist die Erfüllung eines Zeitmoments mit Realität, und nur in der Gegenwart können wir Realität empfinden – im Gegensatz zur zweiten Stufe der Erinnerung an die **Vergangenheit** oder drittens zu unseren Vorstellungen von in der **Zukunft** Liegendem, die im Modus des Wünschens, des Erwartens, der Hoffnung, des Fürchtens und des Wollens auftreten. »Das Schiff unseres Lebens wird gleichsam auf einem beständig fortrückenden Strom dahingetragen« formuliert Dilthey (S. 238), damit die alte, auch von Herder (Herder 1883, S. 360) verwendete Metapher des Lebens als Schifffahrt aufnehmend. Dilthey scheint den autobiographischen Erinnerungsprozess vor Augen zu haben, wenn er schreibt, dass sich ähnlich wie sich eine Reihe von Häusern oder Bäumen in die Ferne verliere oder verkleinere, sich in der Erinnerung der Grad der Erinnerungsfrische abstufe, bis sich am Horizont die Bilder im Dunkeln verlören (vgl. Dilthey 1981, S. 138). Die drei Stufen des Zeiterlebens, das nach Dilthey überhaupt die menschliche Lebenserfahrung ausmacht, sind an unterschiedliche Verhaltensmodi geknüpft:

»Wenn wir auf die Vergangenheit zurückblicken, verhalten wir uns passiv; sie ist das Unabänderliche; vergebens rüttelt der durch sie bestimmte Mensch an ihr in Träumen, wie es anders könnte geworden sein. Verhalten wir uns zur Zukunft, dann finden wir uns aktiv, frei. Hier entspringt neben der Kategorie der Wirklichkeit, die uns an der Gegenwart aufgeht, die der Möglichkeit. Wir fühlen uns im Besitz unendlicher Möglichkeiten. So bestimmt dies Erlebnis der Zeit nach allen Richtungen den Gehalt unseres Lebens.« (S. 238)

An dieser idealistischen Konstruktion wird man Zweifel anmelden dürfen: Die Vergangenheit ist mitnichten unabänderlich – im Prozess der Erinnerung unterliegt sie der dauernden Bearbeitung, sie wird verändert, den Wünschen entsprechend zurechtgerückt, Unliebsames wird verdrängt und vergessen. Umgekehrt bietet die Zukunft keine unendlich freien Möglichkeiten, ist vielmehr durch die Zwänge der Vergangenheit und der Gegenwart eingeschränkt. Indessen ist Dilthey nicht naiv, wenn er den Begriff der Gegenwart relativiert: »Gegenwart *ist* niemals; was wir als Gegenwart erleben, schließt immer Erinnerung an das in sich, was eben gegenwärtig war« (S. 239).

Aus dem Vorstehenden wird deutlich, welch zentraler Stellenwert der Kategorie des ›**Erlebens**‹ im hermeneutischen Denkansatz zukommt. Der verstehende Bewusstseinsakt im Subjekt wird von Dilthey als Erlebnis begriffen. Für ihn ist jede umfassendere Einheit von Lebensteilen, die durch eine gemeinsame Bedeutung für den Lebenslauf verbunden sind, selbst wenn die Teile nicht unmittelbar miteinander zusammenhängen, ›Erlebnis‹. Einheit, Zusammenhang und Bedeutung machen das Erlebnis aus. Oder anders formuliert:

»Der Lebensverlauf besteht aus Teilen, besteht aus Erlebnissen, die in einem inneren Zusammenhang miteinander stehen. Jedes einzelne Erlebnis ist auf ein Selbst bezogen, dessen Teil es ist; es ist durch die Struktur mit anderen Teilen zu einem Zusammenhang verbunden. In allem Geistigen finden wir Zusammenhang; so ist Zusammenhang eine Kategorie, die aus dem Leben entspringt.« (S. 240)

Der Zusammenhang des Lebens ist also keine künstliche Rekonstruktion, sondern »entspringt« aus dem Leben selbst. Das Erlebnis des Zusammenhangs wird, so Dilthey, durch die Beobachtung zerstört, denn sie sucht das Fließende zu fixieren. Hier ist implizit die Schwierigkeit autobiographischer Selbstbesinnung benannt, insofern als der Autobiograph/die Autobiographin sich resp. das zurückliegende und zu beschreibende Leben notwendigerweise beobachtet. Das, was die Autobiographie zu bieten hat, so lässt sich Dilthey weiterlesen, sind von daher immer nur fragmentarische Teilansichten des ursprünglichen Lebensflusses. Trotzdem sind Selbstbiographien für Dilthey »der direkteste Ausdruck der Besinnung über das Leben« (S. 244), »die höchste und am meisten instruktive Form, in welcher uns das Verstehen des Lebens entgegentritt« (S. 246). Der Grund für die autobiographiespezifische »Intimität des Verstehens« (S. 246) liegt in der Identität dessen, der den Lebenslauf versteht, mit dem, der ihn hervorgebracht hat. Dahinter steht die Vorstellung, dass das Leben selbst schon seinen Teil getan hat: Der Mensch, der sein Leben beschreiben will, hat durch eben dieses Leben schon einen Zusammenhang hergestellt, der nun ausgesprochen werden soll.

Für das **Verstehen** des Lebens hebt Dilthey die Kategorien ›Wert‹, ›Zweck‹ und ›Bedeutung‹ hervor. Sie bezeichnen jeweils unterschiedliche Standpunkte, von denen aus das Leben betrachtet wird. Im erinnernden Rückblick wird der Zusammenhang des Lebens unter der Kategorie der ›Bedeutung‹ erfasst, die realitätserfüllte Gegenwart erfährt das Reale als positiven oder negativen ›Wert‹, während für das zukunftsgerichtete Denken die Kategorie des ›Zwecks‹ wichtig wird. Keine dieser Kategorien kann der anderen untergeordnet werden, weil jede von einem anderen Gesichtspunkt aus das Ganze des Lebens dem Verstehen zugänglich macht; sie sind inkommensurabel. Allerdings kommt der Kategorie der Bedeutung eine hervorgehobene Stellung zu: Während nämlich die Wertsetzung der Gegenwartserfahrung eine Fülle positiver und negativer Daseinswerte vor sich sieht, ein, wie Dilthey schreibt, »Chaos von Harmonien und Dissonanzen« (S. 249), und die Zukunftskategorie des Zwecks die des Werts voraussetzt, gelingt es nur der vergangenheitsgebundenen Kategorie der Bedeutung, das bloße Nebeneinander, die bloße Unterordnung der Teile des Lebens zu überwinden.

Aus dem Gesagten erhellt, dass die in die Vergangenheit des individuellen Lebens blickende Selbstbiographie für Dilthey den Paradefall der hermeneutischen Situation und d.h. des geschichtlichen Verstehens überhaupt (vgl. Jaeger 1995, S. 51ff.) darstellt: Das ›Verstehen‹ des vergangenen ›Lebens‹ produziert ›Bedeutung‹ im ›Erlebnis‹ des ›Zusammenhangs‹. Gleichzeitig aber bricht in der autobiographischen Selbstbeobachtung eine Paradoxie auf, die ebenso sehr das hermeneutische wie das autobiographische Verstehen im Kern trifft, die Tatsache, dass der reflektierende Blick auf das vergangene Leben dessen ursprünglichen Fluss, der erst dem Rückblick wahrnehmbar wird, in der gleichen Bewegung immer schon unterbricht.

Diltheys Schüler (und Schwiegersohn) **Georg Misch** (1878–1965) ist der Verfasser der bislang umfassendsten Darstellung der Autobiographie. Der erste, der autobiographischen Produktion der Antike gewidmete Band seiner vierbändigen *Geschichte der Autobiographie* erschien im Jahr 1907 (und dann in weiteren Auflagen); mit großem zeitlichen Abstand, im Jahr 1955, folgte der zweite Band, der über die Autobiographie im frühen Mittelalter berichtet. Die beiden Teilbände des dritten Bandes, die das beginnende Hochmittelalter bearbeiten, erschienen 1959 und 1962, während der erste Teilband des vierten Bandes, der das »Hochmittelalter in der Vollendung« zum Thema hat, postum 1967 erschien. Der zweite Teilband dieses letzten Bandes, der Zeit der Renaissance und dem 18. und 19. Jahrhundert gewidmet, wurde in der Bearbeitung von Bernd Neumann 1969 veröffentlicht. Niemand, der sich einen historischen Überblick über die Autobiographie verschaffen möchte, wird auf Mischs Werk, das v.a. die Frühzeit der Autobiographik ausführlich dokumentiert, verzichten können. Vor dem Hintergrund des hermeneutischen Ansatzes, wie ihn Dilthey in einer Weise formulierte, die gerade die Selbstbiographie als kongeniales Paradigma profilierte, nimmt es nicht wunder, dass in der Fortsetzung der hermeneutischen Perspektive ein Standardwerk zur Autobiographie entstand. Mischs historische Darstellung ist den bei Dilthey gesetzten und von ihm, Misch, weitergeführten **Leitkategorien der Hermeneutik** verpflichtet. Seine »Begriff und Ursprung der Autobiographie« überschriebene Einleitung zum ersten Band ist auch als eine systematische Einführung in die hermeneutische Autobiographiebetrachtung zu lesen.

Misch behandelt die europäische Tradition der Autobiographie, die er als die wandelbarste aller Gattungen beschreibt, unter dem Vorzeichen der »Entwicklung des Persönlichkeitsbewußtseins der abendländischen Menschheit« (Misch 1949, S. 5). Deutlich kommt bei Misch der lebensphilosophische Ansatz der Hermeneutik zum Tragen, wenn er in der Autobiographie eine »elementare, allgemein menschliche Form der Aussprache der Lebenserfahrung« (S. 6) wahrnimmt. Auch für Misch steht die **Kategorie des Zusammenhangs** im Vordergrund, und zwar geht es ihm um den universalgeschichtlichen Zusammenhang der menschlichen Geistesentwicklung in der abendländischen Kultur. Zweifellos wirkt hier die Herdersche Begrifflichkeit nach. Die einzelnen autobiographischen Werke, die Misch vorstellt, sind ihm Kronzeugen für den sich entwickelnden menschlichen ›Geist‹. Gleichermaßen entspricht die Betonung des kulturellen Elements einem hermeneutischen Anliegen: Die Kultur bildet einen das einzelne Werk übergreifenden **Sinnhorizont**; das einzelne Werk wird bestimmt durch den kulturellen Kontext wie es seinerseits zu diesem kulturellen Gesamtzusammenhang beiträgt.

Ausgehend von dem die Autobiographie kennzeichnenden Strukturmoment der Identität zwischen darstellender und dargestellter Person fasst Misch die Geschichte der Autobiographie als eine Geschichte des menschlichen Selbstbewusstseins. Zugrunde liegt der Autobiographie, so schreibt er, die Freude am Ausdruck des eigenen Ichs, an der Selbstdarstellung. In diesem Zusammenhang stellt Misch auch die Frage nach der Wahrheit der Autobiographie und beantwortet sie echt hermeneutisch dahingehend, dass die Wahrheit der Autobiographie

»[...] nicht so sehr in den Teilen zu suchen ist, als in dem Ganzen, das mehr ist als die Summe der Teile. Was die einzelnen Teile betrifft, so wird auch der aufrichtigste Autobiograph, der eine »Konfession« schreibt, nicht eine »Apologie« verfassen, oder der, der nicht für die Öffentlichkeit, sondern zu seinem eigenen Vergnügen oder zur Unterhaltung und Belehrung seiner Nachkommen schreibt, manche charakteristischen Einzelheiten vergessen oder verschweigen [...]. Andererseits wird auch der geschickteste Lügner uns durch die erfundenen oder aufgeputzten Geschichten, die er von sich erzählt, nicht über seinen wahren Charakter täuschen können. [...] So ist, allgemein angesehen, der Geist, der über den Erinnerungen schwebt, das Wahrste und Wirklichste in einer Autobiographie.« (S. 13)

Charakteristisch für Mischs Blick auf die Autobiographie ist die Fokussierung des hinter dem Text stehenden Individuums. Da nach Misch die Autobiographie aus der konkreten erlebten Wirklichkeit erwächst, werden in ihr **Individualität** und, wie Misch es nennt, »Formgestalt« (S. 14) eins: Die Persönlichkeit des Künstlers bzw. des Verfassers ist in seinem Werk objektiviert. D.h. in der schriftlichen Vergegenständlichung nimmt das Subjekt eine objektive Gestalt an, die jedem Leser, jeder Leserin zugänglich ist. Dieser Vorgang der Objektivation ist ein Vorgang der Vergeistigung, insofern als im autobiographischen Schreiben das Faktische eine Bedeutung erhält. Oder besser: Das autobiographische Schreiben bringt die Bedeutung des faktischen Geschehenen zum Ausdruck. In der Autobiographie nimmt das Ganze der Persönlichkeit Gestalt an, wobei ihr Kern, ihr »Geheimnis« (S. 15) keinen Begriffen zugänglich ist. Mischs Ausführungen liegt also ein emphatischer Persönlichkeitsbegriff zugrunde, die Vorstellung von einem Individuum, das im wahrsten Sinne des Wortes ›unteilbar‹, nicht in Begriffe teilbar und nicht mitteilbar ist. »Der eigenste Kern der europäischen Selbstbesinnung«, schreibt er, »aber ist die Gestaltung des Lebens aus dem Bewußtsein der Persönlichkeit« (S. 18).

›Persönlichkeit‹, ›Individualität‹, ›Selbstbewußtsein‹ sind die Leitbegriffe von Mischs hermeneutischem Autobiographieverständnis. Dass es sich dabei um ein genuin hermeneutisches Programm handelt, liegt auf der Hand: Wenn die Persönlichkeit einen geheimnisvollen Kern hat, wie Misch es darstellt, dann ist das Verstehen der Persönlichkeit keine Selbstverständlichkeit. Interpret und Interpretin sind getrennt vom Gegenstand ihres Verstehens. Verfügbar sind lediglich die Äußerungsformen der Persönlichkeit, etwa der autobiographische Text; das verstehende Lesen nähert sich dem **Geheimnis der Persönlichkeit** ohne es begrifflich erfassen zu können. Das Verstehen der Persönlichkeit ist ein geistiger Akt, ihn zu vollziehen die Aufgabe der Geisteswissenschaften. Den fragmentarischen Charakter der *Geschichte der Autobiographie*, die ihre letzte große Textanalyse Goethes *Dichtung und Wahrheit* widmet, bevor sie mit einem kursorischen Überblick über die autobiographische Produktion des 19. Jahrhunderts abbricht, erklärt Jaeger folgendermaßen:

»Misch konnte also nicht mehr in die Verlegenheit geraten, die Kultur-
geschichte als ein Paradoxon bis in jene Zeit fortzuschreiben, da das reale
Verschwinden der autonomen Individuen in den (totalitären) Kollektiven seiner Gegenwart den zivilisatorischen Prozeß einer Entwicklung des
Selbstbewußtseins und das Vertrauen in ihn relativieren mußte.« (Jaeger
1995, S. 92)

Das hermeneutische Modell, demzufolge der autobiographische
Text auf das Verständnis einer hinter ihm stehenden Persönlichkeit
abzielt, prägt unausgesprochen nicht nur die populäre Rezeption
von Autobiographien, sondern eine Vielzahl von wissenschaftlichen Deutungen, in denen der hermeneutische Impuls oftmals eine
Verbindung mit anderen Akzentuierungen eingeht. So ist Horst
Oppels Beitrag »Vom Wesen der Autobiographie« um das Problem
der autobiographischen Selbstdarstellung zentriert. Oppel setzt sich
mit der Frage auseinander, inwiefern die autobiographische Selbstdarstellung ›Ursprünglichkeit‹ ermögliche oder sich in eitle Selbst-
bespiegelung verirre und kommt zu dem emphatischen Schluss,
dass »von der Autobiographie der mächtige Aufruf aus[gehe], in
der Person des Dichters Mensch und Werk als eine innere Einheit
wahrhaft ernst zu nehmen« (Oppel 1942, S. 53). Hinsichtlich der
auch von Dilthey hervorgehobenen Bedeutung der Zeitlichkeit für
die autobiographische Selbstvergegenständlichung bemerkt Oppel,
gerade die oftmals notwendig werdende Verletzung der zeitlichen
Sukzessivität in der Darstellung eines Lebens belehre den Leser,
wo der Akzent der vermittelten Lebensbedeutung zu finden sei
(S. 52).

Auch Georges Gusdorfs berühmter Aufsatz »Voraussetzungen
und Grenzen der Autobiographie« von 1956 ist deutlich getragen
von einem hermeneutischen Denkansatz, wenn er hinter der Autobiographie die »persönliche Einheit«, das »geheimnisvolle Wesen«
(Gusdorf, in: Niggl 1998, S. 134) der Person erblickt und den
Schriftsteller als jemanden beschreibt, der versucht, »dem stets ver-
borgenen und auf ewig vorenthaltenen Sinn seines eigenen Lebens
ein wenig näherzukommen« (S. 146). Noch Ralph-Rainer Wuthe-
nows Buch *Das erinnerte Ich. Europäische Autobiographie und Selbstdarstellung im 18. Jahrhundert* (1974) atmet gleichfalls hermeneutischen Geist: »Geschichte des Individuums«, »Entwicklung des
Selbstbewußtseins« (S. 21), »gedeutetes Leben« (S. 37) sowie die
Kategorie der Erfahrung (S. 18, 37 u.ö.) sind die Leitmarken der
Darstellung.

2. Sozialgeschichtliche Beschreibungsmodelle

Die sozialgeschichtliche Betrachtungsweise der Autobiographie, die sich vor allem in den siebziger Jahren als eine Folge der politisierten achtundsechziger Zeit durchzusetzen begann, lässt sich im Grunde genommen als eine Verlängerung des hermeneutischen Denkansatzes betrachten, wobei freilich andere Erklärungen gesucht werden. Nach wie vor steht das Individuum im Mittelpunkt der Aufmerksamkeit; allerdings ist es nicht mehr Entäußerungsinstanz des die Geisteswissenschaften durchwaltenden, sich durch die Zeiten zwar verändernden, aber sich dadurch immer auch erneuernden zeitlosewig menschlichen Geistes. Das sozialgeschichtliche Individuum ist geprägt von den gesellschaftlichen Verhältnissen seiner Zeit, auf die es daher auch immer verweist.

Das erste Standardwerk dieses Deutungsansatzes ist **Werner Marholz'** 1919 erschienene Darstellung mit dem Titel *Deutsche Selbstbekenntnisse. Ein Beitrag zur Geschichte der Selbstbiographie von der Mystik bis zum Pietismus*, auf das sich zahlreiche spätere Interpreten und Interpretinnen beziehen. Mahrholz' Ansatz beruht auf der Grundannahme eines inneren notwendigen Zusammenhangs zwischen bürgerlicher Lebensform und Autobiographie. Lebensform und Darstellungsform entsprechen einander unmittelbar. »Wer also nicht von der Literatur zum Leben, sondern vom Leben zur Literatur kommen will«, schreibt er, »der muß sich zuerst das Leben und dann seine Ausformung in der Literatur klarmachen« (Mahrholz 1919, S. 9). Die Entwicklung der Literatur ist für Mahrholz an die **Geschichte des Bürgertum**s gekoppelt, dem er einen individualistischen Zug zuspricht. Im Gegensatz zur mittelalterlichen Weltauffassung ist das bürgerliche Bewusstsein, das einen ersten Höhepunkt im 16. Jahrhundert erlebte, geprägt durch die Loslösung des Einzelnen aus festen, tragenden Verbänden. Mahrholz teilt das Bürgertum in drei historisch aufeinander folgende Ausprägungen, in Kleinbürgertum, Mittelbürgertum und Großbürgertum. Die Autobiographie ist eng an die Entwicklung des Kleinbürgertums gebunden, dem Mahrholz attestiert, aufgrund der Begrenztheit seines kleinbürgerlichen Daseins auf die autobiographiefördernde Versenkung in sich selbst verwiesen zu sein. Dem Mittelbürgertum eignet in Mahrholz' triadischer Typologie eine Orientierung auf die Gemeinschaft hin. Ist das Kleinbürgertum auf die Seele bezogen, so entspricht dem Mittelbürgertum der sich in Wissenschaft, Technik und Wirtschaft entäußernde Geist. Das Großbürgertum schließlich bildet die dialektische Synthese aus Klein- und Mittelbürgertum, aus Seele und Geist, und findet seine eigentümlichen Werte und Betätigungsfelder in und für Staat und Vaterland.

Es ist offenkundig, in welchem Maß Mahrholz einem idealtypischen und zudem ideologieträchtigen Schema folgt. Gegenüber skeptischen Einschätzungen ihres historischen Zeugnischarakters ist für Mahrholz die Autobiographie »in dem, was sie sagt, wie in dem, was sie verschweigt, die deutlichste Spiegelung der letzten Einstellungen des Menschen zu seiner Umgebung, zu seiner Zeit, zu den sie beherrschenden Gedanken und Gefühlen«. Auch wenn sich der Lebensbeschreiber in der Darstellung der Fakten irrt, »das Ganze seines Soseins als Mensch dieser Zeit und dieser geschichtlichen Stunde« (S. 8) gibt er verlässlich wieder. In der Selbstbiographie, so vertritt Mahrholz mit Nachdruck, findet das gelebte Leben so unmittelbaren Niederschlag wie in keinem anderen literarischen Dokument. Aus diesem Grund ist die Autobiographie für ihn eine historische Quelle ersten Ranges.

Auf Mahrholz' Thesen fußt **Bernd Neumann**s Buch *Identität und Rollenzwang* (1970). Die Tatsache, dass Neumann den letzten Band von Mischs *Geschichte der Autobiographie* bearbeitet hat, zeigt einmal mehr die hermeneutische Wurzel des sozialgeschichtlichen Deutungsansatzes, den Neumann dezidiert sozialpsychologisch fasst. Im Mittelpunkt steht auch bei ihm die individuelle Persönlichkeit, die indessen von sozialen Faktoren bestimmt ist. Auf der Grundlage des Freud'schen Ich-Modells, das die psychische Person in die Instanzen des Es, des Ichs und des Über-Ichs aufspaltet, und in den sechziger Jahren entwickelter sozialpsychologischer Ansätze (Parsons, Erikson) (vgl. dazu Kap. II.3) stellt Neumann als neue Beschreibungskategorie die ›**Identität**‹ in den Mittelpunkt seiner Autobiographieanalyse. Identität wird beschrieben als gelingende Vermittlung von Trieb- und Gesellschaftsanspruch auf der Basis eines harmonischen Zusammenspiels der Ich-Funktionen. Innenwelt und Außenwelt sind in dieser Perspektive also eng aufeinander bezogen, und der Identitätsbildungsprozess des Individuums endet mit der Übernahme und Erfüllung einer sozialen Rolle. Mit Mahrholz bindet Neumann die Herausbildung des Individuums an die Entstehung eines städtischen Bürgertums seit der Renaissance. Politische Selbständigkeit und kapitalistische Wirtschaftsform sind die Faktoren, die in erster Linie die Entwicklung eines bürgerlichen Selbstbewusstseins begünstigen.

Unter Zuhilfenahme der von dem amerikanischen Soziologen David Riesman formulierten Charaktertypologien der Traditions-Lenkung, der **Innen-Lenkung** und der **Außen-Lenkung** unternimmt es Neumann, Charaktertypologie und die Typologie der autobiographischen Selbstdarstellung aufeinander zu beziehen. Auf diese Weise gehen die alte Form des Tatenberichts (res gestae), der äußere Lebensereignisse widerspiegelt, und die in seiner direkten Nachfolge stehenden **Memoiren** (vgl. dazu Kap. II.4.2.5) eine Allianz mit dem traditionsgeleiteten, d.h. dem von Bräuchen und Ritualen der Familie und des Standes abhängigen feudalen Individuum ein. »Es ist auffällig«, schreibt Neumann, »daß sich die Memoiren überall dort erhielten, wo die feudale Gesellschaft als eine Art Enklave innerhalb der bürgerlichen Gesellschaft fortbestand: in Deutschland etwa im preußischen Militär und Junkertum, endlich in den noch heute mumienhaft fortbestehenden europäischen Herrschergeschlechtern« (Neumann 1970, S. 176f.).

Die Autobiographie dagegen erscheint als die dem innengeleiteten Individuum, das die gesellschaftlichen Normen verinnerlicht hat und sich daran ausrichtet, entsprechende Form. Sie bildet sich parallel mit dem die Geschichte des Individuums kennzeichnenden Übergang von der Außen- zur Innenlenkung heraus. Die Autobiographie bricht ab, so Neumann, wenn die Eingliederung des Individuums in die Gesellschaft erfolgt, die Herausbildung der Identität erreicht ist. Die Kontinuität des weiteren Verhaltens erscheint von diesem Zeitpunkt an auch unter sich verändernden äußeren Umständen gewährleistet.

Das außengeleitete Individuum, das nach Riesman in der Folge von Kapitalismus, Industrialisierung und Verstädterung entsteht und der Zerstreuung durch die modernen Unterhaltungsmedien ausgesetzt ist, wird in Neumanns Darstellung zum Signum der in der modernen Gegenwart problematisch, ja unmöglich gewordenen Autobiographie.

In der Literatur des 20. Jahrhunderts findet Neumann exemplarische Charaktertypen, Felix Krull z.B., der als der perfekte außengeleitete Mensch nurmehr die Parodie des Biographischen repräsentieren kann, oder aber Musils Mann ohne Eigenschaften, der verschiedene soziale Rollen erprobt, ohne mit einer identisch zu werden. Die Autobiographie des innengeleiteten Individuums ist in der Gegenwart, so Neumanns kulturkritischer Befund, abgelöst durch die Fotografie, die wie einst die Lebensbeschreibung die Funktion erfüllt, Zeugnis davon abzulegen, »daß und wie einer lebte« (S. 190). Doch bleibt die Fotografie ein bloß äußeres Medium, das Erlebtes wie eine Ware betrachtet und auf diese Weise das Erinnern, das zwar behauptet wird, im Grunde genommen überflüssig macht. Der Verlust der bürgerlichen familialen Bindung in der Moderne löscht auch den utopischen Gehalt, der die Autobiographie in der Erinnerung an die Kindheit als »Verheißung eines befriedeten und herrschaftsfreien Daseins« (S. 191) kennzeichnet. Diesem melancholischen Befund vom Ende der Autobiographie ist die in der Gegenwart nicht abgebrochene autobiographische Produktion entgegenzusetzen, die auf der Grundlage der mit guten Gründen problematisch gewordenen Innerlichkeit eine neue Ästhetik der Selbstverschriftlichung entwickelt (vgl. Kap. III.6).

Eine Weiterentwicklung des sozialgeschichtlichen Ansatzes stellt – unter kritischer Bezugnahme auf Mahrholz und Neumann – die Hamburger Dissertation von **Peter Sloterdijk** aus dem Jahr 1976 dar, die 1978 als Buch unter dem Titel *Literatur und Organisation von Lebenserfahrung. Autobiographien der Zwanziger Jahre* erschien. Gegenüber Neumann, der in erster Linie an Erklärungsmodellen für die Entstehung der bürgerlichen Autobiographie interessiert ist, verschiebt sich Sloterdijks in den politischen Debatten der nachachtundsechziger Zeit engagiert Partei nehmender Blick dahingehend, dass ihm die Autobiographie zum Indikator gesellschaftspolitischer Prozesse wird. Akademische hätten sich in der Zeit der Abfassung seiner Arbeit mit literatur- und gesellschaftspolitischen Diskussionen verschmolzen, schreibt Sloterdijk in der Einleitung seines Buches.

»War es mir anfangs darum zu tun, das hermeneutische Problem des Sich-Selbst-Verstehens, wie es von Dilthey über Freud bis Ricoeur formuliert worden ist, mit Hilfe neuerer autobiographischer Texte voranzutreiben, so schob sich im Fortgang der Arbeit ein Horizont von vitalen Fragestellungen in den Vordergrund, die mit Stichworten wie: Organisation von Lebenserfahrung, Politik der Subjektivität, Erfahrung und Öffentlichkeit zu benennen sind. Beide Horizonte, der akademische und der vitale, durchdrangen einander – wie unvollkommen auch immer – und gaben dem Forschungsvorhaben eine Hypothek an innerer Widersprüchlichkeit mit, in der sich die gesamte Situation der Arbeit spiegelt.« (Sloterdijk 1978, S. 5)

Tatsächlich spiegelt sich in Sloterdijks Darstellungsduktus, der die persönliche Auseinandersetzung mit seinem Untersuchungsgegenstand mit thematisiert, jener (autobiographische) Erfahrungs- und Betroffenheitsduktus der Zeit wider, aus dem heraus seine Perspektivierung des Themas ›Autobiographie‹ erwachsen ist. Sloterdijk beschreibt lebensgeschichtliches Erzählen als eine Form sozialen Handelns, in der sich **individuelle Geschichten und kollektive Interessen** verschränken. Den von Mahrholz und Neumann geltend gemachten Zusammenhang zwischen Bürgertum und Autobiographie erklärt er mit von der bürgerlichen Form des Wirtschaftens erforderten Fähigkeiten, etwa der Notwendigkeit, sich an sozialpolitischen Widersprüchen abzuarbeiten und sich als psychosoziales

Wesen in einer ausdifferenzierten Welt von Mitbürgern, Konkur-
renten und Feudalherren zu bewegen. Insgesamt aber stellt er in
Frage, dass die Geschichte der neuzeitlichen Individualität tatsächlich auf das bürgerliche Moment zu reduzieren sei. Statt dessen
plädiert Sloterdijk dafür, die Autobiographie im Hinblick auf die
gesamte historische Klassenkonstellation zu beschreiben und Individualität als ein sich historisch und gesellschaftlich wandelndes
Phänomen wahrzunehmen. Gegen Neumann macht er geltend,
dass zwar tatsächlich die klassische entwicklungsgeschichtlich-or-
ganologische Autobiographie in der Moderne zu Ende gekommen
sei, doch, so Sloterdijk, entstünden gerade in den zwanziger Jahren
neue Sozialcharaktere, d.h. neue Typen bürgerlicher, kleinbürger-
licher und proletarischer Subjektivität, denen veränderte Formen
und Schreibweisen des Autobiographischen korrespondierten. Die
Folgen reichten bis in die Gegenwart (der siebziger Jahre), in der
eine neue Linke im Modus des Autobiographischen alternative
Lebensformen und eine »Sprache für nichtsubjektivistische Subjektivität« erprobe (S. 8).

   Als Analysekategorien bietet Sloterdijks Deutungsansatz der Autobiographie »Relevanzproduktion« und »dialektisches Lernen« an.
Durch ›Relevanzproduktion‹ präsentiert der Autobiograph seine
persönliche Erfahrung als eine allgemeine; ›dialektisches Lernen‹
beschreibt die Auseinandersetzung des autobiographischen Ichs
mit den realen Phänomenen von **Krise**, **Kampf** und **Widerspruch**,
und in seiner eigenen Lektüre autobiographischer Texte fahndet
Sloterdijk gerade nach den sich in dieser Auseinandersetzung auf-
tuenden Bruchstellen und Symptombildungen. Indessen räumt
er ein, im Lauf der Arbeit eine gewisse Enttäuschung erfahren zu
haben: Trotz seiner Skepsis gegenüber Diltheys optimistischer Annahme, das Leben könne sich ohne weiteres selbst verstehen, habe
er zunächst an der Grundidee festgehalten, dass das individuelle
Leben in der Lage sein müsse, sich selbst transparent zu werden
und seine Bedingtheiten zu reflektieren. Demgegenüber habe er in
der Auseinandersetzung mit den autobiographischen Texten festgestellt, dass das Bewusstsein der Menschen ihren Erfahrungen nicht
angemessen sei, die Reflexion über das Leben rückgebunden bleibe
an die Lebenspraxis und von daher nur begrenzt Selbsterkenntnis
ermögliche. Gerade die bürgerlichen Menschen, denen es zwar
zeitweilig gelinge, die ideologischen Klammern zu durchbrechen,
blieben in ihren tief verankerten **Kulturillusionen** befangen. So
kommt Sloterdijk zu dem so gesellschafts- wie kulturkritischen
Befund:

»[...] eine Gesellschaftsordnung wie die gegebene erzeugt mit immanenter Notwendigkeit psychische Störungen im massenhaften Ausmaß, indem sie die Voraussetzungen sozialpsychisch gesunden Lebens, individuell wie kollektiv, zerstört. Solange es aber der Gesellschaft gelingt, ihre Opfer durch Bindung an kulturelle Werte in systemimmanente Selbstverwirklichungskämpfe zu verstricken, kann sie das selbstproduzierte Konfliktpotential binden. Die noch so sehr gestörten Individuen versuchen immer wieder, ihr Heil in solchen Lebensformen zu finden, wie sie von sozialen Mustern der Kulturwertproduktion angeboten werden. Dadurch werden die Wirkungen des negativen feedbacks durch kulturelle Illusionsmuster aufgefangen. Ja die Mystifikation kann so weit gehen, daß die Gestörtheit des Lebens selbst noch einmal ästhetisch legitimiert wird: der leidende Genius; Neurose als Motor sozialer Ehrgeizhaltungen usw.« (S. 319)

Gleichwohl bleibt ihm die, wie er zugibt, idealistische Erwartung, die nicht oder in ideologischer Hinsicht falsch formulierten Erfahrungen der autobiographischen Subjekte könnten dennoch ihre ›wahre‹, will sagen: authentische Sprache finden – jenseits der Alleinerklärungsansprüche von Marxismus und Psychoanalyse (S. 12).

3. Psychologische Verstehenskonzepte

Psychologische und psychoanalytische Argumente fielen bereits im bisher Dargestellten. Nach Neumann ist das autobiographische Ich nicht nur Objekt sozialer, sondern gleichermaßen psychischer Zwänge; seinen Begriff von Identität stützt er auf Freuds Modell von der in drei Instanzen aufgeteilten psychologischen Person, die sich aus dem triebhaften Es, dem bewusstseins- und erkenntnisfähigen Ich und dem die Elterninstanz im Ich repräsentierenden Über-Ich zusammensetzt. Mit Hilfe sozialpsychologischer Ansätze (Talcott Parsons, Erik H. Erikson) beschreibt er das Subjekt im Spannungsfeld von Innen- und gesellschaftlicher Außenwelt. Auch Sloterdijks gesellschafts- und ideologiekritischem Ansatz unterliegt mit der für ihn zentralen Kategorie der ›Erfahrung‹ ein psychologisches Deutungsmuster.

Die psychologische Fundierung der sozialgeschichtlichen Autobiographiebetrachtung kommt nicht von ungefähr. Zum einen bleiben die vorgestellten sozialgeschichtlichen Betrachtungsweisen, wie gezeigt, dem hermeneutischen Paradigma verpflichtet, in dem das Individuum die maßgebliche Bezugsgröße bildet. War das Individuum für Dilthey und Misch, die Vertreter der geisteswissenschaftlich-hermeneutischen Richtung, Träger und Zeichen der

menschlichen Geistesentwicklung, beginnt die sozialgeschichtlich-
psychologische Theoriebildung die Instanz des Individuums, die
bislang nicht als solche problematisiert worden war, kritisch in
Frage zu stellen. Diskutiert werden, zumal im Gefolge der Psychoanalyse Freuds, die in ihrem Verstehensgestus gleichfalls eine
Nähe zum hermeneutischen Denkansatz aufweist (vgl. Goldmann
1988), die Bedingungen für die Entstehung und Ausbildung von
Individualität und Identität, und zunehmend erscheinen vormals
als gegeben betrachtete Entitäten als bedingt und gefährdet.

Zum anderen ist die forschungsgeschichtliche Situation der
siebziger Jahre in Rechnung zu stellen, in denen die Arbeiten
Neumanns und Sloterdijks entstanden sind. Die in der achtundsechziger Zeit erfolgte Politisierung der Literatur (vgl. Kap. III.6)
und der Literaturwissenschaft, die der Ausbildung einer Sozialgeschichte der Literatur Vorschub leistete, war aufgrund mancher
enttäuschten politischen Hoffnung begleitet von einer neuen Besinnung auf das Innen des Individuums. Das Stichwort von der
›Neuen Subjektivität‹ oder auch der ›Neuen Innerlichkeit‹ ist als
Beschreibungskategorie für die nach innen gewandte Tendenz in
der Literatur der siebziger Jahre in die Literaturgeschichte eingegangen, wobei die Entdeckung des Privaten nicht notwendigerweise unpolitisch ist, oft genug erscheint das problematisierte Ich
als Austragungsort politisch-gesellschaftlicher Konflikte, ja wird
geradezu zu deren Spiegel. ›Das Private ist politisch‹, lautete eine
gängige Devise der Zeit.

Zum Teil hat die autobiographische Literatur im Blick auf sich
selbst bereits psychologische Denkweisen entwickelt. Das promi-
nenteste Beispiel ist gewiss Karl Philipp Moritz' »psychologischer
Roman« *Anton Reiser* (1785–1790) (s. Kap. III.4), in dem viele
Interpreten psychoanalytische Erklärungsmuster vorweggenommen
sehen, etwa wenn die unglückliche Persönlichkeitsentwicklung des
Protagonisten auf mangelnde Zuwendung vonseiten der Eltern in
der frühen Kindheit zurückgeführt und seine permanente Suche
nach äußerer Selbstbestätigung mit dem Fehlen eines inneren Halts
erklärt wird.

Die **Psychoanalyse als Methode** ist in konstitutiver Weise dem
biographischen Denken verpflichtet, fördert die psychoanalytische
›Urszene‹, das analytische Gespräch, doch Lebensgeschichten oder
Fragmente bzw. Versionen von Lebensgeschichten zutage. Krankengeschichte im freudschen Verständnis ist immer auch Lebensgeschichte (hierzu und für das Folgende vgl. Cremerius 1981).
Dabei hat **Sigmund Freud** früh erkannt, dass der erzählten Lebensgeschichte keine materielle Realität zukommt, dass es sich

vielmehr um psychische Realitäten handelt, die vorgetragen und verhandelt werden (vgl. auch Goldmann 1988, S. 255). Der Akt des Erinnerns wird daher schon bei Freud problematisiert, wenn er feststellt, dass die Kindheitserinnerungen der Menschen erst in einem späteren Stadium festgestellt und dabei einem komplizierten Umarbeitungsprozess unterzogen werden. Freud sieht darin eine Analogie zur Sagenbildung eines Volkes über seine Urgeschichte. Biographie ist im Verständnis Freuds nichts Vorgegebenes, nichts, was der Mensch ›hat‹, sondern etwas, das er im Laufe seines Lebens herstellt. Ihre erzählerische Bearbeitung kann als ein Akt der Sinnstiftung verstanden werden, als Ergebnis des auf das eigene Leben, die eigene Geschichte gerichteten Verstehens.

Im therapeutischen Prozess der Analyse geht es darum, die Bedingtheit der bisherigen Lebensgeschichte und damit sich selbst als Autor bzw. als Autorin derselben zu erkennen. Aus diesem Grund spricht Freud auch in einer gleichnamigen Schrift von 1909 vom »Familienroman der Neurotiker«. Die in der Analyse zutage tretenden Widerstände gegen nicht zugelassene Teile der Lebensgeschichte und die sich daraus ergebenden Ersatzkonstruktionen werden selbst als Teil der Biographie betrachtet, der offenbar notwendig war, um sich zu schützen, ja, um überhaupt weiterleben zu können. Es geht in der Analyse nicht darum, das ›eigentliche‹, ›wahre‹ oder ›richtige‹ Leben zu finden, sondern, so führt Cremerius aus, Ziel der Analyse ist es, an jenen Punkt zu kommen, »an dem der Patient als Autor seines Lebens einen neuen Roman« (S. 32) beginnen kann.

In dem Maße, in dem der Psychoanalyse jedes gelebte und erst recht jedes erzählte Leben als eine Lebenskonstruktion erscheint, lesen psychoanalytisch orientierte Interpretationen autobiographische Texte als analysierbare Lebenskonstrukte ihrer Autorinnen und Autoren. Dabei werden in mehr oder weniger systematischer Weise freudsche Kategorien zum Einsatz gebracht. Bernd Neumann beispielsweise arbeitet mit dem von Freud formulierten Dualismus von Lust- und Realitätsprinzip, wenn er schreibt:

»Im Bestreben, die verlorene Zeit in der Erinnerung wiederzufinden, gehorcht der Autobiograph dem Lustprinzip. Denn die Erinnerung bringt im wesentlichen nur die glücklich verbrachten Tage zurück. Die von Unlust bestimmte Zeit verfällt leicht der Verdrängung, in der Rückschau erscheint das Leben glücklicher, als es war [...]. Für die meisten Autobiographen stellt das Abfassen einer eigenen Lebensbeschreibung eine Tröstung über die Versagungen dar, die sie im Leben erfuhren. Deshalb auch behandeln Autobiographien die Kindheits- und Jugendzeit ausführlich und intensiv. Die Erinnerung an diese lustvolle und versagungsfreie Zeit wird zum

Versprechen eines besseren, zwangsfreieren Lebens.« (Neumann 1970, S. 61f.)

Neumann beschreibt damit die tatsächlich häufig zu beobachtende Tatsache, dass Autobiographien der Beschreibung der Kindheit besonders viel Raum gewähren, gerade jener Zeit also, die für die Erinnerung am weitesten zurückliegt und bei der es demzufolge besonders viele Erinnerungslücken aufzufüllen gilt. Hinzu kommt, dass der Kindheit in entwicklungspsychologischer Hinsicht entscheidende Bedeutung zugesprochen wird, sie also in ganz besonderer Weise der autobiographischen **Selbststilisierung und Selbstmythisierung** entgegenkommt. Genau hier setzt auch Stefan Goldmanns Argument ein. In seiner Arbeit über die Autobiographie des Arztes Christoph Wilhelm Hufeland (1762–1836) zeigt er, wie sich insbesondere die Erinnerung an die Kindheit einer kulturellen Topik bedient (vgl. Goldmann 1993). Goldmann, der die Struktur des autobiographischen Textes im Hinblick auf dessen Bearbeitungsgrad mit derjenigen des Traumtextes vergleicht, beobachtet, »daß in den Kindheitserinnerungen neuzeitlicher Autobiographien die antike Mythologie des Kulturheros ein Nachleben führt« (S. 15). D.h. die heroischen Kämpfer- und Erlöserfiguren der Kultur, heißen sie nun Herakles, Odysseus oder Jesus Christus, werden in der autobiographischen Erinnerungsarbeit, in der das autobiographische Ich an seinem eigenen Ursprungsmythos schreibt, aufgerufen. Das Ich der Autobiographie wird auf diese Weise selbst zum Kulturheros, indem es, wie schon Freuds Gedanke von der Analogie zwischen individueller und kollektiver Erinnerung nahe legt, das überpersönliche Sagen- und Mythenarchiv in die persönliche Erinnerungsgeschichte hereinholt und diese in der Zeichensprache des Kollektivs abfasst.

Spricht Neumann im oben angeführten Zitat vom Tröstungscharakter des autobiographischen Schreibens, so geht auch dieses Argument auf einen bei Freud selbst schon grundgelegten Impuls zurück. Zunächst war Freud davon ausgegangen, dass die Analyse mit der Rekonstruktion der wirklichen Biographie auch die psychische Gesundheit des bzw. der Analysierten wiederherzustellen in der Lage sei; später, als ihm klar wurde, dass es die einzig richtige Lebensgeschichte nicht gibt, wurde das Moment der **Heilung** an die befreiende Erkenntnis der in der bisherigen Lebensgeschichte wirksamen Zwänge und Fixierungen gebunden. Zudem hatte Freud festgestellt, dass viele Patient/innen gar nicht an der Aufklärung ihrer Lebensgeschichte interessiert waren, sie sich vielmehr weigerten, die in der Analyse rekonstruierte Biographie anzunehmen. In diesem Stadium der Entwicklung seiner Theorie stieß Freud auf das Phänomen der Übertragung, d.h. er beobachtete, wie alte Konfliktstrukturen in der Beziehung Patient bzw. Patientin und Analytiker erneut durchgespielt wurden. Erst wenn der Analytiker die Übertragung erkennt, annimmt und mit ihr umzugehen lernt und gleichzeitig auch seine eigene Gegenübertragung, d.h. die auf die Patientin, den Patienten gerichteten Projektionen und Erwartungen durchschaut, ist eine weiterführende analytische Kommunikation möglich (vgl. Cremerius 1981, S. 19ff.).

Der Heilungsaspekt der Psychoanalyse, die auch als ›talking cure‹ bezeichnet worden ist, spielt in der psychoanalytischen Literaturbetrachtung, wie sie sich beispielsweise bei dem Autor und Literaturwissenschaftler Adolf Muschg findet, eine zentrale Rolle. Dass freilich die Literatur mehr als Therapie und Analyse heilsame Wirkungen zeitige und dem Schreiben daher eine wichtige Lebensfunktion zukäme, hat Muschg in seinem 1981 erschienenen Buch *Literatur als Therapie? Ein Exkurs über das Heilsame und das Unheilbare* formuliert, das die generelle Aufmerksamkeit der siebziger Jahre auf die psychologischen Bedingtheiten des Subjekts spiegelt. »Das grandiose Ich«, heißt es bei Muschg lakonisch, »ist ein schwaches Ich, sonst hätte es nicht so unvernünftige Beweise seiner Stärke nötig« (Muschg 1981, S. 107). Den **therapeutischen Charakter der Literatur** führt Muschg – und darin zeigt sich ein Moment politischer Resignation, wie es in den siebziger Jahren vielfach festzustellen ist – auf ihre Widerständigkeit gegenüber politischen und sozialen Zwängen, auf ihre Anpassungsverweigerung zurück (vgl. S. 177).

Zur expliziten Grundlage der Autobiographieanalyse wird das Moment der Heilung in Marilyn R. Chandlers Arbeit mit dem programmatischen Titel *A Healing Art. Regeneration through Autobiography*, die 1990 publiziert wurde. Analog zur psychoanalytischen ›talking cure‹ betrachtet Chandler das autobiographische Schreiben als ›**writing cure**‹. In der Autobiographie sieht die Autorin eine Möglichkeit der Krisenüberwindung und der Neustrukturierung der Realität durch das Medium der Erzählung, das als solches kommunikativ ist und einem in die Krise und in die Isolation geratenen Subjekt die Chance bietet, sich wieder nach außen zu wenden. Chandler möchte zeigen, »how therapy and art merge in autobiography, and how in this genre in particular, literature acts back upon life« (Chandler 1990, S. x). Chandler verbindet ein psychologisches mit einem anthropologischen Moment, wenn sie das Erzählen einer Geschichte als Antwort auf eine Reihe menschlicher Bedürfnisse wertet: Zum einen möchte sich der Mensch bestätigen,

dass er ebenso ist wie seine Mitmenschen, zum anderen geht es
um den Nachweis seiner Einzigartigkeit; im Erzählen verleiht er
seinem Erleben Form und Bedeutung und sucht Bestätigung als
Autor seiner eigenen Geschichte. In jedem Fall, so argumentiert
Chandler, handelt es sich niemals nur um eine literarische Angelegenheit, wenn Menschen ihre Geschichte erzählen.

Die Zunahme der autobiographischen Produktion in der Moderne ist für Chandler ein Krisenphänomen und Folge philosophischen wie weltanschaulichen Sinnverlusts; wenn die kulturellen
Sinnhorizonte bröckeln, muss sich das Individuum in der Autobiographie einen eigenen Sinnhorizont schaffen. »Autobiography
is one available means of restructuring, redescribing, reevaluating,
and remythologizing the world«, schreibt Chandler (S. 5). Freilich
hat das autobiographische Subjekt dabei immer mit der begrenzten
Aussagekraft der Sprache zu kämpfen; autobiographisches Schreiben ist geprägt und getragen von einer unausweichlichen Spannung
zwischen Sprache und Erfahrung. Leitend für die Autorin ist die
Frage, welche Gemeinsamkeiten zwischen Krisenerfahrung und
narrativer Struktur bestehen. Zwei Krisenmodelle werden einge-
führt: Das erste ist ein dreistufiges, das sich aus Verfall, Paralyse
und Wiederaufstieg zusammensetzt; das zweite Modell ist lediglich
durch das Moment des Zerfalls beschrieben und verweigert den
mythologischen Dreischritt der Restitution. Auf der Grundlage
anthropologischer Studien (vgl. auch Kap. II.7) werden Entspre-
chungen zwischen modernen Erzählformen und primitiven Hei-
lungsritualen festgestellt, die in die operativen Metaphern Katharsis
(Reinigung), Wiederherstellung (einer Ganzheit) und Transforma-
tion münden. Das Schema ›Sündenbekenntnis und Sündenerlass‹
stellt dabei eine gängige Praxis der Reinigung dar, für die nach
der kulturellen Zurückdrängung der christlichen Beichte die Autobiographie ein neues Forum bietet.

Die Herstellung eines Ganzen ist im autobiographischen Schreiben ein formales Problem; in dem Moment, in dem Fragen der
Darstellung in den Vordergrund treten, argumentiert Chandler,
befindet sich das autobiographische Subjekt auf dem Heilungs-
wege. **Symbolisierung** ist das prominente Mittel der Einheitser-
zeugung. Eine wichtige Rolle kommt schließlich dem Moment
der Wiederholung zu: autobiographisches Schreiben ist zugleich
autobiographisches Lesen, eine Art der Re-vision, die der Trans-
formation Raum gibt, der Erinnerung die Imagination zur Seite
stellt. Das psychoanalytische Modell »Erinnern, Wiederholen und
Durcharbeiten«, wie es Sigmund Freud 1914 in einem gleichnamigen Aufsatz darlegte, steht dabei unausgesprochen Pate. Die

therapeutische Wirkung des autobiographischen Schreibens ist in diesem Konzept eng an die ästhetische Verarbeitung gebunden: »Writing begun as therapy will, continued, tend toward art. Therapy is the beginning of healing; art can be its completion.« (Chandler 1990, S. 41)

Kommt in der freudschen ›talking cure‹ dem auf die eigene Biographie gerichteten Bearbeitungsprozess selbst die entscheidende therapeutische Bedeutung zu und sieht Chandler in der Ästhetisierung der Lebensgeschichte den heilsamen Impuls, so verstärkt sich in der Weiterentwicklung der psychoanalytischen Theorie nach Freud die Aufmerksamkeit auf das Medium der Therapie selbst, auf die Sprache bzw. die sprachlichen Prozesse der Symbolisierung, die nicht länger auf sprachjenseitige psychologische Befindlichkeiten hinweisen, sondern selbst zu konstitutiven Momenten der Subjektentwicklung werden. Sprechen und Schreiben werden in dieser Perspektive zu Äußerungsformen der ›Schrift‹ in dem explizierten Sinne (vgl. Kap. I.3.2), d.h. sie gewinnen ihre Bedeutung nicht im Hinblick auf ein ausgesprochenes Bedeutetes, sondern es ist der Prozess des Sprechens und Schreibens selbst in seiner konkreten zeichenhaften Materialität, der zum Projektionsraum des Subjekts wird. In seinem 1949 auf dem 16. Internationalen Kongress für Psychoanalyse in Zürich gehaltenen Vortrag »Das Spiegelstadium als Bildner der Ichfunktion« hat **Jacques Lacan** ausgehend von dem sechs bis achtzehn Monate alten Kleinkind, das sich im Spiegel wahrnimmt und identifiziert, eine die menschliche Subjektgenese prägende symbolische Struktur herausgearbeitet. In dem Moment, in dem sich das Kind im Spiegel erkennt, *ver*kennt es sich auch schon, insofern als die ›Gestalt‹, die es im Spiegel erblickt, ihm eine Einheitlichkeit und Souveränität vorspiegelt, der sein faktisches Ich nicht entspricht, ist das kleine Kind doch noch vollkommen abhängig von der Pflege und der Fürsorge der Mutter. Lacan konstatiert also eine »ursprüngliche Zwietracht« (Lacan 1986, S. 66) in der psychischen Organisation des Subjekts, das auseinanderfällt in das sich bildende und begehrende *je* und das begehrte, doch fiktive *moi*. Das sich zwischen *je* und *moi* entfaltende differentielle Spiel eröffnet den Raum der Subjektbildung und bindet das Ich (*je*) an die signifikante Matrix seiner Ich-Phantasmen (*moi*), die in ihrer exzentrischen Vorgängigkeit zu Schriftzeichen des sich konstitutiv verfehlenden Ich-Subjekts werden.

Den systematischen Ort der sich auf der Oberfläche des Spiegels abzeichnenden Gestalt nimmt in anderen Schriften Lacans die Sprache ein, die insofern dem Subjekt vorgängig ist, als dieses in die bestehende sprachliche Symbolstruktur hineingeboren wird und gezwungen ist, sich ihrer zu bedienen und sich im Hinblick auf sie zu entwerfen. In seiner Schrift »Das Drängen des Buchstabens im Unbewußten oder die Vernunft seit Freud« von 1957 charakterisiert Lacan im Anschluss an Freud das Unbewusste als eine signifikante Prozessualität, deren Bilder oder Buchstaben unabhängig von fest mit ihnen verkoppelten Bedeutungswerten operieren. »Das Unbewußte ist nicht das Ursprüngliche oder das Instinktive«, schreibt Lacan, »und an Elementarem enthält es nur die Elemente des Signifikanten« (Lacan 1986, S. 46). Das Subjekt der Psychoanalyse gründet nicht im cartesianischen Cogito, so macht Lacan immer wieder deutlich, vielmehr ist es geprägt durch den fundamentalen Seinsmangel seines auf den Signifikanten, d.h. den materiellen Zeichenträger seiner imaginären Selbstentwürfe, gerichteten Begehrens.

Übertragen auf die Systematik der autobiographischen Selbstverschriftlichung besagt der lacansche Ansatz, dass den Wörtern, Bildern und Formeln des autobiographischen Textes eine **imaginäre Spiegelfunktion** im Hinblick auf das sich selbst begehrende Subjekt zukommt, das sich nur in der Entäußerung des Schreibens und der Schrift erfährt und in jeder signifikanten Setzung, die es vornimmt, jene Kluft zu überbrücken sucht, die es von sich selbst trennt, und genau in diesem Gestus des Begehrens seiner selbst jene Trennung von sich immer neu setzt: »ich denke, wo ich nicht bin, also bin ich, wo ich nicht denke« (Lacan 1986, S. 43), lautet das lacanistische Credo.

Die in einer Autobiographie zum Einsatz gelangenden Bilder, führt Matthias Waltz aus, verdanken sich einer gespaltenen Abbildlichkeit, insofern als sie das Begehren des autobiographischen Subjekts, das sich in ihnen im Blick des Anderen wahrnimmt, mit aller Wunsch- und Hassintensität an sich binden. Jedoch ist klar, dass sie nicht Abbild des Autobiographen sind, genauso klar ist aber auch, dass es hinter dem **Bild** nichts zu erkennen gibt (vgl. Waltz 1989, S. 218). Eine Reihe von Spezialstudien zu einzelnen autobiographischen Texten bzw. Autoren argumentieren auf der Grundlage der lacanschen Psychoanalyse. Die Aufmerksamkeit auf die Thematisierung von Sprache und Schrift in Autobiographien fokussiert nicht nur die beschriebene Subjektgenese, sondern stellt gleichermaßen den Akt des autobiographischen Schreibens selbst in den Dienst der **imaginären Selbstprojektion**. Autobiographie ist in dieser Perspektive kein »Hineinhorchen in die seelischen Abgründe« (Craemer-Schroeder 1993, S. 8) mehr, sondern setzt einen kontinuierlichen Prozess des Selbstwerdens als ›Ein anderer-Gewordensein‹ in Szene.

»Die Autobiographie beschreibt weder das Leben des Erzählers (Ich-Roman) noch das des Protagonisten (Roman der 3. Person), sondern tatsächlich das Leben des Autors. Der Autor ist das einzige Indiz einer realen Existenz, die allerdings durch die Schrift erst entsteht. Er ist die zwiespältige Figur, die jene Realität simuliert, welche die Autobiographie von einer fiktiven Erzählung unterscheidet.« (Craemer-Schroeder 1993, S. 10)

4. Von der Abbildung zur Konstruktion

Zahlreiche Forschungsarbeiten von Beginn des Jahrhunderts bis in die Gegenwart beschreiben die autobiographische Problematik im Rahmen eines sich zwischen den Positionen ›Wirklichkeitsabbildung‹ und ›literarische Fiktionalität‹ ausspannenden Reflexionshorizonts. In groben Zügen lässt sich die Entwicklung folgendermaßen zusammenfassen: Während die frühe Autobiographietheorie vom historischen Wahrheitsgehalt aus argumentierte und der Autobiographie im Hinblick auf diesen Wahrheitsgehalt Nichterfüllung attestierte, veränderte sich die Einschätzung im Laufe der Zeit dahingehend, dass gerade im Zurückbleiben der Autobiographie hinter der historischen Zuverlässigkeit ihr konstitutives Moment gesehen wird. In der Einschätzung der Interpret/innen wandelte sich die Autobiographie vom historischen Dokument zum literarischen Kunstwerk. Die Aufmerksamkeit der Forschung verlagerte sich daher zunehmend von einer beschriebenen Lebensrealität zu den Formprinzipien der Beschreibung selbst.

4.1 Wahrheit und Wahrhaftigkeit

Tatsächlich stellt das Kriterium der Wahrheit für das Gros der Autobiographieforscher/innen die Bemessungsgrundlage ihrer systematischen Verortung der Autobiographie dar. Beispielhaft zu nennen ist in diesem Zusammenhang **Roy Pascals** 1960 erschienenes Buch *Design and Truth in Autobiography*, das bereits im Titel den Begriff der Wahrheit unterstreicht. (Die deutsche Übersetzung von 1965 *Die Autobiographie. Gehalt und Gestalt* unterschlägt das für Pascal zentrale Kriterium.) »Was ist das für eine besondere Art von Wahrheit, die in der Autobiographie sich findet?« lautet die von Pascal gestellte Ausgangsfrage (Pascal 1965, S. 9). Dabei ist klar, dass es nicht allein um die Wahrheit der historischen Faktizität gehen kann. Diesbezüglich hatte bereits Hans Glagaus 1903 erschienene Studie *Die moderne Selbstbiographie als historische*

Quelle, die darauf insistiert, dass jede Selbstbiographie allgemein geschichtliche Mitteilungen mache, Skepsis formuliert: »Es handelt sich für uns nicht nur darum, ob der Selbstbiograph die Wahrheit sagen *will*, sondern ob er sie überhaupt uns zu sagen *vermag*«, schreibt Glagau (Glagau 1903, S. 3). Unter quellenkritischen Gesichtspunkten habe der Historiker die »romanhaften Bestandteile« (ebd., S. 168) der Autobiographie auszusondern. Dahinter wird die Vorstellung vernehmbar, der Anteil historiographischer Unzuverlässigkeit wäre lediglich von einem Grundbestand des in einer Autobiographie historisch Wahren zu subtrahieren und es bliebe nach dieser Operation ein eindeutig bemessener Anteil geschichtlichen Quellenwerts übrig. Auch André Maurois, der in seinem berühmten Buch *Aspects de la Biographie* von 1930 der Autobiographie ein Kapitel widmet, bestimmt die Autobiographie gleichsam negativ vom Standpunkt der historischen Wahrheit aus, die sie nicht erreichen kann.

Pascal listet »Haupttypen von Unwahrheit« auf, die seiner Meinung nach jedoch den Wert einer Autobiographie nicht beeinträchtigen. An erster Stelle steht die falsche Darstellung von Fakten, die zumeist aus einem Konflikt zwischen der Wahrheit der Fakten und der Wahrheit des Gefühls resultierten. Es gibt genügend Gründe für einen Autobiographen, von der faktischen Wahrheit abzuweichen: So ist es unmöglich, in einer Autobiographie alle Fakten eines Lebens anzuführen, mit Rücksicht auf andere kann der Autobiograph Skrupel haben, bestimmte Umstände zu erwähnen. Ähnlich argumentiert auch Maurois (vgl. Maurois 1930, S. 213).

Ein Großteil der wahrheitsmindernden Faktoren fällt in den Bereich autobiographischer Struktur- und Stilprobleme, ist also sozusagen autobiographieimmanent. Wichtig indessen ist, dass es dem Autobiographen überhaupt um die Wahrheit geht; im etwas pathetischen Wissenschaftsstil der Zeit spricht Pascal vom »Ringen« des Autobiographen mit der Wahrheit (Pascal 1965, S. 94). Damit wird allerdings deutlich, dass die von der Autobiographie geforderte Wahrheit eine andere als die der Tatsachen ist, wiewohl diese natürlich nicht grob verfälscht werden dürfen; es geht um die höhere Wahrheit des aus der subjektiven Innenperspektive erfahrenen und dargestellten individuellen Lebens: »Jenseits der Tatsachenwahrheit, jenseits der ›Ähnlichkeit‹ liegt jene einzigartige Wahrheit des von innen gesehenen Lebens, die die Autobiographie geben muß; und in dieser Hinsicht ist sie unersetzlich und ohne Rivalen« (ebd., S. 229).

In **Wayne Shumaker**s Standardwerk zur englischen Autobiographie *English Autobiography. Its Emergence, Materials, and Form* von 1954 findet sich die folgende Definition der Autobiographie: »Autobiography is the professedly ›truthful‹ record of an individual [...]« (Shumaker 1954, S. 106). Das autobiographische Individuum muss von dem Anspruch gelenkt sein, wahrheitsgemäß sein Leben darzustellen. Wahrheit wird zu Wahrhaftigkeit. So macht auch Ingrid Aichinger in einem Aufsatz von 1970 geltend, dass der Wille zur Wahrheit ein wesentliches Charakteristikum der Autobiographie bildet, der Autor also »den besten Willen« haben müsse, aufrichtig zu sein (Aichinger in: Niggl 1998, S. 183). Elizabeth W. Bruss formuliert gar Wahrheitsregeln des autobiographischen Akts: »Die Information und die Ereignisse, über die im Zusammenhang mit der Autobiographie berichtet wird, müssen unbedingt wahr sein, wahr gewesen sein oder hätten wahr sein können.« Und: »Gleichgültig, ob das Mitgeteilte als falsch erwiesen werden kann oder nicht, ob es von irgendeinem anderen Standpunkt aus neu formuliert werden kann oder nicht: man erwartet von dem Autobiographen, daß er von seinen Aussagen überzeugt ist« (Bruss in: Niggl 1998, S. 274).

Wahrhaftig nenne man eine Aussage, definiert Waltz, bei der die Absicht durchsichtig sei, stellt aber im Hinblick auf das autobiographische Wahrheitskriterium zu Recht kritisch fest, dass die Autobiographieforschung eine **Vielzahl konkurrierender Wahrheitsbegriffe** aufgestellt habe, die nicht miteinander vermittelt werden und auch kaum miteinander vermittelbar sind, da sich die Wahrheitskonzeptionen der Autobiographien sowie diejenigen ihrer Kritiker als je verschiedene Antworten auf verschiedene Probleme erweisen. So steht neben dem Kriterium der Wahrhaftigkeit etwa die Vorstellung, dass es unmöglich sei, in einer Autobiographie *nicht* die Wahrheit zu sagen, insofern als sich das Subjekt auch und gerade in seinen Verstellungsstrategien zu erkennen gibt. »It is impossible [...] for an autobiographer not to be autobiographical« (Sturrock 1977/78, S. 52). Auch wird unter Wahrheit der Beitrag der einzelnen Autobiographie zum Fortschritt der Menschheit verstanden, oder aber Wahrheit wird dezidiert als eine Eigenschaft des Lebens, nicht des Textes, begriffen (Waltz 1989, S. 202ff.).

4.1.1 Die Grenzen des Gedächtnisses

Mustert man die Gründe, die in der Forschung für die historiographische Unzuverlässigkeit der autobiographischen Selbstdarstellung genannt werden, so tritt **das defizitäre Erinnerungsvermögen** des Autobiographen bzw. der Autobiographin in den Vordergrund. Das Gedächtnis sei die mächtigste unbewusste Kraft beim Formen der

Vergangenheit, schreibt Pascal. Er bezieht sich auf das 10. Buch der augustinischen *Confessiones*, wenn er vermerkt, dass die Erinnerung abhängig sei vom Bewusstsein sowie vom Willen des Menschen, und wenn er darauf hinweist, in welchem Maß das Gedächtnis die Beziehung zu jenen Gefühlen verloren habe, die das ursprüngliche Erlebnis hervorbrachten (vgl. Pascal 1965, S. 85ff.). An vieles, führt Maurois aus, können wir uns nicht erinnern; die Erinnerungen an unsere Kindheit sind vielfach die Erinnerungen unserer Eltern und Großeltern – wir glauben uns an das zu erinnern, was sie uns erzählt haben. Unser Vergessen ist alltäglich und setzt bereits beim Vergessen der kurz nach dem Aufwachen verschwundenen und doch das Bewusstsein des Menschen maßgeblich bestimmenden Träume ein.

Eine Einschränkung erfährt die Leistung des Gedächtnisses überdies durch die natürliche **Zensur**, die den Menschen vergessen lässt, was ihm unangenehm ist (vgl. Maurois 1930, S. 195f., S. 204). Auch Aichinger bezeichnet das Gedächtnis als die Hauptquelle des Autors; und sie macht gleichfalls deutlich, dass das menschliche Gedächtnis kein mechanischer Speicher sei (vgl. Aichinger in: Niggl 1998, 180f.). Der Prozess des Erinnerns treffe eine Auswahl, die eine vollständige Reproduzierbarkeit der früheren Erlebniswirklichkeit verhindere. Aichinger benennt einen weiteren wichtigen Aspekt, wenn sie darauf hinweist, dass nicht das Erlebnis selbst aufbewahrt werde, sondern lediglich eine Vorstellung davon, ein Gedanke, den ebenfalls bereits Augustinus in seinen *Confessiones* (S. 397) formuliert:

»Freilich, wenn wir Vergangenes wahrheitsgemäß erzählen, holen wir aus der Erinnerung nicht die Dinge selbst hervor, die vergangen sind, sondern nur Worte, die die Bilder wiedergeben, die jene Dinge im Vorübergehen durch die Sinne dem Geiste wie Spuren eingeprägt haben. So liegt meine Jugend, die nicht mehr ist, in der Vergangenheit, die gleichfalls nicht mehr ist. Ihr Bild jedoch, wenn ich ihrer gedenke und von ihr erzähle, schaue ich in der Gegenwart, da es noch jetzt in meinem Gedächtnis ist.« (Augustinus 1982, XI/18, S. 316; vgl. dazu Renza 1977/78, S. 7)

Worte also sind es, die das Gedächtnis festhält, keine wie auch immer zu verstehende Erfahrungswirklichkeit. Autobiographisches Erinnern, heißt dies, ist immer schon ein sprachlicher, um nicht zu sagen literarischer Akt. Doch damit nicht genug: Das im Gedächtnis Gespeicherte ist kein unverrückbarer Bestand, es unterliegt vielmehr der ständigen Veränderung durch Perspektivenverschiebungen und Akzentverlagerungen (ausführlicher zur Anthropologie des autobiographischen Gedächtnisses s. Kap. II.7.1).

4.1.2 Die Wahrheit des Individuums

Die genannten Einschränkungen hinsichtlich des historischen Wahrheitsgehalts der Autobiographie, insbesondere die reduzierte Kapazität des Gedächtnisses, führen zurück auf das autobiographische Individuum, das sich selbst zum Gegenstand seiner Darstellung wird. So interpretiert Glagaus Studie, deren Ausgangspunkt die Entstehung des modernen Individualismus am Ende des 18. Jahrhunderts ist, die individuelle Fundierung des autobiographischen Schreibens gewissermaßen als Störfaktor der historischen Wahrheit. Auch Pascal erkennt im besonderen Standpunkt und im individuellen Charakter des Autobiographen die Faktoren, die für den Historiker den Wert der Autobiographie einschränken. Andererseits erscheint dem Autobiographietheoretiker gerade die Gründung der Autobiographie in der individuellen Erfahrung als Chance und Besonderheit. Die Suche nach der Wahrheit, die Pascal dem Autobiographen auferlegt, ist für ihn zugleich »Suche nach der geistigen Identität der Person«. Autobiographie ist, so Pascal, historische Darstellung des Ichs in seinen und durch seine Beziehungen zur Umwelt; Ich und Außenwelt treten in ein Verhältnis des wechselseitigen Gebens und Nehmens ein (vgl. Pascal 1965, S. 12, S. 20f., S. 156).

Erste Motivation des Autobiographen ist nach Pascal nicht ein wissenschaftlicher, sondern ein ethischer Trieb nach Selbsterkenntnis. In der Autobiographie spreche sich das »Mysterium der Persönlichkeit« aus (ebd., S. 214; vgl. S. 216). Die autobiographische Wahrheit ist in dieser Sicht eng gekoppelt an die Entäußerung einer individuellen und d.h. durchaus einseitigen Erfahrungswirklichkeit. So ist es etwa auch zu verstehen, wenn Maurois der ›geistigen Autobiographie‹, d.h. der Darstellung, die eine Person von ihrer geistigen Entwicklung gibt, die Chance authentischer Darstellung zugesteht, da in diesem Fall der Bericht selbst das Zeugnis dessen sei, was er beschreibe. Wiedergegeben wird dann nämlich nicht eine Realität, die außerhalb der sprachlichen Wiedergabe angesiedelt ist und Jahre oder Jahrzehnte zurückliegt, sondern die Art und Weise dieser Selbstdarstellung ist das unmittelbare Produkt dessen, was es plausibel zu machen gilt. Die isolierte Betrachtung der eigenen Bewusstseins- und Geistesentwicklung sei auch keinesfalls etwas Künstliches (und damit Wahrheitsfernes), sondern, so Maurois, vermittle, da für den geistigen Menschen das Leben des Geistes für die Gesamtheit des Lebens einstehe, ein durchaus getreues Bild (vgl. Maurois 1930, S. 214ff.).

Auch bei Shumaker wird »the temper of the author's mind« (Shumaker 1954, 124) zur Signatur des autobiographischen Textes und zum Erkenntnisziel der wissenschaftlichen Befragung. Entsprechend liest man bei Pascal: »Die Gestaltung einer Autobiographie, der Typ und die Beschaffenheit von Ereignis und Erfahrung, die wiedergegeben werden, ferner die Auslassungen (denn wesentlich mehr wird ausgelassen als hereingenommen) werden vom Charakter des Schreibenden bestimmt« (Pascal in: Niggl 1998, S. 153). Die Gestaltung, die der mannigfachen Einschränkungen unterliegende Autobiograph seinem Leben gibt, ist dabei, so Pascal weiter, »gültig als Teil seines Lebens« (ebd., S. 156).

Die autobiographische Schrift mutiert also unversehens vom Vehikel der Repräsentation zum autobiographischen Faktum, in der Beschreibung gibt sich ein Beschriebenes zu erkennen. So beobachtet Aichinger ein »eigentümliches inneres Identitätsverhältnis« zwischen Verfasser und autobiographischem Werk (Aichinger in: Niggl 1998, 173), ein Ineinandergreifen von Außen- und Innenwelt, das einen ›autobiographischen Antrieb‹ spüren lasse. Die Autobiographie erscheint demnach als unmittelbarer Ausdruck der Auseinandersetzung des Autors mit dem »Geheimnis seiner Existenz« (ebd., S. 179). Der autobiographische Impuls, so wie Aichinger ihn beschreibt, geht über die Motive der Selbstbewusstseinsbildung und der Selbsterkenntnis hinaus, er umfasst auch ein Moment der Selbstschöpfung. Dabei wird die Selbsterschaffung des autobiographischen Ichs eng an die künstlerische Gestaltung des selbstbiographischen Textes gebunden. In diesem Sinn gewinnt Aichingers Definition der Autobiographie als »Beschreibung des Lebens eines Menschen *durch diesen selbst*« (ebd., S. 189) eine durchaus emphatische Bedeutung: Der autobiographische Text trägt nicht nur, er *ist* die Handschrift seines Autors oder seiner Autorin.

Auch Starobinskis Aufsatz »Der Stil der Autobiographie«, im gleichen Jahr erschienen wie der Beitrag von Aichinger, wertet den Akt des autobiographischen Schreibens gegenüber einem autobiographisch Beschriebenen auf, wenn er argumentiert, dass der **Stil** des Autobiographen selbstreferenziell an die Gegenwart des Schreibvorgangs gebunden sei (Starobinski in: Niggl 1998, S. 201). »Der Stil«, schreibt Starobinski, »ist [...] das Merkmal der Beziehung zwischen dem Schreiber und seiner eigenen Vergangenheit« (ebd., S. 202). Deutlich wird also, dass sich in vielen nunmehr schon älteren Arbeiten, ohne dass dies explizit reflektiert und formuliert wäre, im teils hermeneutisch, teils psychologisch orientierten Blick auf das autobiographische Individuum, den sich in der Autobiographie ausdrückenden ›Charakter‹, eine Verlagerung der kritischen Aufmerksamkeit vom beschriebenen Leben zum Akt und zur Medialität des autobiographischen Schreibens selbst abzeichnet (zum ›Stil‹ als autobiographiesystematische Kategorie vgl. auch Frodl 2004).

4.2   Die Autobiographie als Kunstwerk

In dem Maß, in dem sich die Selbstbiographie von der historiographischen Wahrheit entfernt, wird sie von den Interpreten und Interpretinnen als Kunstwerk betrachtet (vgl. etwa Gusdorf in: Niggl 1998, S. 143): – »facts into artifacts« formuliert Renza (Renza 1977/78, S. 2).

4.2.1 Gedächtnis und Imagination

Die Lückenhaftigkeit des menschlichen Gedächtnisses, die teilweise auf eine naturgegebene Defizienz, teilweise auf die Voreingenommenheit des autobiographischen Subjekts, auf dessen Ausübung einer lebensnotwendigen Zensur, zurückgeführt wird, gilt andererseits als das Einfallstor der Imagination und damit als Begründung für den autobiographischen Kunstcharakter. In die **Lücken des Gedächtnisses** kann nämlich nach Glagau die Phantasie eintreten; da, wo die mimetische Kraft des Gedächtnisses versagt, tut sich ein produktiver Spielraum für die Phantasie auf. Die wechselseitige Bezogenheit der Vermögen des Gedächtnisses und der Imagination, die eine antike Vorgeschichte hat, stellt ein in der Autobiographiedebatte oft wiederholtes topisches Argument dar.

Theoriegeschichtlich bemerkenswert ist, dass die ältere Forschung Erinnerung und Gedächtnis als mimetische bzw. hinter dem Gebot der Widerspiegelung defizitär zurückbleibende Vermögen betrachtete, die den Eintritt der Imagination ermöglichen, während die gegenwärtige Theoriebildung Gedächtnis und Imagination unauflöslich aneinander bindet und somit die Erinnerungsbzw. Gedächtnisleistung als **kreative Funktionen** bewertet. Das von der älteren Forschung vermerkte Versagen des autobiographischen Gedächtnisses im Hinblick auf die historische Wahrheit gibt also den Blick auf den Kunstcharakter der Selbstbiographie frei (vgl. Glagau 1903, S. 60).

Pointiert formuliert Pascal: »Ich möchte [...] nahelegen, daß diese sogenannten Unzulänglichkeiten [Voreingenommenheit, Blindheit, Vergeßlichkeit des Autobiographen] die Mittel sind, durch die eine Autobiographie zur Würde der Kunst aufsteigt, die die poetische im Gegensatz zur historischen Wahrheit verkörpert«

(Pascal in: Niggl 1998, S. 155). Will sagen, die Imagination ist nicht nur ein Lückenfüller für die Unzuverlässigkeiten des Gedächtnisses, sondern das Versagen der Autobiographie hinsichtlich der geschichtlichen Wahrheit bedingt gerade ihren ästhetischen Wert. In diesem Zusammenhang spricht Maurois auch von einem ästhetischen Vergessen: Neben der konstitutiven Unvollständigkeit des Erinnerungsvermögens und dem Vergessen aufgrund der natürlichen Zensur, die der menschliche Geist auf das, was ihm unangenehm ist, ausübt, mache die ästhetische Geschlossenheit eines Werkes die Nichtberücksichtigung alltäglicher Banalitäten erforderlich (vgl. Maurois 1930, S. 201ff.). Die Gedächtnisleistung wird auf diese Weise an ästhetische Erwägungen gekoppelt, das Historische gerät in einen grundsätzlichen Widerspruch mit einem sich mit dem Vergessen verbündenden Ästhetischen.

4.2.2 Das Leben als Kunstwerk

Die Vorstellung von der Autobiographie als Kunstwerk bezieht sich auf das Geformt- und Gestaltetsein der Darstellung durch die charakteristische Hand des autobiographischen Ichs (vgl. etwa Oppel 1942, S. 53). Dabei wird die **Beziehung zwischen ›Leben‹ und ›Werk‹**, die gleichsam zu einem literaturkritischen Topos geworden ist, stets mitreflektiert. Leben und Werk erscheinen als eng aufeinander bezogen. Das Werk wird nicht nur als Abbild oder Widerspiegelung des Lebens begriffen, sondern das Leben des Autobiographen und Künstlers selbst schon als Kunstwerk bzw. im Licht des autobiographischen Kunstwerks, als dessen Vorschein gewissermaßen, gesehen. »Die Autobiographie«, schreibt Gusdorf, »wird gelebt und spielt sich ab, ehe sie niedergeschrieben wird«, und: »Zwischen der Wahrheit des Lebens und der Wahrheit des Werks besteht kein spezifischer Unterschied: der große Künstler, der große Schriftsteller lebt gewissermaßen für seine Autobiographie« (Gusdorf in: Niggl 1998, S. 146). Der Gedanke findet sich freilich in anderer Akzentuierung später bei dem dekonstruktivistischen Literaturtheoretiker Paul de Man wieder, der, sich gegen die naive Vorstellung von der Autobiographie als Widerspiegelung des Lebens wendend, die Frage stellt, ob nicht alles, was der Autor einer Autobiographie tue, letztlich von den technischen Anforderungen seines selbstbiographischen Werks bestimmt sei (vgl. de Man 1979, S. 920).

    Der Kunstcharakter der Autobiographie ist in den skizzierten späthermeneutischen Konzeptbildungen also kein autonomer, vielmehr bleibt das Werk bezogen auf das Leben des Autors bzw.

der Autorin, auch wenn sich dieses im Hinblick auf und durch
die Autobiographie bildet. Das Moment der autobiographischen
Selbstschöpfung, das von Aichinger in die Debatte gebracht wurde (s. S. 44), hat also in der wechselseitigen Bezogenheit von
Werk und Leben seinen systematischen Ort. Hinsichtlich des
relativen Kunstcharakters der Autobiographie schreibt Oppel im
pathetischen geisteswissenschaftlichen Ton seiner Zeit: »Während
das Dichtwerk aus eigener Mitte lebt, ist die Autobiographie in
doppelter Weise gelenkt und gerichtet: auf die Persönlichkeit des
Autobiographen, für die jedes Ereignis und jede Begegnung über
eine sinnbildliche Bedeutung verfügt, und auf sein dichterisches
Werk als der eigentlichen Erfüllung, auf die eben dieses Leben
mit allen seinen inneren Kräften und Gegenkräften angelegt ist.
So geht von der Autobiographie der mächtige Aufruf aus, in der
Person des Dichters Mensch und Werk als eine innere Einheit
wahrhaft ernst zu nehmen« (Oppel 1942, 53). Oppel verweist in
diesem Zusammenhang auf Oscar Wildes *The Picture of Dorian
Gray* (1890/91), in dessen erstem Kapitel der Maler Basil Hallward
die absolute Kunst der (als dekadent begriffenen) autobiographischen gegenüberstellt:

»An artist should create beautiful things, but should put nothing of his
own life into them. We live in an age when men treat art as if it were
meant to be a form of autobiography. We have lost the abstract sense of
beauty.« (Wilde 1981, S. 19)

4.2.3 Autobiographie und Roman

Wo weniger emphatisch von der Autobiographie als einem Kunstwerk die Rede ist, wird sie, um auch die spezifisch literarischen Modalitäten des autobiographischen Kunstwerks genauer zu bezeichnen,
in die Nähe des Romans gerückt. Die moderne Selbstbiographie
sei eine »Tochter des Romans«, schreibt Glagau (1903, S. 5), und
auch Shumaker bestimmt die Autobiographie vor der Kontrastfolie
des Romans, den er neben der Geschichtsschreibung und der Biographie als die der Autobiographie am nächsten verwandte Form
bezeichnet. Mit der Historiographie und der Fremdbiographie habe
die Autobiographie das Insistieren auf Wahrheit gemein, aber, so
stellt Shumaker fest, zum Zwecke der Darstellung dieser Wahrheit
bediene sie sich – und dies gelte in einem zunehmenden Maß für
die Entwicklung der Autobiographie im 19. und 20. Jahrhundert
– der Mittel und Techniken des Romans. So sehr scheinen sich
Autobiographie und Roman aufeinander zu zu bewegen, dass immer wieder Abgrenzungen nötig werden:

»If the author gives himself his real name and means to be understood as writing »truthfully« of his own character and actions, the work is autobiography, regardless of the inclusion of some »untruthful« detail; if he gives himself an assumed name and means to be understood as writing fiction, the work *is* fiction, regardless of the admission of much autobiographical fact. It is doubtful, however, that even quite truthful fiction is as accurate factually as quite untruthful autobiography.« (Shumaker 1954, 140)

Es liegt auf der Hand, dass diese Definition idealtypischen Charakter hat, dass jene ›Wahrhaftigkeit‹ (»truthfully«), von der die Rede ist, kein wirklich objektivier- und verifizierbares Kriterium darstellt und sich auf der Grundlage eines materialiter vorliegenden Textes die ›Wahrhaftigkeit‹ des Autors oder der Autorin nicht begründen lässt. Aus der Verwendung des eigenen bzw. eines fremden Namens allein lassen sich ohnedem keine zwingenden Schlüsse ziehen. Indessen haben sich die Interpreten über die **Abgrenzbarkeit** der Autobiographie vom Roman immer wieder den Kopf zerbrochen (vgl. auch Philippe Lejeunes Ausführungen zum »autobiographischen Pakt«, Kap. II.5).

Kein Zweifel besteht indessen über den hohen Grad der historischen Annäherung von Autobiographie und Roman, hat doch Klaus-Detlef Müller in seiner 1976 erschienenen Arbeit *Autobiographie und Roman. Studien zur literarischen Autobiographie der Goethezeit* gezeigt, in welchem Maße sich die Darstellungsmöglichkeiten der Autobiographie erweiterten, indem sie auf Techniken der Romangestaltung zurückgriff.

Die irritierende Zwischenstellung der Autobiographie zwischen Historiographie und Roman materialisiert sich in einer besonderen Spielart des autobiographischen Schreibens, im sog. ›**autobiographischen Roman**‹, dem Roy Pascal ein eigenes Kapitel (vgl. Pascal 1965, S. 189–207) seines Buches widmet. Es handelt sich dabei um den in der Literaturgeschichte vergleichsweise häufig auftretenden Fall, dass die eigene Lebensgeschichte eines Autors oder einer Autorin in Form eines Romans gestaltet wird – Karl Philipp Moritz' *Anton Reiser* (1785–1790) und Gottfried Kellers *Grüner Heinrich* (1854/55; 1879/80) sind die Paradebeispiele hierfür (vgl. Kap. III.4 und III.5). Das Konzept des autobiographischen Romans gründet sich auf den Gedanken, dass sich, wie bereits dargestellt, der Wert einer Autobiographie nicht nach der Vollständigkeit des Faktischen bzw. dem Grad der offenbarten Einzelheiten bemisst.

Wenn Pascal den autobiographischen Roman und die Autobiographie miteinander vergleicht, so geschieht dies weniger, um in der Abgrenzung einem rigiden Gattungsdenken zu huldigen, Pascal spricht vielmehr weniger normativ von der Autobiographie als einer literarischen ›Form‹ (vgl. Pascal 1965, S. 9) mit der Absicht, strukturelle Eigenheiten der autobiographischen Selbstdarstellung deutlich werden zu lassen. So macht er etwa auf die Tatsache aufmerksam, dass der Roman in sich selbst, d.h. als Kunstwerk, vollständig und abgerundet sei, während die Autobiographie zur Situation des schreibenden Autobiographen hinführe und zum Ende hin offen sei. Dieses Argument findet sich auch bei H. Porter Abbott, der darauf hinweist, dass der Roman keine Zukunft habe, das fiktive Geschehen also mit dem letzten berichteten Ereignis abgeschlossen sei, während die Autobiographie, deren Verfasser am Textende logischerweise als noch am Leben seiend betrachtet werden könne und daher das Berichtete als fortsetzbar, ja fortsetzungsnotwendig erscheine, lediglich auf ihren eigenen diskursiven Abschluss als Autobiographie verweise (vgl. Abbott 1987/88, S. 598).

Auf den ersten Blick mag es befremden, wenn Pascal argumentiert, dass der autobiographische Roman viel eher zur Erforschung eines Charakters in der Lage sei als die ›eigentliche‹ Autobiographie. Die Autobiographie, so führt er aus, sei viel zu sehr dem Tatsächlichen verpflichtet, als dass sie die (höhere) Wahrheit eines Lebens – Goethes Autobiographiekonzept klingt hier deutlich nach (vgl. Kap. I.1, III.4) – herausarbeiten könnte. »Der Autobiograph kann weder in andere Menschen hinein, noch aus sich selbst heraus gelangen«, schreibt Pascal (ebd., S. 206) und wendet sich insofern gegen die hermeneutische Autobiographiebetrachtung Diltheys und Mischs, denen sich gerade in der Autobiographie das ›Verständnis des Lebens‹ am unmittelbarsten offenbarte.

Am Beispiel der in Kellers *Grünem Heinrich* gestalteten gegenbildlichen Liebesaffären des Helden mit der mädchenhaften Anna einerseits und der fraulichen Judith andererseits, die sich so in Kellers Leben nicht zugetragen haben, führt Pascal aus, dass sie den »Wesenskern Kellers«, »seine Person« »in einem gewissen Sinn wahrer als das Leben selbst« (ebd., S. 195) zum Ausdruck brächten, d.h. deutlicher als der Bericht von Kellers tatsächlichen Liebesbegebenheiten gewesen wäre. Die komplementären Frauenbilder oder anders gesagt: das in ein Doppelbild aufgespaltene Frauenideal trägt der problematischen psychischen Struktur des Autors, die vor allem in seinem Verhältnis bzw. Nichtverhältnis Frauen gegenüber deutlich wird, in besonderer Anschaulichkeit Rechnung (zu Keller vgl. Kap. III.5).

Der autobiographische Roman ist nach Pascal einer höheren Allgemeinheit verpflichtet als die auf den ganz individuellen Fall zugeschnittene Autobiographie und arbeitet daher auch häufig mit

Symbolen, derer sich die Autobiographie, will sie sich der Deutung
enthalten, streng genommen nicht bedienen dürfte. Auch ist der
autobiographische Roman, so Pascal, um ein geistiges Problem
zentriert, dessen Lösung mit der Ausprägung des dargestellten
Charakters verbunden ist. Alle Elemente der Beschreibung sind
eng miteinander verknüpft und auf das zentrale Thema bezogen.
Wo latent Vorhandenes nur im Rückblick Bedeutung erlangen
kann, ist es dem autobiographischen Roman möglich, der Latenz
mittels der künstlerischen Gestaltungskraft zum Ausdruck zu ver-
helfen und auf diese Weise das Bedeutende eines Lebens besonders
markant herauszustellen. Insofern überwindet die Phantasie die
natürlichen Begrenzungen, die der Wahrheit eines Lebens, verstanden als »ganze Weite des anlagemäßig Möglichen« (ebd., S.
206), auferlegt sind.

Gattungstypologisch argumentiert auch Michaela Holdenried,
für die der autobiographische Roman »der eigentliche innovato-
rische Kern der autobiographischen Gesamtentwicklung und [...]
dessen dominante Form« (Holdenried 1991, S. 6) ist.

4.2.4 Gattungsdiskussionen

Sprach die ältere Forschung ganz selbstverständlich von der Autobiographie als einer eigenen ›Gattung‹ (vgl. etwa Gusdorf 1903,
S. 121), so hat die Autobiographie als gattungswiderständiges
Phänomen in der Autobiographieforschung auch zu einer kritischen Besinnung auf das Zustandekommen und die **Funktion
von Gattungsbegriffen** geführt. Elizabeth W. Bruss beispielsweise
verwies auf die Historizität und damit auf die Veränderlichkeit
von Gattungsbegriffen. ›Gattung‹ bedeutet für sie eine Korrelation
von Form und Funktion, die nicht anhand kompositorischer oder
stilistischer Kriterien zu definieren sei. Vielmehr stelle eine Gattung
einen illokutionären Akt dar, d.i. im Sinne der Sprechakttheorie
eine Sprechäußerung mit kommunikativer Funktion. Eine Gattung wie die Autobiographie sei definiert durch die Rollen, die
sie spiele, und durch das, was man gewöhnlich mit ihr anfange.
Die Verbindung von Textcharakteristika und Gattungsidentität ist
demnach nicht naturgegeben, sondern **konventionsbedingt**. Zu
beachten sei, dass sich nicht nur die Gattungsfunktionen ändern,
sondern dass es auch beständig zu Verschiebungen innerhalb des
Literatursystems komme, die den Ort und die Phänomenalität der
einzelnen Gattungen verändern. Dies bedeutet natürlich, so wäre
Bruss' Gedanke fortzuführen, dass eine Gattung auch einmal aus
dem Literatursystem herausfallen kann. Die Gattungsdefinition,

die Bruss gibt, hat denn auch nichts gemein mit wesenhaften Setzungen, gründet sich vielmehr auf ein relativistisches Verständnis konventioneller Vereinbarungen: »Der Wert der Autobiographie als literarischer Gattung besteht darin, daß sie die konventionellen Unterscheidungsmerkmale widerspiegelt, die den Kontext, die Identität des Autors und die Technik betreffen – und das sind allesamt Bedingungen, die dem Wandel unterliegen« (Bruss in: Niggl 1998, S. 279).

Auch Lejeune argumentiert in dem Kapitel »Autobiographie und Literaturgeschichte« seines Buches *Der autobiographische Pakt* (vgl. Lejeune 1994, S. 379–416), in dem er sich auch auf Bruss bezieht, für die **Historizität von Gattungen**, die er hier als soziale Institutionen beschreibt. »Gattungen««, schreibt Lejeune an dieser Stelle, »sind komplexe historische Phänomene, die nur innerhalb des Systems existieren« (ebd., S. 399). Der Gattungsgedanke erscheint hier sehr viel weniger normativ als in Lejeunes Ausführungen über den noch zu besprechenden »autobiographischen Pakt« (vgl. Kap. II.5) – der Grund hierfür liegt in der unterschiedlichen Fragerichtung der beiden Kapitel: Wird im ersten Fall der Gattungsrahmen einfach gesetzt, um die Autobiographie vom Roman unterscheiden zu können, wird im späteren Kapitel nach dem Zustandekommen von Gattungsnormen gefragt.

Eine differenzierte Gattungs- oder eher Genresystematik legt H. Porter Abbott vor, der offener von einer Taxonomie literarischer Einstellungen und Modi spricht (vgl. Abbott 1987/88, S. 611). Er unterscheidet die Modi des Fiktiven, des Autographischen und des Faktischen, denen jeweils verschiedene konkrete literarische Formen zugeordnet werden: dem Fiktiven der Roman, aber auch die Lyrik (vom Drama spricht er bemerkenswerterweise nicht), dem Autographischen die Autobiographie, der Brief, Konfessionen, also jene Gruppe von Texten, die aus historischer Perspektive auch ›Ego-Dokumente‹ genannt wurden (vgl. Schulze 1996), und dem Faktischen die Geschichtsschreibung, der Essay oder die Biographie. Begründet werden diese Kategorien und ihre im Einzelnen sicherlich fragwürdigen Zuordnungen (zweifelhaft erscheint zumindest die Zuordnung des Essays zur Kategorie des Faktischen) weniger mit strukturellen Argumenten denn mit Lesereinstellungen (vgl. dazu Kap. II.5).

4.2.5 Formprobleme

Während Pascal das gestalterische Moment des autobiographischen Romans im Unterschied zur weniger gestalteten, sich näher am Em-

pirischen haltenden Autobiographie betont, unterstreicht Shumaker
das Gestaltetsein der Autobiographie im Vergleich zum Tagebuch.
Alle Autobiographen betrachteten das Gewesene im Lichte des
Seienden, führt er aus, die Matrix ihrer reflexiven Verarbeitung der
Vergangenheit sei die Form des autobiographischen Textes. »The
matrix, [...], by its plasticity and the pressures it can exert on what
it receives, makes possible the achievement of form« (Shumaker
1954, S. 115). Jede Autobiographie ist nach Shumaker geprägt von
einer engen wechselseitigen Bezüglichkeit ihrer Elemente und von
einem Streben nach Proportion. Der Stoff muss angeordnet werden,
und diesbezüglich spricht Shumaker von ›schöpferischer Auflösung
von Chaos in Ordnung‹. Die Abfassung einer Autobiographie bedeutet **Herstellung von Einheit**; Strategien der Einheitssynthesis
sind beispielsweise die Beschränkung auf eine Grundthematik oder
die Verfolgung der Frage, wie und wodurch das autobiographische
Ich geworden ist, was es zum Zeitpunkt der Abfassung seiner Autobiographie zu sein glaubt. Außerdem trägt auch die überlieferte
topische Struktur der Lebensrepräsentation bereits ein Einheitsmo-
ment in sich: Am Anfang einer Autobiographie steht zumeist ein
Blick auf die Vorfahren, die Geburt und die Kindheit – das Ende
ist üblicherweise geprägt von einem Lebenszustand gewonnener
Stabilität. »Autobiography characteristically opens with the cry of
an infant and closes with the chair tilted against a sunny wall«,
schreibt Shumaker hierzu (ebd., S. 130). Das Dazwischen wird
zumeist in chronologischer Anordnung der einzelnen Episoden
und durch deren Bezug aufeinander und auf den Anfang sowie das
Ende der Lebensbeschreibung gestaltet. Gerade die Geformtheit
des Textes, nicht etwa die kruden Fakten des beschriebenen Lebens
selbst, sei die Grundlage des ästhetischen Genusses bei der Lektüre
einer Autobiographie.

Eben die Form der Autobiographie bzw. das Maß ihrer Geformtheit hat die Kritiker hellhörig gemacht. Gusdorf bezeichnet
das Vorherrschen logischer Kohärenz und allzu großer Vernunft-
mäßigkeit als »Erbsünde der Autobiographie«, insofern als sie
Gradmesser der nachträglichen Konstruktionstätigkeit sind. Genauso verräterisch, wenngleich charakteristisch für das autobiographische Schreiben, ist die Sinnzuweisung an ein Ereignis: hier
schon beginnt für Gusdorf die Illusion (vgl. Gusdorf in: Niggl
1998, S. 138f.). Anders argumentiert Oppel. Für ihn ist die **Verletzung der chronologischen Ordnung** ein Hinweis darauf, »wo
die tragenden Grundvorstellungen zu finden sind, auf die *bedeu-
tungsmäßig* der Akzent zu liegen kommt. Was der Autor jeweils
der Zufälligkeit der zeitlichen Folge entzieht, ist in die tieferen

Zusammenhänge einer inneren Entwicklung hineingenommen, die für das Auge des Autobiographen gleichsam aus eigenem Gesetze lebt« (Oppel 1942, S. 52). Die Herstellung einer chronologischen Ordnung ist für Oppel gleichbedeutend mit unproblematischer autobiographischer Konstruktionsarbeit; das Eigentliche, Wesentliche eines Lebens dagegen lasse sich nicht ohne Widerstände in die Form pressen.

In dieser Sicht ist die Form der Autobiographie gleichsam negatives Erkenntnisinstrument hinsichtlich der autobiographischen Wahrheit, während in den vorigen Fällen die künstlerische Arbeit an der Form einerseits der Entstellung der ohnedem nicht greifbaren autobiographischen Wahrheit dient, zum anderen aber doch Aufschluss über die gegenwärtige Situation des autobiographischen Ichs zu geben vermag. Wie dem auch sei: die Form der autobiographischen Darstellung – man könnte in diesem Zusammenhang auch von ihrer ›Medialität‹ sprechen – zieht die kritische Aufmerksamkeit der Interpreten nicht ohne Grund auf sich, stellt sie doch die materialisierte Grenze und eben darin die produktive Matrix des Übergangs von Leben in Schrift dar.

Der von Misch konstatierte ›proteische‹ Charakter des autobiographischen Schrifttums, der, wie Misch behauptet, mehr als bei anderen literarischen Formen die definitorische Bestimmung erschwert (vgl. Misch 1949, S. 7), hat zur phänomenologischen Abgrenzung neben dem Roman, dem autobiographischen Roman und dem Tagebuch insbesondere die **Form der Memoiren** auf den Plan gerufen. Für Misch besteht der Unterschied zwischen Selbstbiographie und Memoiren darin, dass der Memoirenschreiber sich passiv seiner Umwelt gegenüber verhalte, ihr sozusagen nur als Zuschauer gegenüberstehe und sich an das einmal, auch und gerade von ihm selbst Hervorgebrachte halte, während der Autobiograph sich aktiv mit der Außenwelt auseinander setze. Gemeint ist, dass der Autobiograph sich im Schreiben der Autobiographie aktiv bemüht, sein individuelles Innen und das gesellschaftliche Außen ins Verhältnis zu setzen (vgl. ebd., S. 17). Obwohl man keine scharfe Grenze ziehen könne, bestehe der grundlegende Unterschied in der Aufmerksamkeitsrichtung des Verfassers, schreibt Pascal. In der echten Autobiographie konzentriere sich die Aufmerksamkeit des Autors auf die eigene Person, in Memoiren oder Erinnerungen auf andere. Autobiographien berücksichtigten zumeist die Kindheit oder Jugend des autobiographischen Ichs, während Memoiren in der Regel von Repräsentanten des öffentlichen Lebens geschrieben würden, die sich selbst als Teil des politischen Ganzen wahrnähmen (vgl. Pascal 1965, S. 16).

Die Gegenüberstellung ›**Memoiren**‹ – ›**Autobiographie**‹ hat sich vor allem Neumann in seinem Buch *Identität und Rollenzwang* (1970) zu Eigen gemacht. Neumann widerspricht Misch, indem er in Memoiren die adäquate Form für die Lebenserinnerungen des handelnden Menschen sieht, gibt ihm aber insofern Recht, als er mit Pascal den Memoirenschreiber als Träger einer sozialen Rolle identifiziert. »Der Memoirenschreiber vernachlässigt also generell die Geschichte seiner Individualität zugunsten der seiner Zeit« (Neumann 1970, S. 12). Die Autobiographie schildere das Leben des noch nicht sozialisierten Menschen, die Geschichte seines Werdens, seiner Bildung und seines Hineinwachsens in die Gesellschaft. Memoiren dagegen setzten erst mit dem Erreichen der Identität, mit der Übernahme einer sozialen Rolle ein, genau da, wo die Autobiographie ende. Neumanns sozialpsychologischer Ansatz beschreibt diesen Übergang auch als Ablösung des Lustprinzips durch das Realitätsprinzip (vgl. ebd., S. 25, S. 71). Mit den *Confessiones* des Augustinus (vgl. Kap. III.1) und Heinrich Jung-Stillings Lebensbeschreibung (vgl. Kap. III.4) führt er Beispiele für den Übergang von der Autobiographie in die Memoirenform an. Der Unterschied zwischen Memoiren und Autobiographie wirkt sich bis in kompositorische Details aus. Vermerkt etwa Aichinger die eher lockere formale Gestaltung der Memoiren im Vergleich zu der mehr auf Geschlossenheit bedachten Autobiographie (Aichinger in: Niggl 1998, S. 178), argumentiert Neumann, dass selbst die Funktion des Zitats in Memoiren eine andere sei als in der Autobiographie. Diene die Einflechtung eines Lyrikzitats in der Autobiographie der Verlebendigung des Dargestellten, erhalte ein Zitat in Memoiren eher (unlebendigen) dokumentarischen Charakter. »Besonders das Zitieren von Dokumenten ist ein untrügliches Zeichen für den memoirenhaften Charakter einer eigenen Lebensbeschreibung, zumindest aber für deren ›drohenden‹ Umschlag in Memoiren«, schreibt Neumann (ebd., S. 53).

Es ist offensichtlich, dass die im Vorstehenden skizzierten Ansätze von einer ›**klassischen**‹ **Form** der Autobiographie ausgehen, von einer Form, der es um die Vermittlung von Totalität und Zusammenhang zu tun ist und bei der die äußere Einheit des autobiographischen Texts Ausweis der inneren Einheit des autobiographischen Ichs zu sein beabsichtigt. Allerdings realisieren die Autor/innen die historische Bedingtheit ihres Konzepts. Einigermaßen irritiert stellt Pascal fest, dass es dem modernen Menschen schwer falle, gesteckte Lebensziele zu erreichen und den Sinn des Daseins in persönlicher Erfüllung zu finden. Das Problem der modernen Autobiographie sei die fundamentale Verunsicherung des Ichs; insofern als es den modernen Autoren nicht gelinge, ihr Leben um eine gefestigte Ich-Position zu zentrieren, habe »die moderne Autobiographie die höchste Aufgabe der Autobiographie nicht bewältigt« (Pascal 1965, S. 188). Aichinger sieht hier etwas differenzierter, wenn sie zu bedenken gibt, dass zwischen ›klassischer‹ und ›moderner‹ Autobiographik eher graduelle als prinzipielle Unterschiede bestünden, Zweifel und Unruhe auch schon in der älteren Autobiographie zu vernehmen seien. »Vielleicht liegt das Wesen der Selbstdarstellung weniger in einer Sinnfindung, sondern in der Suche danach [...]«, lautet ihr Fazit (Aichinger in: Niggl 1998, S. 194). Und was die Form anbelangt, so stellt sie für die moderne Zeit eine weitgehende Annäherung von Autobiographie und Tagebuch fest, da die Kriterien eines straffen Aufbaus und der äußeren Einheit zunehmend an Gültigkeit verlören (vgl. ebd., S. 198).

4.3 Autobiographie als Handlung

Bereits Wayne Shumaker wies auf verschiedene sprachpragmatische Dimensionen der Autobiographie hin, indem er zwei Möglichkeiten der Verkettung zwischen den berichteten Ereignissen beschrieb, die erzählende, die eine Episode ohne Fortführung unvollständig erscheinen lässt, und die feststellende, bei der eine Episode für sich allein stehen kann. Erzählung und Feststellung sind für ihn die gebräuchlichsten autobiographischen Modi, hinzu kommen die Form der Darlegung und eine Mischung aus Erzählung und Darlegung (vgl. Shumaker 1954, S. 126f.). Wenn Elizabeth W. Bruss, wie erwähnt, literarische Gattungen als illokutionäre Akte beschreibt (Bruss in: Niggl 1998, S. 277), spiegeln sich darin die in den sechziger Jahren geführten, um die Namen John L. Austin (*How to do Things with Words* [1962]) und John R. Searle (*Speech Acts* [1969]) zentrierten sprechhandlungstheoretischen Debatten. Ein illokutionärer Akt ist nach Searle jene Funktion einer Sprechäußerung, die sie beispielsweise zu einer Behauptung, einer Aufforderung oder zu einem Versprechen macht. Bruss behandelt die Autobiographie als einen literarischen ›Akt‹, d.h. als eine Form des Handelns. Die Autobiographie erscheint damit nicht mehr in erster Linie als ein von einem Autor oder einer Autorin autonom in die Welt gesetztes Kunstwerk, sondern als Produkt und Medium **kommunikativer Prozesse** zwischen Autor bzw. Autorin und Publikum (im Anschluss an Bruss vgl. Abbott 1987/88).

Zum tragenden Interpretationsansatz wird die **Sprechhand-lungstheorie** in Jürgen Lehmanns Buch *Bekennen – Erzählen – Berichten. Studien zu Theorie und Geschichte der Autobiographie* von 1988. Lehmann analysiert die Autobiographie als eine Form sozialen Handelns, da sie mit dem Anspruch verbunden sei, Situationen zu verändern, zu beenden oder zu stabilisieren. Seiner Definition zufolge ist die Autobiographie »[...] eine Textart, durch die ihr Autor in der Vergangenheit erfahrene innere und äußere Erlebnisse sowie selbst vollzogene Handlungen in einer das Ganze zusammenfassenden Schreibsituation sprachlich in narrativer Form so artikuliert, daß er sich handelnd in ein bestimmtes Verhältnis zur Umwelt setzt« (Lehmann 1988, S. 36). Lehmanns Buch ist der Versuch, literaturwissenschaftliche Pragmatik und traditionelle Erzählforschung zu verbinden.

Eine Leitfunktion erhält Michail Bachtins Theorie der ›**Dialogizität**‹, die von einer Mehrstimmigkeit des literarischen Textes ausgeht und danach fragt, inwieweit ein Text auf andere, ihm vorausgegangene Texte reagiert oder auch spätere Äußerungen der Kommunikationspartner vorwegnimmt. Der pragmatische Ansatz verbindet sich mit einer intertextuellen Betrachtungsweise, insofern als die **Intertextualitätstheorie** dem Einfluss eines kulturellen Interaktionsrahmens auf die Konstitution von Texten Rechnung trägt und Autoren/Autorinnen als Leser/innen begreift, deren Texte schriftlich fixierte Rezeption anderer, vorausgegangener Texte sind. Autobiographien eignen sich, so argumentiert Lehmann, in besonderer Weise für die pragmatisch-intertextuelle Betrachtung, orientierten sich doch beispielsweise die Autobiographen der Renaissance (vgl. Kap. III.3) an den *Confessiones* des Augustinus, genauso wie etwa Jean Paul oder Eichendorff ihre Selbstdarstellung vor dem Hintergrund von Goethes *Dichtung und Wahrheit* profilierten (vgl. Kap. III.5). Autobiographien antworten also auf Gattungstraditionen, reflektieren aber auch ihre Prägung durch diverse Diskurssysteme, wie etwa die der Theologie, der Wissenschaft, der Literatur. »Ähnlich wie Romane«, formuliert Lehmann, »können sich [...] Brief oder Autobiographie als ›zweistimmige‹ sprachliche Gebilde erweisen, die bewußt und prononciert die fremde Rede über einen bestimmten Gegenstand in das eigene Sprechen darüber integrieren und damit anzeigen, daß sie in einen bestimmten Interaktionsrahmen eingebunden sind« (Lehmann 1988, S. 29).

Lehmann postuliert drei, für die Autobiographie typische Sprechhandlungsformen: ›**Bekennen**‹, ›**Erzählen**‹ und ›**Berichten**‹. Sie werden als Idealtypen konstruiert, d.h. es bleibt deutlich, dass real vorliegende Autobiographien meist Mischformen darstellen.

Allerdings zeichnen sich historische Dominanzen ab. So lässt sich für die Autobiographik zwischen 1700 und 1870 eine Abfolge von der bekennenden über die erzählende zur berichtenden Autobiographie feststellen. Alle drei Sprechhandlungstypen sind Versionen einer für die Autobiographie kennzeichnenden übergeordneten Behauptungshandlung: Behauptet wird der Wahrheitsanspruch des autobiographisch Dargestellten. Mittels einer Reihe von sprechhandlungstheoretischen Kriterien versucht Lehmann, die Autobiographie von anderen autobiographischen Textarten wie Tagebuch oder Brief abzugrenzen. Dabei handelt es sich um die folgenden Kriterien: ›Gegenstandsbereich‹, ›Zeitbezug‹, ›Adressatenbezug‹, ›Betonung der Aufrichtigkeit und Ernsthaftigkeit‹, ›Schreibsituation‹ und ›sprachliche Organisationsform‹ (ebd., S. 36). Wechseln beispielsweise beim Tagebuch die Tage, beim Reisetagebuch Ort und Zeit, beim Briefwechsel Tag und je nachdem auch Ort und Empfänger, entwirft der Autobiograph von einem durch Orts- und Zeitdeiktika sowie andere Indices gekennzeichneten Standort aus das narrative Spektrum seines Lebens oder einer Lebensphase. Die Modellierung der Schreibsituation und des Standorts ist für Lehmann ein besonders kennzeichnendes Merkmal der Autobiographie.

Die autobiographische Sprechhandlung des ›**Bekennens**‹, die vor allem in der Frühzeit der Autobiographik – zu denken ist an die pietistische Bekenntnisliteratur – auftritt, ist in ausgeprägter Weise von pragmatischen Faktoren geprägt: So wird in der bekennenden Autobiographie die Sprechergestalt besonders stark profiliert, da die dargestellten Sachverhalte eng auf die Sprecherposition bezogen sind. Der Text ist in der 1. Person Singular geschrieben, weil das autobiographische Ich seine Bekenntnisse nur selbst formulieren kann. Nur ihm sind die zu bekennenden Sachverhalte bekannt; die Bekenntnishaltung impliziert, dass sie dem Hörer oder der Hörerin zumindest teilweise unbekannt sind. Zugleich wird präsupponiert, dass das zu Bekennende für das Publikum von einer gewissen Brisanz ist, dass es also ein Interesse daran hat, das, was da – im doppelten Wortsinn – bekannt wird, zu erfahren. Dies bedeutet auch, dass das Bekenntnis einen bestimmten sprachlichen und moralischen Normen verpflichteten Hörer voraussetzt. Neben der Verteidigungspflicht und der Aufrichtigkeit gehört die Übernahme sich möglicherweise aus dem Bekenntnis ergebender Konsequenzen zu den pragmatischen Bedingungen der Sprachhandlung ›Bekennen‹ (vgl. auch Breuer 2000). Das ›**Berichten**‹ dagegen verzichtet weitgehend auf die Profilierung der Sprechergestalt und ihrer Situation zur Zeit des Berichts. Im Vordergrund stehen die zu berichtenden Sachverhalte selbst, die allerdings weniger detailliert als vielmehr im Hinblick auf ihren Resultatcharakter dargestellt werden. Der Sprecher setzt einen bestimmten Hörer bzw. einen Hörerkreis voraus; er hat eine implizite Vorstellung von dessen Informationsbedürfnis, die dem Bericht zugrunde gelegt wird. Auch im Falle des autobiographischen Berichtens gelten die Bedingungen der Aufrichtigkeit, der Ernsthaftigkeit und der Konsequenz. Die Sprechhandlung des ›Erzählens‹ schließlich ist geprägt durch eine perspektivierende Darstellung vergangener Sachverhalte, verbunden mit einer starken Profilierung der Sprecherposition. In thematischer Hinsicht gibt es weder eine quantitative noch eine qualitative Begrenzung. Wenig modelliert ist der Hörerbezug, vielmehr richtet sich die erzählende Autobiographie an ein heterogenes Publikum. Es werden keine spezifischen Wissensvoraussetzungen der Hörerseite zugrunde gelegt. Auch für das Erzählen gelten die Bedingungen der Aufrichtigkeit und der Ernsthaftigkeit, doch nur mit Einschränkungen die Bedingung der Konsequenz, weil sich der Erzähler nicht für Folgen, die sich aus dem Erzählen ergeben können, verantworten muss (vgl. ebd., S. 60ff.).

Es wird deutlich, dass sich die sprechpragmatischen Ansätze verstärkt auf die sprachliche Vermitteltheit der autobiographisch präsentierten Wirklichkeit richten und die sprachlich-rhetorischen Formen und Strategien der autobiographischen Sprechhandlung, d.h. die interne Organisation des Textes als Medium der kommunikativen Interaktion, in den Blick nehmen.

4.4 Konstruktionen

Anknüpfend an eine Reihe bereits erörterter systematischer und historischer Aspekte der Autobiographie wie Gattungsproblematik, Kriterium der Wahrheit oder die Veränderungen der autobiographischen Form in der Moderne hat sich auch die konstruktivistische Literaturkritik mit der Selbstbiographie auseinander gesetzt.

Der **Konstruktivismus**, der sich als wissenschaftstheoretische Richtung mit den Namen Humberto R. Maturana und Francisco J. Varela verbindet, aber auch in Deutschland seine Vertreter gefunden hat und in einem engen Zusammenhang mit der Systemtheorie steht (stellvertretend sei der Name Siegfried J. Schmidt genannt), betrachtet den Menschen als ein seine Wirklichkeit permanent selbst schaffendes Wesen. **Wirklichkeit** ist also **nichts Vorgegebenes**, sondern wird von den interagierenden Teilnehmern und Teilnehmerinnen einer Kultur oder einer Gesellschaft beständig konstruiert und neukonstruiert. Es sind die Vorstellungen in den Köpfen der Menschen, die gleichsam als Rahmen oder als Filter der Wahrnehmung fungieren. Die Prozesse der Irritation und der Neukonstruktion von Wirklichkeiten lassen sich besonders anschaulich an der Literatur ablesen, die mithin nicht mehr im Hinblick auf ihr zu entnehmende Bedeutungen gelesen, sondern als Dispositiv der Bedeutungszuschreibung analysiert wird. Gleichzeitig findet, so führt Bernd Scheffer (vgl. Scheffer 1992, S. 8) aus, eine literaturwissenschaftliche Entsubstanzialisierung der Kategorien ›Autor‹, ›Werk‹, ›Leser‹, ›Sinn‹ und ›Geschichte‹ statt.

Bezugsgröße der konstruktivistischen Bedeutungsanalyse ist die gesamte menschliche Lebenspraxis, einschließlich der kognitiven und der emotionalen Voraussetzungen. »Nur in diesem Lebens-Gesamtzusammenhang entsteht Bedeutung und kann dann die Bedeutung von Literatur erklärt werden« (ebd., S. 14). Dies klingt einigermaßen abstrakt, will zunächst aber auch nicht mehr als eine Grundsatzbeschreibung des konstruktivistischen Ansatzes sein. Kunst und Literatur sind Bestandteile der Lebenspraxis und daher auch Medien der kreativen Wirklichkeitskonstruktion. Da der Mensch seine Wirklichkeit entsprechend den Schemata, die er im Kopf hat, konstruiert, ist jede Wirklichkeitskonstruktion auch eine Selbstbeschreibung, und genau hier wird der Ansatz für die Problematik der Autobiographie virulent. ›Autobiographie‹ bezeichnet in dieser Sicht nämlich nicht primär eine von anderen abgegrenzte Textgattung, sondern beschreibt gewissermaßen das Welt- und Selbstverhältnis des konstruktivistisch konzipierten Menschen, der sich durch den **Prozess der Wirklichkeitskonstruktion** gleichsam selbst schafft, sich laut Scheffer seinen eigenen »Lebensroman« schreibt. »Lebensroman« steht als Kurzformel für die korrektere Bezeichnung ›endlos autobiographische Tätigkeit der Wahrnehmung‹« (ebd., S. 10). Das gelebte Leben selbst in seinen Welt- und Selbstentwürfen ist also dem Konstruktivisten der endlos fortgeschriebene autobiographische Text. Natürlich ist der Lebensroman ein Konstrukt, »eine Erklärungs- bzw. Durchgangsstation zur Beschreibung von Orientierungsleistungen individueller und individuell-sozialisierter Prozesse der Wahrnehmung« (ebd., S. 14f.). Für die Produktion und Rezeption von Literatur hat dies die Konsequenz, dass sowohl Schreibende als auch Lesende immer nur das produzieren und rezipieren können, was sich in den Roman ihres eigenen Lebens fügt.

Trotz dieses ausgeweiteten Begriffs von Autobiographie wendet sich Scheffer auch der Autobiographie als einer Textform zu, allerdings unter sehr kritischen Vorzeichen. Die ›normale‹ litera-

rische Autobiographie, so argumentiert er, sei nämlich längst an
ihr Ende gekommen. Die konstruktivistische Kritik wendet sich
gegen landläufige und gemeinhin nicht hinterfragte Autobiographievorstellungen, d.h. gegen die Annahme, es gebe eine sog. ›äußere‹ Wirklichkeit, die in der Autobiographie sprachlich abgebildet
werde, gegen die Linearität von Zeit und Geschichte, gegen die
Vorstellung einer Kausalität von Handlungen sowie die Annahme
einer stabilen Autor- bzw. Leser-Identität. Die literarische Autobiographie erscheint als ein von Anfang an verfehltes Unternehmen: Da Scheffer die Stabilität der Kategorie ›Autor‹ in Frage
stellt, bezweifelt er auch die Vorstellung, es gebe so etwas wie ein
autobiographisches Sich-'Freischreiben'. Genauso problematisch
erscheint auf der anderen Seite die Vorstellung, Autobiographien
könnten Lebensbewältigungshilfen darstellen, denn auch eine mit
sich identische Leserposition ist nicht gegeben. Zur Stützung seiner autobiographiekritischen Thesen zitiert Scheffer u.a. Friedrich
Schlegels 196. Athenäums-Fragment, in dem es heißt:

> »Reine Autobiographien werden geschrieben: entweder von Nervenkranken,
> die immer an ihr Ich gebannt sind, wohin Rousseau mit gehört; oder von
> einer derben künstlerischen oder abenteuerlichen Eigenliebe, wie die des
> Benvenuto Cellini; oder von geborenen Geschichtsschreibern, die sich selbst
> nur ein Stoff historischer Kunst sind; oder von Frauen, die auch mit der
> Nachwelt kokettieren; oder von sorglichen Gemütern, die vor ihrem Tode
> noch das kleinste Stäubchen in Ordnung bringen möchten und sich selbst
> nicht ohne Erläuterungen aus der Welt gehen lassen können; oder sie sind
> ohne weiteres bloß als *plaidoyers* vor dem Publikum zu betrachten. Eine
> große Klasse unter den Autobiographien machen die Autopseusten aus.«
> (zit. n. Scheffer 1992, S. 248)

Hier wird die bereits in der vorausgegangenen Autobiographiedebatte zutage getretene Überzeugung formuliert, dass die Autobiographie als literarischer Text unvermögend sei, die ›wahre‹ Gestalt
des autobiographischen Ichs zum Ausdruck zu bringen. Allerdings
liegt der Grund im Falle der konstruktivistischen Kritik nicht darin, dass das Individuum gut hermeneutisch als ›ineffabile‹ gedacht
oder eine unüberbrückbare Differenz zwischen Sprache und subjektiver ›Wirklichkeit‹ angenommen wird, vielmehr geht der Konstruktivismus davon aus, dass es ein identisches Ich jenseits seiner
sprachlichen Version überhaupt nicht gebe. Autobiographie ist daher immer Pseudo-Autobiographie, in Begriffen des Konstruktivismus ›Konstruktion‹. Und wer der autobiographischen Suggestion
unterliegt und an das auf die Bühne des Textes gestellte Ich glaubt,
ist das Opfer einer Persönlichkeitsstörung. Autobiographische Texte, die sich ihrer eigenen aporetischen Verfasstheit bewusst sind,

reflektieren dies auch, indem sie gängige Autobiographievorstellungen unterlaufen:»Spätestens Jean Pauls ›Selberlebensbeschreibung‹ (1818)«, stellt Scheffer fest,»kann als eine literarische Autobiographie verstanden werden, die in wesentlichen Teilen erzählerisch dadurch vorankommt, daß vom Nicht-Erzählen erzählt wird, daß erzählend gerade eine konventionelle Erzählung über das Leben des Autors von ihm selbst verhindert wird, wenn freilich auch spielerisch, ironisch und wohl eher nicht aufgrund einer mit heutigen Bedenken vergleichbaren Skepsis gegen das autobiographische Unternehmen« (ebd., S. 249). Interessanter als die herkömmliche Autobiographie findet Scheffer autobiographische ›Randtexte‹, also Texte, die weniger einer Gattungstypologie verpflichtet sind und mehr Spielraum lassen für eine kritische Reflexion ihrer eigenen Bedingungen, ist es ihnen doch weniger um Selbst-Gewissheiten als vielmehr um Selbst-Irritationen zu tun und nicht selten auch um mehr oder weniger gewagte Selbst-Mystifikationen.

Der **Konstruktcharakter der Autobiographie** liegt zum einen in den Autosuggestions-Möglichkeiten, die der Prozess der Selbstbeschreibung eröffnet, und zwar auf der Produktions- wie auf der Rezeptionsseite. Er liegt aber auch in unhinterfragt übernommenen Vorstellungen wie z.B. der Auffassung, dass Selbst-Erkenntnis stets bei den ›Wurzeln‹ zu beginnen habe, in einfachen, oft pathetisch beschworenen Kausal(selbst)suggestionen wie überhaupt in der Eigenlogik errichteter persönlicher Mythologien. Zahlreiche Autobiographen begreifen sich ›psychologisch‹ mit Hilfe des Modells – Scheffer spricht hier vom »Fenster« – der freudschen Psychoanalyse; d.h. die Psychoanalyse gibt ihnen überhaupt erst ein Schema der Selbstwahrnehmung und des Selbstentwurfs an die Hand, ein Schema, das ihnen sozusagen von außen entgegenkommt. Anders als herkömmliche Betrachtungsweisen geht der Konstruktivismus also nicht von identischen Subjektpositionen und deren fragwürdigen Bemühungen aus, sich selbst in Sprache zu fassen, sondern er nimmt die Manifestationen autobiographischer Selbstentwürfe in den Blick und betrachtet sie als Medien der Selbstkonstruktion. So weist Scheffer etwa darauf hin, dass Kognitionen und Emotionen laufend verändert werden müssen, um eine Erinnerung als stabile Erfahrung aufrechterhalten zu können (vgl. ebd., S. 254). Hier wird also nicht mit der Fehlerhaftigkeit, der mangelnden Kapazität des autobiographischen Gedächtnisses argumentiert, sondern ausgehend vom Produkt der Erinnerung wird der Produzent in den Blick genommen. Dies bedeutet, dass die Aufrechterhaltung stabiler Erinnerungsbilder nur unter der Bedingung permanenter kognitiver und emotiver Anpassungsleistung des erinnernden und d.h. Erinnerung konstruierenden Ichs möglich ist. Das sich autobiographisch erinnernde Ich ist also eine offene, eine veränderliche Größe; es ist nicht nur der Konstrukteur seiner Erinnerung, sondern als solcher immer auch deren Konstrukt. Ebenso bringt der Autobiograph keine außersprachlichen Lebenserfahrungen zur und in die Sprache, vielmehr werden die Erfahrungen des Lebens erst im Schreiben gewonnen; im Schreiben wird die Vergangenheit erlebt, im Vollzug des Textes der autobiographische Stoff gefunden (ebd., S. 256).

Aus dem Gesagten geht hervor, dass die literarische Autobiographie in ihrem überlieferten, d.h. in ihrem klassischen Sinn nur ein »Refugium konventioneller literarischer Verfahrensweisen« (ebd., S. 250) sein kann. Gattungsdiskussionen und Wesensbestimmungen der Autobiographie sind daher, so folgert der Konstruktivist, obsolet. Vielmehr ist zu diskutieren, welchen Zwecken es dient, einen Text als ›autobiographisch‹ oder als ›literarisch‹ zu qualifizieren. Die Frage, ob ein Text autobiographisch sei oder nicht, werde ohnedies vorab entweder vom Autor oder aber vom Verlag, möglicherweise auch von der Rezeption qua **Zuschreibung** vorentschieden. Dies bedeutet, dass es Autobiographie nicht einfach ›gibt‹, sondern dass sie diskursiv konstruiert wird. Scheffer plädiert dafür, die Autobiographie bzw. den Versuch, Autobiographie zu konstituieren, als ein Krisenphänomen zu betrachten, d.h. als Index einer zeitbedingten, thematischen und formalen Krisenerfahrung. So fungiert in modernen autobiographischen Texten das ›Ich‹ vielfach nicht mehr als verlässliche Instanz und als klar umrissene autobiographische Kategorie, sondern stellt nurmehr eine Redeperspektive dar, ein Stil- und Gestaltungsmittel, eine Attitüde, eine Redeformel, über die nichts anderes gesagt werden kann als dass es sich um die grammatische Form der 1. Person Singular handle. Scheffer resümiert:

»Die gegenwärtige und zukünftige Chance der Autobiographie, die als literarische Autobiographie gelten soll, besteht darin, daß der Autobiograph, im Versuch Literatur zu produzieren, von vornherein in seiner Selbstbeschreibung anders verfährt als der Historiker oder der Psychologe. Vielleicht macht es sogar überhaupt keinen Sinn, Autobiographie als literarische Gattung aufrechtzuerhalten – oder positiv formuliert: Die literarische Zukunft der literarischen Autobiographie liegt in ihrem gleichsam restlosen Untertauchen in der übrigen Literatur.« (ebd., S. 266)

Die konstruktivistische Kritik greift also Gesichtspunkte und Fragestellungen auf, die in der formtheoretischen Autobiographiedebatte unter anderen Vorzeichen schon erörtert wurden. Dabei werden jene Argumente, die vom Standpunkt der historischen Wahrheit aus die Autobiographie als defizient erscheinen ließen, auch wenn sie ihren form- und gattungstheoretischen Eigenwert begründeten, radikalisiert und so weit über sich hinausgeführt, dass gerade auch der **Gattungsanspruch als Konstruktion** erwiesen wird. Insoweit als der konstruktivistische Ansatz absprechend argumentiert, d.h. sich in erster Linie darauf verlegt, die Möglichkeit autobiographischer Authentizität zu negieren, wie dies bei Scheffer der Fall ist, bleibt er gewissermaßen als letztes Aufgebot des wahrheitszentrierten Denkens, wenngleich kritisch, dem Kriterium der Wahrheit verpflichtet. Erst da, wo die autobiographischen Topoi und Diskursstrategien in ihrer Eigenwertigkeit und hinsichtlich ihrer individuell verschiedenen kulturellen Produktivität begriffen werden, ist ein neues, nicht länger dem Prinzip der Wirklichkeitsabbildung verpflichtetes Paradigma der Autobiographiediskussion eröffnet (vgl. Kap. II.7).

5. Die Autobiographie und ihre Leser/innen: Rezeptionsästhetische Deutungsansätze

Betrachtet die pragmatisch orientierte Literaturwissenschaft die Autobiographie als einen literarischen Akt, in den zumindest zwei Seiten als handelnde involviert sind, Autor resp. Autorin und Leser resp. Leserin, so musste die Instanz des Lesers in der literaturtheoretischen Diskussion erst ›entdeckt‹ werden. Dies geschah in den sechziger und frühen siebziger Jahren. Diese Zeit war zum einen durch die von den Achtundsechzigern proklamierte Politisierung der Literatur geprägt, zum anderen durch eine im Zuge der sich einstellenden politischen Ernüchterung erneute Hinwendung zu textnäheren literaturwissenschaftlichen Fragestellungen. Zweifellos kann die Entwicklung der von der sog. ›Konstanzer Schule‹ ausgehenden **Rezeptionstheorie** als ein Produkt des politischen Aufbruchs um 1968 angesehen werden, führte sie doch mit der Berücksichtigung der Leserinstanz eine neue, in gewisser Weise auch ›demokratischere‹ Perspektive als die traditionelle autorzentrierte Betrachtungsweise in die literaturwissenschaftliche Diskussion ein. Der rezeptionsästhetische Ansatz stellt durchaus eine Entmächtigung der Schöpferfigur des Autors dar, insofern als nunmehr gesehen wird, dass das Zustandekommen der literarischen Kommunikation neben dem Produzenten von Literatur auch die Seite des Rezipienten voraussetzt. Und dieser Rezipient wird nicht – wie es die Bezeichnung ›Rezipient‹ nahe legt – als passive Aufnahmeinstanz konzipiert, sondern als aktiv handelnder Partner des Produzenten. Bislang hatte man sich noch keine systematischen Gedanken darüber gemacht, was beim Akt des Lesens im Kopf des Lesers oder der Leserin vor sich gehen könnte bzw. dass dabei überhaupt etwas vor sich gehen könnte, das für das Verständnis eines literarischen Textes von Bedeutung ist.

Die Rezeptionstheorie verbindet sich hauptsächlich mit den Namen Hans-Robert Jauß und Wolfgang Iser. In seiner programmatischen Schrift *Literaturgeschichte als Provokation* von 1967 kündigte Jauß eine grundsätzliche Revision der Literaturgeschichtsschreibung durch die Rezeptionsgeschichte an. Jauß beschreibt den literarischen Text als ein Sinnpotential, das sich in der Folge seiner sukzessiven und d.h. seiner historisch veränderlichen Rezeptionen konkretisiere. Dabei bringe jede neue Rezeption eine veränderte Deutung mit sich. In diesem Zusammenhang führt Jauß den Begriff des ›Erwartungshorizonts‹ ein; der **Erwartungshorizont** setzt die Bedingungen des Verstehens, da der Leser aufgrund seines kulturellen Wissens jedem Text, den er liest, eine bestimmte Erwartung entgegenbringt und diese Erwartung notwendigerweise sein Verständnis des Textes präformiert. Wolfgang Iser argumentiert von der Struktur des Textes aus, wenn er im Anschluss an Roman Ingarden auf sog. ›**Leerstellen**‹ im Text hinweist, Unbestimmtheitsstellen, die Leser und Leserin in der Rezeption füllen und in ihrem Sinne besetzen, d.h. sie tragen in den Text ihre Deutung hinein, wobei dem Deutungsspielraum selbstverständlich Grenzen gesetzt sind. Iser nimmt also die Mechanismen und die Steuerung des Rezeptionsverhaltens durch den Text in den Blick. Sein Konzept des ›impliziten Lesers‹ beschreibt den vom Text intendierten und in ihm repräsentierten Leser und seine Operationen. Der implizite Leser gibt bis zu einem gewissen Grad das Rezeptionsverhalten des realen Lesers vor.

Für die Autobiographiediskussion sind die rezeptionstheoretischen Betrachtungsmodelle von maßgeblicher Bedeutung. Gerade weil aufgrund der autobiographietypischen Referenzillusion die Neigung besteht, das autobiographische Ich mit dem Autor gleichzusetzen und von daher die Aufmerksamkeit in besonderer Weise auf die Autorposition gelenkt wird, ist lange Zeit nicht gesehen worden, in welchem Ausmaß der Leser in den autobiographischen Prozess eingebunden ist. So hat Wulf Segebrecht bereits 1969 eine rezeptionsästhetische Betrachtungsperspektive an die Autobiographie herangetragen. Im Anschluss an den von Norbert Miller 1965 herausgegebenen Sammelband über *Romananfänge. Versuch zu einer*

Poetik des Romans richtet Segebrecht seine Aufmerksamkeit auf die Anfänge von Autobiographien. Am Anfang einer erzählenden Dichtung, so Segebrecht, entscheide sich vieles, beispielsweise werde festgelegt, welche Rolle der Erzähler zu spielen gedenke und welche er dem Leser zugedacht habe. Segebrecht geht mit Jauß von der Erwartung aus, die der Leser einer Autobiographie entgegenbringt, und postuliert, dass die **Erwartungen des Autobiographielesers** konkreter seien als diejenigen eines Romanlesers. Der Leser einer Autobiographie erwarte, dass sich der Autobiograph als nichtfiktiv erweise, dass der Verfasser und jene Instanz, die im Buch »ich« sage, identisch seien. Diese Erwartung sei autobiographiekonstitutiv und werde vom Autor einer Autobiographie kalkuliert eingesetzt. Gerade der Anfang einer Autobiographie sei als Reaktion auf diese Lesererwartung zu lesen. So gesehen bildet der Textanfang gleichsam die Plattform einer öffentlichen Konfrontation des Autobiographen mit seinem Leser. In jedem Fall emanzipiere die Autobiographie den Leser zu einer dem Autor gleichberechtigten kritischen Instanz.

An einer Reihe von Beispielen demonstriert Segebrecht, wie Autobiographen ihre Leserschaft konzipieren. Wenn Fontane seine Lebensbeschreibung *Meine Kinderjahre* (1893) im Vorwort als autobiographischen Roman qualifiziert, um, wie er schreibt »nicht von einzelnen aus jener Zeit vielleicht noch Lebenden auf die Echtheitsfrage hin interpelliert [zu] werden«, entwirft er seinen Leser als potentiellen Zweifler – »Für etwaige Zweifler also sei es Roman!« (Fontane 1982, S. V) – und versucht, ihm gleich vorweg den Wind aus den skeptischen Segeln zu nehmen. Auch Goethe platziert in *Dichtung und Wahrheit*, so führt Segebrecht aus, den Leser an den Anfang seines Textes: Ein fiktiver Brief eines fiktiven Freundes wendet sich an den Autor und äußert das Bedürfnis, den Zusammenhang des Werks im und über das Leben des Autors kennen zu lernen. Hiermit wird der Leser auf die Lektüre des Zusammenhangs verpflichtet, genauso wie er immer wieder auf das goethesche Prinzip von ›Dichtung und Wahrheit‹ eingeschworen wird, d.h. darauf, die Wahrheit in der Dichtung zu lesen (zu Goethe und Fontane vgl. Kap. III.5).

Segebrecht führt auch Beispiele an, in denen der Erzähler gleich am Anfang versucht, sich mit dem Leser zu identifizieren und ihm so seine, des Erzählers, Sicht der Dinge als seine, des Lesers, eigene nahe zu bringen. So heißt es am Anfang von Bogumil Goltz' *Buch der Kindheit* von 1847: »Uns Erwachsenen will zuerst das Leben und zuletzt der Tod nicht zu Sinn, und was haben wir alles zum Leben und zum Sterben für Anstalten gemacht, was haben wir

gelernt und getrieben!« (zit. n. Segebrecht in: Niggl 1998, S. 167).
»Wir« – das sind der Erzähler und der Leser, der hier vom Erzähler
für seine Sicht der Dinge vereinnahmt wird. Segebrecht formuliert
die These, der gegenüber dem Roman verringerte Fiktionsgrad der
Autobiographie gehe mit einer erhöhten Intensität der Kommunikation zwischen Autor und Leser einher. »Diese Voraussetzung
erfordert es, die erzähltechnischen Gegebenheiten der Autobiographie nicht losgelöst von der Position und kritischen Funktion des
Lesers zu betrachten, sondern zu versuchen, das ›Programm‹ und
die Verfahrensweise des Autobiographen von der Instanz des Lesers
her zu erkennen und zu beurteilen« (Segebrecht in: Niggl 1998, S. 169).

Philippe Lejeune verdankt die Autobiographieforschung das
Stichwort ›**autobiographischer Pakt**‹, das in der Diskussion um
die Selbstbiographie häufig aufgegriffen wird. 1971 veröffentlichte
Lejeune ein Buch mit dem Titel *L'Autobiographie en France*, in dem
er erstmals vom autobiographischen Pakt gesprochen hat. Zwei
Jahre später publizierte Lejeune einen Essay mit dem Titel »Le
pacte autobiographique«, den er 1975 in eine ihrerseits mit *Le pacte
autobiographique* überschriebene Essaysammlung mit verschiedenen
Beiträgen Lejeunes zur Autobiographie aufnahm.

Es geht Lejeune darum, die »Gattungsproblematik« der Autobiographie zu erhellen; dabei stellt er fest, dass die Argumente und das
Vokabular der bisherigen Autobiographieforschung zu unscharf seien.
Als Forscher nimmt er bewusst die Position des Lesers ein: »Indem ich
von der Lesersituation ausgehe (von meiner, der einzigen, die ich gut
kenne), eröffnet sich mir die Aussicht, die Funktionsweise der Texte
(ihr unterschiedliches Funktionieren) klarer zu erkennen, da sie doch
für uns Leser geschrieben wurden und wir sie lesend zum Funktionieren bringen« (Lejeune 1994, S. 14). Lejeune trennt zu Recht zwischen
der **grammatischen Person** und der Identität des Referenzsubjekts.
Wenn in mündlicher Rede jemand ›ich‹ sagt, ist klar, dass dieses
Personalpronomen der 1. Person Singular den Sprecher oder die
Sprecherin bezeichnet. Wird das Pronomen ›ich‹ in einem Buch
verwendet, wird es schon schwieriger. Nicht in jedem Fall verweist
das ›Ich‹ auf den Autor. Wie Émile Benveniste deutlich gemacht
hat, erfährt das Pronomen erst im Bezug auf einen Eigennamen
eine eindeutige Markierung. Über den Eigennamen verknüpfen sich
Person und Rede. Dies wird im Spracherwerb des Kindes deutlich,
das von sich in der 3. Person spricht und sich mit seinem Vorna-
men nennt, bevor es dazu übergeht, das Personalpronomen der 1.
Person Singular zu seiner Selbstbezeichnung zu gebrauchen. Lejeune
zieht daraus den Schluss, dass die Problematik der Autobiographie
im Blick auf den **Eigennamen** zu bestimmen sei.

Für die Autobiographie ist die **Namensidentität zwischen Autor, Erzähler und Protagonist** vorausgesetzt, d.h. das Pronomen ›ich‹ im Text verweist immer auf den Namen des Autors, der auf der Titelseite des Buches angegeben ist. Und hier kommt der autobiographische Pakt ins Spiel. Lejeune definiert: »Der autobiographische Pakt ist die Behauptung dieser Identität im Text, die letztlich auf den Namen des Autors auf dem Umschlag verweist« (ebd., S. 27). Der autobiographische Pakt ist also eine Funktion im Text, eine Vereinbarung, deren Inhalt darin besteht, dass das ›Ich‹ im Text auf den Namen des Autors verweist und damit diesen Autor auch meint. Es gibt zwei Möglichkeiten, wie der autobiographische Pakt geschlossen werden kann. Dies kann zum einen implizit geschehen, etwa durch den Titel, wenn dieser beispielsweise lautet »Geschichte meines Lebens« oder »Autobiographie«; auch kann der Erzähler zu Beginn des Textes dergestalt eindeutig als Autor auftreten, dass der Leser auch dann keinen Zweifel an dem Verweis des Pronomens ›ich‹ auf den Namen, der auf dem Umschlag steht, hegt, auch wenn der Name im Text selbst nicht wiederholt wird. Die zweite Möglichkeit des Paktabschlusses geschieht explizit dadurch, dass sich der Ich-Erzähler in der Erzählung den Namen gibt, der auch auf dem Umschlag des Buches steht, wie es etwa in Goethes *Dichtung und Wahrheit* der Fall ist.

Und wie es einen autobiographischen Pakt gibt, so gibt es auch einen **Romanpakt**. Er wird abgeschlossen durch die Namensverschiedenheit zwischen Autor und Protagonist und/oder durch den expliziten Untertitel »Roman«. Die unterschiedlichen Paktformen und damit die postulierten Gattungsunterschiede zwischen Autobiographie und Roman stellt Lejeune in einem Schaubild dar:

Name d. Protagonisten → / Pakt ↓	≠ Name des Autors	= o	= Name des Autors
Romanpakt	1a ROMAN	2a ROMAN	
= o	1b ROMAN	2b Unbestimmt	3a AUTOBIO.
autobiographisch		2c AUTOBIO.	3b AUTOBIO.

(n. Lejeune 1994, S. 30)

Dieses Schema ist folgendermaßen zu lesen:

- Wenn in einem Text der Protagonist einen anderen Namen trägt als der Autor und dieser Text einen Romanpakt anbietet, dann liegt ein Roman vor. Dies ist auch der Fall, wenn der Name der Hauptfigur ungenannt bleibt, aber gleichwohl das Angebot des Romanpakts vorliegt.
- Wenn ein Text als Roman deklariert ist und der Protagonist den Namen des Autors trägt, kommt es nicht zum Abschluss des Romanpakts, weil der Leser an einen Irrtum denkt.
- Trägt der Protagonist einen anderen Namen als denjenigen des Autors und macht der Text keinerlei Paktangebot, liegt ein Roman vor.
- Erfährt man weder den Namen des Protagonisten noch ob der Text als Roman oder als Autobiographie gelesen werden will, bleibt unbestimmt, um welche Textsorte es sich handelt.
- Doch wenn der Protagonist denselben Namen wie sein Autor trägt, der Text aber Hinweise auf seine Identität als Roman oder Autobiographie schuldig bleibt, wird der Text als Autobiographie gelesen.
- Wenn sich ein Text als Autobiographie ausweist und seinem Protagonisten einen anderen Namen gibt als den Namen des Autors, beginnt der Leser zu zweifeln, ob er nicht doch einen Roman lese. Es kommt in diesem Fall nicht zum Abschluss des autobiographischen Paktes.
- Bleibt offen, wie der Protagonist heißt, und präsentiert sich der Text als Autobiographie, ist er tatsächlich als Autobiographie anzusehen.
- Um eine Autobiographie handelt es sich ganz eindeutig, wenn die Hauptfigur den Namen des Autors trägt und der Text einen autobiographischen Pakt anbietet.

Am rigiden Ausschlusscharakter dieses Schemas wird man Zweifel anmelden dürfen, insbesondere was die von Lejeune sozusagen als systemunmöglich qualifizierten Positionen anbelangt. In einem späteren Beitrag räumt Lejeune selbst den **Grenzfall der in der 3. Person geschriebenen Autobiographie** ein (Lejeune 1977/78). Wenn ein autobiographisches Paktangebot vorliegt, ist die 3. Person eine bloße Redefigur, die entweder der Distanzierung dient, oder, im Falle, dass ein fiktiver Erzähler zwischengeschaltet wird, eine soziale Gegenüberstellung simuliert, die der Autobiograph zu seinen Gunsten zu beeinflussen gedenkt. Lejeune unterscheidet zwischen Fällen, in denen die 1. Person ohne weitere Änderungen in die 3. übersetzt wird, und solchen, bei denen die grammatische Transposition mit zusätzlichen perspektivischen Verschiebungen einhergeht und somit eine Doppelung der Erzählerposition bedingt. ›Fiktive Fiktionalisierungen‹ wie z.b. das Spiel mit der Erzählerperspektive, die gebrochen oder verdoppelt werden kann, die Einführung eines fiktiven Zeugen, d.h. eines ›fremden‹ Blicks auf sich selbst, oder die Selbstdarstellung in Form eines Dialogs (mit sich selbst) werfen ein kritisches Licht auf die Kohärenz von Gattungsbegriffen. Solange jedoch der autobiographische Pakt gewährleistet ist, so führt Lejeune aus, werden sie vom Leser auch als Mittel der autobiographischen Selbstdarstellung verstanden und akzeptiert. Irritieren sie jedoch den Paktabschluss selbst, ist die Grenze zum autobiographischen Roman überschritten. Auch das Problem des Namens erfährt in der Folge eine differenziertere Betrachtung, indem Lejeune eine Übergangsform zwischen dem realen und dem erfundenen Namen zulässt, den »nom substitué«, der fiktionale Funktionen annehme und sich nur teilweise auf die Person des Autors beziehe (vgl. Lejeune 1986).

Der autobiographische Pakt garantiert für Lejeune das Funktionieren des autobiographischen Lesens – bei allen Freiheiten, die sich ein Autobiograph oder eine Autobiographin nehmen mag. Sein Verdienst ist es, auf die sprachlich-grammatischen Voraussetzungen des autobiographischen Verständnisses wie auf seine Grenzfälle hingewiesen zu haben. Das Gattungsdenken, dem Lejeune letztlich verhaftet bleibt, erfährt eine Relativierung dahingehend, dass die Mitarbeit des Lesers bzw. der Leserin als konstitutiv gesetzt wird. Wird das autobiographische Paktangebot angenommen, resultiert daraus eine Verpflichtung, den Text in einer bestimmten Weise, nämlich autobiographisch zu lesen. Der Pakt erzeugt Effekte, die dem Text zugeschrieben werden und ihn als Autobiographie bestimmen; **Autobiographie** ist daher eine **»Leseweise« und »Schreibweise«**, ein historisch schwankender »Vertragseffekt« (Lejeune 1994, S. 50). Sie ist nicht charakterisiert durch ein »Davor«, d.h. durch die Ähnlichkeit mit einer außersprachlichen Wirklichkeit, sondern durch ein »Danach, durch die von ihr hervorgerufene Leseweise und die von ihr geweckte Glaubwürdigkeit« (ebd., S. 51). Was passiert, wenn der Leser oder die Leserin das Vertragsangebot des Autors nicht annimmt und den Text, der als Autobiographie gelesen werden möchte, gleichwohl als Roman liest, wenn er oder sie auf der anderen Seite einen als Roman ausgewiesenen Text autobiographisch liest, oder aber wenn während des Lektüreprozesses dauernd Zweifel über den Modus der Lektüre bestehen, liegt außerhalb des lejeuneschen Interesses, dem es am wohlsten zu sein scheint, wenn es gelingt, textuelle

Unsicherheiten, Unentscheidbarkeiten, Irritationen auf das sichere
Parkett des autobiographischen Paktschlusses zu retten.

H. Porter Abbotts Taxonomie des Fiktiven, des Faktischen und
des Autographischen, die auf die Unterscheidung von den jeweils
zugeordneten konkreten textuellen Formen Roman, Geschichtsschreibung und Autobiographie Wert legt (vgl. Abbott 1987/88,
S. 611ff.), geht gleichfalls von der Instanz des Lesers aus. Der Leser
betrachtet ein fiktives Werk als ein in sich abgeschlossenes Kunstwerk, ohne dabei nach dem Autor oder dem faktischen Wahrheitsgehalt des Gelesenen zu fragen. Dagegen wird ein Sachtext
im Hinblick auf seinen Wirklichkeits- und Wahrheitsgehalt gelesen
und kann von Folgetexten diesbezüglich revidiert werden. Sachtex-
te fallen, so Abbott, in der Regel raschem Vergessen anheim. Die
Frage, die der Leser an einen autobiographischen Text stellt, lautet:
In welcher Weise sagt dieser Text etwas über seinen Autor aus? Im
Gegensatz zu einem Sachtext kann ein autobiographischer Text gar
nicht unwahr sein, indem er auch in seinen Verstellungen den Autor
oder die Autorin erkennen lässt. Und anders als die Fiktion, die
Werkeinheit erzielt oder nicht erzielt, kann die Autobiographie sie
gar nicht verfehlen, insofern als sich ihr Autor implizit und selbstreferenziell in jeder Zeile des Textes zu erkennen gibt, d.h. Effekt
des Textes selbst ist.

6. Zwischen Diskursanalyse und Dekonstruktion

Der sog. ›linguistic turn‹, die ›sprachliche‹ bzw. ›sprachwissen-
schaftliche Wende‹ hat seit den sechziger Jahren zu einschneiden-
den Umorientierungen in den Geisteswissenschaften geführt. All
jene vormals unhinterfragt gesetzten und gleichsam als Transzen-
dentalien hingenommenen Entitäten und Positionen wie ›Subjekt‹,
›Werk‹, ›Wirklichkeit‹ u.ä. erschienen nun – in der Nachfolge des
Strukturalismus – als sprachlich konstituiert und die Bedingungen ihrer Konstitution kritisch befragbar. Dabei entwickelten sich
unterschiedliche Fragerichtungen.

Die **Diskursanalyse**, die sich mit dem Namen **Michel Foucault**
verbindet, aber auch im deutschsprachigen Bereich ihre Repräsentanten gefunden hat (Friedrich Kittler, Jürgen Link u.a.), richtet
ihre Aufmerksamkeit auf die Bedingungen und Regelhaftigkeiten
der Denk- und Redeweisen, der sog. ›Diskurse‹. Diskurse sind, um
es in den Kategorien des Sprachwissenschaftlers Ferdinand de Saus-
sure zu formulieren, weder mit dem Sprachsystem, der ›langue‹,

noch mit der aktuellen Redeäußerung, der ›parole‹, gleichzusetzen, sondern systematisch zwischen ›langue‹ und ›parole‹ zu verorten. D.h. sie lassen sich weder auf der Grundlage der Bedingungen beschreiben, die das Sprachsystem konstituieren, noch aus der individuellen Redesituation heraus erklären. Die einzelne Redeäußerung wird vielmehr von der prägenden Kraft der Diskurse bestimmt, die ihrerseits epistemologische, also wissenschaftssystematische Regelmäßigkeiten spiegeln, wie Foucault in *Les mots et les choses* von 1966 (dt. *Die Ordnung der Dinge* [1971]) deutlich gemacht hat, oder auch, und dies geht mit epistemologischen Formationen parallel, Ausdruck machtpolitischer Verhältnisse sind. Letzteres legt Foucault in seiner Antrittsvorlesung am Collège de France von 1970 *L'ordre du discours* (dt. *Die Ordnung des Diskurses* [1974]) dar.

Richtet die Diskursanalyse ihren kritischen Blick also sozusagen von außen auf mündliche oder schriftliche Redeäußerungen, die nicht so sehr als individuelle Ereignisse begriffen, sondern zumeist in ihrer regelhaften Serienhaftigkeit wahrgenommen werden, so nimmt die **Dekonstruktion**, als deren maßgeblicher Gewährsmann **Jacques Derrida** zu nennen ist, ihre kritische Position gleichsam im Inneren der Texte ein, wobei sich erweist, dass dieses vermeintliche Innen immer schon ein Außen ist, die Opposition innen-außen mithin ihre Gültigkeit verliert. Derridas Zentralbegriff der ›**Schrift**‹, dessen systematische Grundlegung in *De la grammatologie* (1967; dt. *Grammatologie* [1974]) geschieht, argumentiert für die Vorgängigkeit des Signifikanten, also des materialen Zeichenträgers, sei dies nun ein geschriebener Buchstabe, ein gesprochener Laut oder auch eine bildliche Markierung, gegenüber der Zeichenbedeutung, dem Signifikat. Im Zwischenraum zweier gesetzter Signifikanten wird Bedeutung konstruiert und dekonstruiert zugleich, insofern als der Signifikant nach Derrida das Signifikat setzt und zugleich aushöhlt, unterläuft und verändert, da die Signifikantenreihe gesetzte Bedeutungen immer schon im Hinblick auf den nachfolgenden Signifikanten modifiziert. Das sprachliche Zeichen ist in Derridas Konzept also durch Nichtgegenwärtigkeit der Bedeutung geprägt; es ist nicht mit sich identisch, weil eine Differenz, und zwar im räumlichen wie im zeitlichen Sinne, zwischen Signifikant und Signifikat tritt, eine Differenz, die im Prozess der Signifikation zur unendlichen, d.h. unabschließbaren Bewegung der – Derrida prägt hier einen Neologismus – ›**différance**‹ wird.

Explizit zur Autobiographie äußert sich Derrida in einem 1980 erschienenen *Fugen*-Artikel mit dem Titel »Nietzsches Otobiographie oder Politik des Eigennamens. Die Lehre Nietzsches« (frz.

1984 als *Otobiographies. L'enseignement de Nietzsche et la politique du nom propre*). Am Beispiel von Nietzsches autobiographischer Schrift *Ecce homo. Wie man wird, was man ist* (entstanden 1888, erschienen 1908) argumentiert Derrida, der Autobiograph erzähle zuallererst sich selbst seine Lebensgeschichte. Er hört sich damit selbst zu – daher die ludistische Umwandlung der Silbe ›auto‹ in ›oto‹ (aus dem Griechischen stammendes, in Zusammensetzungen auftretendes Bestimmungswort mit der Bedeutung ›Ohr‹). Dabei schließt er – offenbar ist es Lejeune gelungen, die Kategorie des Vertrags unwiderruflich in die Autobiographiediskussion einzuführen – einen **Kontrakt mit sich selbst**, einen Kontrakt, der indessen immer erst nachträglich ratifiziert werden kann. Während des Schreibens selbst lebt der Autobiograph gleichsam auf Kredit – mit den Worten Nietzsches: »Ich lebe auf meinen eignen Kredit hin, es ist vielleicht bloß ein Vorurteil, daß ich lebe?« (zit. n. Derrida 1980, S. 73). In Kraft gesetzt wird der Vertrag erst durch die **Unterschrift des Eigennamens:** »›Ich, der und der‹; ›ich, die und die‹« (ebd. S. 75). Der Eigenname verleiht dem Gesagten bzw. Geschriebenen, in der Logik der *Otobiographie* dem Gehörten erst eine autobiographische Identität. Es handelt sich dabei allerdings nicht um eine wie auch immer zu verstehende ›eigentliche‹ Identität, vielmehr um eine Identität, die dem Eigennamen lediglich zugeschrieben wird. Derrida liest diese Zuschreibung als Antizipation einer post-mortem-Identität, da die Identität des Eigennamens den biographischen Abschluss zur Voraussetzung hat. Erst nach dem Tod eines Individuums vermag sein Eigenname alle Zuschreibungen durch die Nachwelt in sich aufzunehmen. Dies bedeutet, dass der Autobiograph auf der Grenzscheide zwischen Leben und Tod schreibt und die Autobiographie von der Doppelung **Leben-Tod** in konstitutiver Weise durchzogen ist. Der Autobiograph befindet sich im Prozess des Schreibens immer jenseits einer eigentlichen Identität und vernimmt sich zugleich als lebendig-toten – daher und noch einmal: *Oto*biographie (vgl. auch Benesch 1994, S. 136ff.).

Manfred Schneiders 1986 erschienene, dem autobiographischen Text des 20. Jahrhunderts gewidmete Studie *Die erkaltete Herzensschrift* ist sowohl dem diskursanalytischen als auch dem dekonstruktiven, um den Begriff der ›Schrift‹ zentrierten Ansatz verpflichtet. Schneiders Argumentation nimmt ihren Ausgang bei der paulinischen Trennung von Buchstabe und Geist, derzufolge der Buchstabe töte, der Geist aber lebendig mache (vgl. 2. Kor. 3, 6). Der signifikante Buchstabentausch, der aus dem Saulus Paulus werden ließ, versinnbildlicht den Übergang und die Trennung der

Geltungsbereiche von Buchstabe und Geist. Seine zentrale Metapher findet Schneider ebenfalls bei Paulus. Im 2. Korintherbrief bezeichnet dieser nämlich die Korinther als einen in die Herzen der Menschen geschriebenen Brief Christi, als einen Brief, der nicht mit Tinte geschrieben sei, sondern mit dem Geist des lebendigen Gottes, geschrieben nicht auf steinerne Tafeln, sondern auf die fleischernen Tafeln des Herzens (2. Kor. 3, 2–3). Damit ist für Schneider die Urszene der autobiographischen Selbstverschriftlichung eröffnet: Das göttliche Wort erscheint als unmittelbar in die Körper der Menschen eingeschrieben, Geist und Buchstabe in diesem – idealen – Fall identisch.

Die seit dem Ende des 16. Jahrhunderts rasch anwachsende Flut autobiographischer Bekenntnis- und Geständnisschriften schließt an das paulinische Modell der dem Menschen eingeschriebenen göttlichen Wahrheit an. Sie steht nach Schneider in einem engen Zusammenhang mit der Erfindung des Buchdrucks. Schneider argumentiert im Sinne der Diskursanalyse, wenn er feststellt, dass es ohne die Drucktechnik keine Innerlichkeit gebe, ebenso wie ein Geist ohne Gesetze nicht denkbar sei. Dahinter steht der Gedanke der Verwiesenheit so unanschaulicher Positionen wie Geist und Innerlichkeit an **Medien** und Regulative der Darstellung. Dabei bildet die Masse der Bekenntnis- und Geständnisliteratur ein Gedächtnisarchiv, das verwaltet und gesteuert werden muss. Die Einführung des Gedächtnisbegriffs an dieser Stelle weist darauf hin, dass die gespeicherten Informationen als der Verfügung derer entzogen betrachtet werden, die sie aufgeschrieben und niedergelegt haben, dass es sich um einen Datenbestand handelt, dem wechselnde Bedeutungen zu- und vorgeschrieben werden. Die hohe Temperatur der Herzensschrift, die Schneider noch in der frühchristlichen Bekenntnisliteratur wahrnimmt und die in der Folgezeit nur noch erkalten kann, erfährt eine medientheoretische Begründung: »*Heiß* nennen wir diese Kopien der testamentarischen Inskriptionen zum einen, weil sie im Sinne der Medientheorie McLuhans ein homogenes, detailreiches, alle Informationen intensiv, suggestiv abstrahlendes Medium speisten. Und zum anderen erreichten die Mitteilungen selbst solch hohe Temperaturwerte, weil sie unter der Regel uneingeschränkter, vorbehaltloser, erpreßter Wahrheit ergingen« (Schneider 1986, S. 10).

Die autobiographische Wahrheit, die im vorausgegangenen Kapitel den systematischen Bezugspunkt darstellte, erscheint im Blick des Diskursanalytikers als mit Mitteln der **Macht** installiertes und zu bestimmten Zwecken funktionalisiertes diskursives Konstrukt. Im Lauf der Jahrhunderte allerdings, so stellt Schneider

fest, wird die spirituelle Schrift des Paulus geschlossen und das
große anthropologische Buch der Psychologie und der Krimino-
logie aufgeschlagen. Das göttliche Wahrheitspostulat wird abgelöst
von der anthropologischen Forderung der Selbsterkenntnis, wie sie
etwa auch in Karl Philipp Moritz' *Magazin zur Erfahrungsseelenkunde* (1783–1793), das bezeichnenderweise das delphische *Gnothi sauton* (»Erkenne dich selbst«) im Titel führt, zum Ausdruck
kommt (vgl. Kap. III.4). Die autobiographische Bemühung um
Aufrichtigkeit erfolgt nun nicht länger um der Gottesgewissheit
willen, sondern entspricht der Forderung nach anthropologischer
Erkenntnissuche.

In jedem Fall erscheinen die autobiographischen Texte vom
16. bis zum 20. Jahrhundert in Schneiders Sicht als Kopien von
Vorschriften zur **Produktion von Innerlichkeit** oder von ›Herzens-
schriften‹, mittels derer die ›Politik des Geistes‹ gesichert wird. So
sind es die technischen Medien der Aufzeichnung, die zur Beför-
derung der Erkenn- und Regierbarkeit des Menschen eingesetzt
werden. Im 20. Jahrhundert indes verlässt der autobiographische
Text das symbolische Territorium der Wahrheit, die ebenso wie das
Subjekt in der Folge der freudschen Psychoanalyse ihren verbind-
lichen, referenziell zugänglichen Status verliert. Der Autobiograph
selbst erweist sich – und hier schließt Schneider an Foucaults kritische Revision des Autorbegriffs an (vgl. Foucault 1979) – als fiktive
kulturelle Einheit. An die Stelle des Subjekts und der Wahrheit
treten »die Intensitäten Schreiben und Schrift« (Schneider 1986,
S. 14), insofern als das Schreiben zum Ersatz für unerreichbare
Objekte wie Körper oder Erfahrung des schreibenden Subjekts
wird. Die Schrift avanciert zum privilegierten Lebensinhalt des
Autobiographen und bezieht sich in autoreferenziellen Schleifen
nurmehr auf sich selbst.

In welcher Weise Schneider den diskursanalytischen und den
dekonstruktivistischen Ansatz verbindet, wird deutlich, wenn er
den unendlichen Diskurs wie die Erzählerin Scheherazade aus *Tau-
sendundeinernacht* um den Aufschub kämpfen sieht, den Aufschub
in der Schrift, die ihm von Satz zu Satz, von Seite zu Seite, von
Kapitel zu Kapitel als »schwarze, geheimnisvolle Pantomime eines
Flehens um Ewigkeit« (ebd.) erscheint. D.h. die Schrift, das autobiographische Schreiben selbst, ist getragen von dem **Bewusstsein
der Unmöglichkeit von Präsenz**, und doch ist das Schriftzeichen
selbst die einzige Möglichkeit, den Gedanken von Gegenwart und
Ewigkeit überhaupt denkbar zu machen. Deutlich wird der politische Impuls, der hinter dem diskurskritischen Frageinteresse
steht. Schneider sieht in der autobiographischen Modellierung der

Gewissensinstanz wie in der Institution der Beichte Dispositive polizeilicher Kontrolle und Verwaltung, die dazu angetan sind, psychologische Innerlichkeiten zu erzeugen und zu homogenisieren sowie kulturelle Konformität herzustellen. Beichte, Bekenntnis und Geständnis stellen Sprechakte dar, die keine Wahrheit gewährleisten, sondern lediglich die abendländische Herzensschrift reproduzieren. Der absolute Text ist im Laufe der Jahrhunderte an die Position Gottes getreten. Wie dieser transzendent und immanent zugleich ist, so ist jener geschrieben und gleichzeitig auch nicht-geschrieben, Schrift und Nicht-Schrift in einem. Der absolute Text, der in Schneiders Konzept in eine quasi-metaphysische Position einrückt und als solcher unschreibbar ist, wie einst der transzendente Gott unnennbar war, gehört einem medialen Zwischenreich an, dessen Zugänglichkeit von einem religiösen, in jedem Fall rituellen Gesetz, dem Polizeigesetz, reguliert wird.

In jedem autobiographischen Akt des Bekennens erfährt das absolute Wissen seine Anerkennung. Im 18. Jahrhundert, mit Rousseau und später mit Goethe, wird aus der Herzensschrift der absolute Text der Individualität. »Was sich in den Subjekten ausschreibt, ist eine Schrift der Natur, der Subjektnatur« (ebd., S. 33). Freuds *Traumdeutung* (1900), die im Wesentlichen ein autobiographisches Register von eigenen Träumen des Verfassers sei, stellt Schneider als letztes Modell der unerreichbaren Wahrheit der Schrift vor, das indessen zugleich das Wahrheitsparadigma des autobiographischen Textes außer Kraft setze. Spätestens mit Walter Benjamin, der zum Lesen des Niegeschriebenen (Eingeweide, Sterne, Tänze etc.) aufforderte, werden die lebensgeschichtlichen Zeichen unlesbar und damit auch resistent gegenüber kriminalistischen und psychologischen Lektüren (vgl. Kap. III.6). Damit ist der Schrift das Privileg der Wahrheit entrissen.

Die **Expansion der Speichertechnologien** im 20. Jahrhundert in Gestalt von Tonarchiven, Fotodokumentationen, Fingerabdruckkarteien, Wochenschauen (die elektronischen Speichermedien erwähnt Schneider in diesem Zusammenhang nicht) führt zu einer neuen Form des historischen und kulturellen Gedächtnisses, die durch Unmöglichkeit und Unerkennbarkeit geprägt ist. In dem Maße, in dem sich Wahrheiten technisch organisieren, lösen sich die überkommenen philosophischen und literarischen Universalien des Menschlichen auf. Vor diesem Hintergrund plädiert Schneider dafür, das Gedächtnis der Moderne in einer Medien- und Zeichentheorie aufgehen zu lassen. So berufen sich auch die Autobiographen des 20. Jahrhunderts nicht mehr auf den Wissenswunsch der Anderen; in diesem Sinne ist die Autobiographie in gewisser Weise funktionslos geworden – Autobiographen und Autobiographinnen stoßen nurmehr an die unüberschreitbare Grenze der Sprache selbst. »Im Rauschen der Sprache vergeht das Schattenreich des Empirischen [...]«, formuliert Schneider (ebd., S. 44). Konsequenterweise gibt er dem autobiographischen Text selbst das Wort, und dieses ›Selbstporträt‹ fasst nochmals prägnant die bestimmenden Merkmale seines von Diskursanalyse und Dekonstruktion geprägten **medientheoretischen Autobiographieverständnisses** zusammen:

»Ich bin jener Sprechakt, und meine Geschichte ist die Ontogenese eines Sprechens, das mir vorausgeht; meine Bildungsgeschichte ist die Arbeit der Anerkennung, daß mich, den Sprechenden, eine absolute Spaltung durchläuft: Die wahre Rede, die mir immer abgefordert wird, in der Familie, in der Liebe, in der Schrift, ist das Nachplappern des verschleierten juristischen Codes unserer Gesellschaft. Nur ihn zu unterlaufen, eröffnet das Reich der Freiheit; es ist das Reich der sprachlichen Permutationen jener Zeichen, die die Erinnerung als das Vorspiel meiner Nachträglichkeit preisgibt.«« (Schneider 1986, S. 45)

Der autobiographische Text, heißt dies, kann sich nur auf andere autobiographische Texte beziehen. Es gibt kein Jenseits des Sprachlichen, und der einzige Referent der Autobiographie ist die Autorschaft des Autors.

Kritisch zu sehen ist die von Schneider vermittelte Vorstellung, die ›autobiographische Herzensschrift‹ sei einmal ›heißer‹ gewesen als dies heute im abgekühlten Zeitalter der Medien der Fall ist. Schneider zeigt selbst, dass auch die einstmals verbindliche Wahrheitsverpflichtung des autobiographischen Schreibens nichts anderes als ein diskursiver Effekt ist. Indessen mag es richtig sein, dass das autobiographische Schreiben bis in das 19. Jahrhundert hinein seinen Impuls von dem *Glauben* an die Möglichkeit autobiographischer Wahrheitsfindung bezog, während sich in der Gegenwart eine grundlegende autobiographische Skepsis Raum geschaffen hat. Damit aber wird mit dem kaum zu objektivierenden Bewusstsein der Autoren und Autorinnen argumentiert und eine einsinnig verlaufende Entwicklung konstruiert, ohne der Varianz und dem immer noch verbreiteten Glauben an die Verbindlichkeit des Autobiographischen Rechnung zu tragen. Dessen ungeachtet gelingt es Schneider, die methodischen Neuansätze, die von der Diskursanalyse, der Medientheorie und der Dekonstruktion ausgehen, für die moderne Autobiographietheorie fruchtbar zu machen.

Auf der Grundlage der in *Die erkaltete Herzensschrift* vertretenen Thesen profiliert Schneider in einem Aufsatz von 1993 die **kulturelle Normierungsmacht des autobiographischen Textes**. Er legt dar, wie die abendländische Kultur ihre Leitwerte wie beispielsweise ›Subjektivität‹ oder ›Bewusstsein‹ an die Fähigkeit knüpfte, möglichst lückenlose autobiographische Texte zu produzieren. Entgegen der idealistischen Lesart, die in der wachsenden Zahl literarischer Autobiographien in der Renaissance sowie in der Blüte des autobiographischen Genres im 18. Jahrhundert die Autonomieansprüche des Subjekts erkennen wollte, verweist Schneider auf die auffallende Konformität der autobiographischen Textzeugnisse dieser Zeit und ihre diskursive Eingebundenheit in normgebende Archive. Der historische Vorgang der individuellen Bewusstwerdung ist in dieser Perspektive »durch Texte prozessiert worden, die das Individuelle als Norm formulierten« (Schneider 1993, S. 251). Während im 18. Jahrhundert etwa der Wahnsinn als das aus der kulturellen Norm Ausgegrenzte in affektiven Handlungen und Gemütszuständen gesehen wurde, konzipiert ihn das 19. Jahrhundert, das auch die Geschichte der Völker und der Menschheit insgesamt nach dem Schema der subjektiven Lebensgeschichte denkt, als Bewusstseinsstörung qua Gedächtnisausfall. Dies bedeutet, dass geistige Gesundheit und moralische Integrität an die Fähigkeit geknüpft wurden, über die eigene Lebensgeschichte Rechenschaft ablegen zu können. Daher erhält das autobiographische Schreiben sowohl in der psychoanalytischen Therapie wie auch in den (Selbst-)Disziplinierungspraktiken der Gefängnisse eine zentrale Funktion. Steht freilich im 18. Jahrhundert die Rechtfertigung des autobiographischen Ichs vor dem göttlichen Gericht im Vordergrund, ist es im 19. Jahrhundert die natürliche Seelenentwicklung, die zum leitenden Motiv des autobiographischen Prozesses wird.

Der Code des autobiographischen Schreibens ist im 19. Jahrhundert nach Schneider ein familialer: Noch in der Psychoanalyse soll der Patient seine Autobiographie als Bekenntnis über die Beziehungen zu seinen Eltern und Geschwistern darlegen. ›Identität‹ ist der Leitwert der autobiographischen Schrift im 20. Jahrhundert, der jedoch von Schneider ebenfalls als zeitgebundenes und daher geschichtlich zu überholendes Konstrukt gekennzeichnet wird. Dies verdeutlicht **das zunehmende Sprachbewusstsein**, das den autobiographischen Text des 20. Jahrhunderts auszeichnet. Es verweist auf die uranfängliche Schrift- und d.h. Medienverhaftetheit des autobiographischen Bewusstseins, in dem Dilthey noch den Gedächtnisort der geistgeleiteten Kultur sah. An die Stelle des autobiographischen Gedächtnisses sind, so Schneider, im 20. Jahrhundert die modernen Medien getreten. Dies wird gerade im autobiographischen Text reflektiert, der als **neue Träger der Erinnerung** Grammofon, Fotografie und Film herausstellt. Obwohl

der autobiographische Text für das Gedächtnis der Kultur seine
Bedeutung verloren hat, bleibt er weiter Normierungsmacht.

Die Schriftverfasstheit des Autobiographischen wurde auch
von Eva Meyer aufgegriffen, die in der Nachfolge französischer
Feministinnen der siebziger Jahre – zu denken ist insbesondere an
Hélène Cixous – versucht, Theorie und Literatur zu verbinden. In
einem an der Materialität des Signifikanten orientierten Schreibstil
werden theoretische Positionen, die eben die Materialität und die
Nichtidentität des Buchstabens vortragen, in textuelle Performa-
tivität überführt. In ihrem 1989 erschienenen Buch *Autobiographie
der Schrift* arbeitet Eva Meyer vor allem die **Selbstreferenz des
autobiographischen Schreibens** heraus, die darin besteht, dass
autobiographische Texte nicht so sehr auf die Einmaligkeit gelebten Lebens als auf die Vorgängigkeit anderer autobiographischer
Texte referieren. Zu einem Zentralbegriff ihres Ansatzes avanciert
der Begriff der ›Wiederholung‹: Das Erlebnis wird in der autobiographischen Aufzeichnung nicht wiederholt, sondern in seiner
Einmaligkeit erst hervorgebracht. Allerdings liegt der »Gegensinn
dieser Zeichen« (Meyer 1989, S. 64) eben darin, dass sie nicht nur
die Einmaligkeit des Erlebnisses bezeichnen, sondern – qua Schrift
– immer schon dessen Wiederholbarkeit, die seine Einmaligkeit
der Zerstreuung überantwortet. Meyer formuliert:

»Immer ist es *Wiederholung*, wenn sich eine alte Dame ihr Leben *wie-
dererzählt* und darin *überträgt*, was in dem einen Leben nicht aufgeho-
ben werden kann. Und das ist das *Erlesene*, genauer: die Bedingung der
Möglichkeit einer Beschreibung, die sich auf die eigenen Mittel der Beschreibung bezieht und in dieser *Selbstrückbezüglichkeit* eine mindestens
doppelte Verfaßtheit in Szene setzt. Angesprochen ist damit nicht das Genre
›Autobiographie‹ als solches, sondern die Grenzen jedes Genres, das kein
wohldefinierter und festumrissener Gegenstand mehr sein kann, wenn in
seiner Beschreibung sich die Abhängigkeit vom Erlesenen überträgt und
in dieser Übertragung hervorbringt, was die Wiederholung erstmals zum
Zuge kommen läßt: den *Raum* des Gelebten, der den Beschreiber als die
Technik seiner Beschreibung ergreift und in dem Maße ein neues Leben
gewinnt, wie *diese Technik* die Autobiographie der Schrift in Gang setzt.«
(Meyer 1989, S. 9f.)

Autobiographie ist in dieser Sicht keine definierte Gattung der Lebensdarstellung mehr, sondern ein Problem der Schrift (›graphie‹),
deren Selbstrückbezüglichkeit (›auto‹) ein Eigenleben (›bios‹) hervorbringt.

Ebenfalls im Licht der Theorie Jacques Derridas, doch eher
von einem philosophischen Standpunkt ausgehend hat Robert
Smith seine dekonstruktivistische Studie *Derrida and autobiography*

(1995) verfasst. Dabei spielen diejenigen Schriften Derridas, die sich selbst – immer unter dem repräsentationskritischen Vorbehalt der Dekonstruktion als ›autobiographisch‹ verstehen oder das Autobiographische thematisieren, naturgemäß eine zentrale Rolle. Zu nennen sind in erster Linie der bereits erwähnte Text »Nietzsches Otobiographie« (1980), *Mèmoires d'aveugle: l'autoportrait et autres ruines* von 1990 und *Circonfession* (zus. m. Geoffrey Bennington) aus dem Jahr 1991. Der Theoriestatus von Derridas Positionen zur Autobiographie unterscheidet sich von den in den vorausgegangenen Kapiteln vorgestellten Autobiographietheorien, insofern als sie keine lehrsatzartigen Festschreibungen vornehmen, d.h. Derridas Aussagen über die Autobiographie und das Autobiographische lassen sich nur bedingt aus ihrem argumentativen Kontext lösen, vielmehr sind sie ›Ereignis‹ in dem Sinne, dass sie selbst jenen Bedeutungseffekt darstellen, den sie behaupten. Derridas autobiographische Äußerungen sind demnach nicht als Beschreibungen gelebten Lebens zu verstehen, sondern als Artikulationen eines Bedeutungseffekts, indem sie sich zwar der Fixierung entziehen, gleichwohl aber **ein autobiographisches ›Anderes‹** vernehmbar werden lassen. Smiths Monographie bietet in der Querlektüre der derridaschen Schriften eine sehr viel ausgeprägtere dekonstruktive Systematik der Autobiographie als diese den Texten Derridas selbst zu entnehmen wäre. Autobiographie im Sinne Derridas sei nicht so sehr ein Akt subjektiver Selbstoffenbarung als vielmehr Beziehung zu einem Anderen, nicht so sehr eine allgemeine Bewusstseinseinstellung denn Bedingung des Schreibens – in jedem Fall aber Außerkraftsetzung jeglicher subjektzentrierter, sich im Spannungsfeld der Polaritäten ›Leben‹ und ›Tod‹ begreifenden Endlichkeit. Smith identifiziert das Autobiographische als eine Art Rest, der sich gleich dem freudschen Unheimlichen immer wieder Geltung verschafft, einfach ›da‹ ist, ohne sich dingfest machen zu lassen.

Vor dem Hintergrund der Hegel'schen Philosophie reflektiert Smith das Problem der Autobiographie im Spannungsfeld von ›Zufall‹ und ›Notwendigkeit‹, wobei das Autobiographische mit dem Moment des Zufalls verschwistert ist. Das Moment größtmöglicher Kontingenz ist der Tod, der denn auch in Derridas eigener autobiographischer Reflexion eine wichtige Rolle spielt, insofern als er das Leben vom Standpunkt des Todes aus betrachtet, d.h. vom Standpunkt seines Gewesenseins aus. Smith führt vor, wie im Licht der Dekonstruktion alle drei systematischen Bestandteile des Autobiographie-Begriffs über einen sich nurmehr auf sich selbst öffnenden, Schwindel erregenden **Abgrund der Repräsentation** gebaut sind: Das ›auto‹ des Selbstbezugs ist an die Vermittlung des

Personalpronomens gebunden, das freilich in erster Linie auf seine eigene Positionierung in der Kette der Signifikanten verweist. Das ›bios‹ bestimmt sich nicht durch den Gegenbegriff des Todes, sondern zeigt eine zufallsbedingte Todes-Relation an, und die ›graphie‹, die Markierung der Schrift, trägt in Derridas grammatologischem Konzept ohnedem die Spur der zerstreuenden ›différance‹.

Paul de Man dekonstruiert die Autobiographie mit rhetorischen Argumenten. Sein 1979 erschienener Aufsatz »Autobiography as De-facement« wendet sich vehement gegen die Betrachtung der Autobiographie als Gattung. Impliziert der Gattungsbegriff immer eine ästhetische und eine historische Funktion, so erweist sich im Falle der Autobiographie der mögliche Zusammenfall von Historizität und ästhetischer Form als Problem, denn die Autobiographie scheint nach de Man keineswegs auf die Prosaform beschränkt. Nichts spricht dagegen, so de Man, auch eine Autobiographie in Versform zuzulassen – er führt Wordsworths *The Prelude* als Beispiel an –; im Grunde genommen stelle jeder Einzelfall eine Ausnahme von der Regel dar, d.h. er konstituiert sein eigenes Paradigma.

De Man knüpft weiter an das in der Autobiographieforschung vieldiskutierte **Problem der autobiographischen Fiktionalität** an, deren wissenschaftliche Erörterung ihm gleichfalls weitgehend, wenngleich nicht ganz so pauschal wie die Gattungsdiskussion wenig ergiebig erscheint. Die besondere Referenzialität der autobiographischen Fiktion werde primär durch die Lesbarkeit des auktorialen Eigennamens hergestellt. Allerdings stellt de Man die Frage, ob die Autobiographie tatsächlich ebenso sehr von der Referenz abhänge wie etwa eine Fotografie von ihrem Objekt. Entgegen der landläufigen Annahme, dass das Leben die Autobiographie hervorbringe wie eine Handlung ihre Folgen, gibt de Man zu bedenken, dass es immerhin auch andersherum sein könnte, dass nämlich das autobiographische Vorhaben seinerseits das Leben bestimmen kann und die Handlungen eines Autobiographen von den technischen Anforderungen der Lebensbeschreibung, d.h. von den Möglichkeiten des Mediums, beherrscht werden. Die für de Man entscheidende Frage ist, ob die Redefigur vom Referenzobjekt bestimmt wird oder umgekehrt: »[...] is the illusion of reference not a correlation of the structure of the figure, that is to say no longer clearly and simply a referent at all but something more akin to a fiction which then, however, in its own turn, acquires a degree of referential productivity?« (de Man 1979, S. 920f.). Die autobiographische Geste wird also – im Sinne der Rhetorik – als eine **Redefigur** betrachtet, die ihren Referenten fiktional entwirft. Und dieser fiktionale Referent ist durchaus in der Lage, referenzielle Produktivität zu entfalten, d.h. außertextuell wirksam werden zu können. Fiktion und Autobiographie stellen so gesehen keine alternativen Optionen dar, sondern sind überhaupt nicht voneinander zu trennen.

Die Redefigur Autobiographie erscheint auf der anderen Seite als eine **Lese- oder Verstehensfigur**, die gewissermaßen in allen Texten auftritt, zumindest aber in solchen, die durch einen Autornamen ausgezeichnet sind. In eben dem Maße aber, in dem gesagt werden kann, jeder Text sei autobiographisch, kann auch behauptet werden, keiner sei es. Die Betrachtung der Autobiographie als Rede- oder Lesefigur nimmt in ihr eine tropologische, d.h. durch die Ersetzung eines Gemeinten durch ein Gesagtes bestimmte Struktur wahr, deren Substitutionscharakter Abgeschlossenheit und Totalität und damit auch jede Funktion der Selbsterkenntnis verunmöglicht. De Man übt Kritik an Philippe Lejeune und dessen Konzeption des autobiographischen Paktes, der auf der Übereinstimmung des auf dem Buch vermerkten Autornamens mit demjenigen des Protagonisten gründet (s.o.): Diese Übereinkunft zwischen Autor und Leser werde von Lejeune als Sprechakt und nicht als Tropus aufgefaßt, d.h. Lejeune setze den Leser als eine Richterinstanz ein, die über die Authentizität der Namensunterschrift entscheide. Lejeune erkenne nicht, dass es keine Möglichkeit gibt, den spiegelhaften Fesseln des Tropus zu entkommen.

Am Beispiel der *Essays on Epitaphs* von William Wordsworth, die er als Diskurs der Selbstheilung liest, beschreibt de Man die rhetorische Figur der **Prosopopoia** (prosopon poien ›eine Maske oder ein Gesicht [prosopon] geben‹) als Trope der Autobiographie. So wie in Wordsworths Text dem toten Stein des Epitaphs, der im autobiographischen Sinne für den Text selbst steht, dadurch dass ihm ein Name eingraviert ist, eine Stimme verliehen wird, so dass die im selben Text erwähnte Sonne als den Text selbst lesendes Auge der Erkenntnis erscheinen kann, ebenso erhält nach de Man in der Autobiographie der Name des Autors ein Gesicht, das den Text versteh- und erinnerbar macht. Indessen verweist de Man auf die kritische Auseinandersetzung in Wordsworths Text mit eben der Figur der Prosopopoia, die ihn selbst konstituiert. Dieser innere Widerspruch des Textes ist für de Man konstitutiv, beschreibt er doch das für sein dekonstruktives Textverständnis kennzeichnende Wechselspiel von **Figuration und Defiguration**. Besteht das figurative Moment in der tropischen Sichtbarmachung des Unsichtbaren, liegt die Bewegung der Defiguration eben darin, dass jeder Tropus, in den Worten Wordsworths »silent as a picture« ist. Daraus folgert de Man:

»To the extent that language is figure (or metaphor, or prosopopeia) it is indeed not the thing itself but the representation, the picture of the thing and, as such, it is silent, mute as pictures are mute. Language, as trope, is always privative. [...] As soon as we understand the rhetorical function of prosopopeia as positing voice or face by means of language, we [...] understand that what we are deprived of is not life but the shape and the sense of a world accessible only in the privative way of understanding, Death is a displaced name for a linguistic predicament, and the restoration of mortality by autobiography (the prosopopeia of the voice and the name) deprives and disfigures to the precise extent that it restores. Autobiography veils a defacement of the mind of which it is itself the cause.« (de Man 1979, S. 930).

De Man verlegt also das Problem der Autobiographie mitten in die rhetorische Struktur der Sprache selbst hinein. Sein Ansatz erlaubt es, in der **Rhetorizität der Sprache** gleichzeitig Möglichkeit und Unmöglichkeit autobiographischer Selbstrepräsentation zu denken, indem die fundamentalen Bezugsgrößen des Biographischen, Leben und Tod, repräsentationstheoretisch reformuliert werden als rhetorische Referenz(illusion) wie als eben diese kritisch revidierende Geste der Privation (vgl. auch Jay 1982).

7. Autobiographie, Anthropologie und kulturelle Differenz

Das Stichwort ›Anthropologie‹ in der Überschrift dieses Abschnitts erscheint in mehrfacher Absicht. Zum einen erinnert es daran, dass in der Autobiographiediskussion immer wieder **anthropologische Argumente** verwendet werden, Argumente also, in denen die autobiographische Tätigkeit an vermeintlich im Wesen des Menschen gründende und damit transhistorisch gegebene Merkmale und Eigenschaften geknüpft wird. So spricht beispielsweise Georg Misch von der »Freude« des Menschen »am Ausdruck des eigenen Ichs« (Misch 1949, S. 12), und Georges Gusdorf sieht gar ein ›anthropologisches Privileg‹ der Autobiographie als literarische Gattung (vgl. Gusdorf in: Niggl 1998, S. 133), das darin bestehe, dem Menschen, indem sie sein Leben in seiner Gesamtheit rekonstruiere und entziffere, ein Mittel der Selbsterkenntnis an die Hand zu geben. Die Autobiographie verbindet sich für ihn mit dem westlichen Individualismus. Es sieht nicht so aus, schreibt er, »als sei die Autobiographie jemals außerhalb unseres Kulturkreises aufgetreten; man könnte behaupten, daß sie ein spezielles Anliegen des abendländischen Menschen ausdrückt – ein Anliegen, das er auf seiner systematischen Eroberung der Welt mitgenommen und das er Menschen anderer Kulturen übermittelt haben kann; aber diese Menschen wurden damit auch durch eine Art geistiger Kolonisation an eine Mentalität angeschlossen, die nicht ihre eigene war« (S. 122). Autobiographie erscheint als das Produkt »einer bestimmten Kulturstufe«, während »für primitive Gesellschaften, wie sie uns die Ethnologen schildern«, ein »Nichtwissen um die Persönlichkeit« charakteristisch sei (S. 123). Für Gusdorf ist sogar die literarische Funktion gegenüber der anthropologischen Bedeutung zweitrangig (vgl. S. 141).

Anthropologische Aussagen dieser Art dienen ihren Urhebern als Verstehenshilfen, mittels derer gewonnenes Wissen, im vorliegenden Zusammenhang über die Autobiographie, an seinen lebensweltlich oder epistemologisch begründeten Ort gestellt wird, ohne dass es ihnen darum geht, umfassende Konzepte über das Wesen des Menschen zu entwickeln, wie dies etwa in der Tradition der philosophischen Anthropologie der Fall ist. Gegenstand kritischer Aufmerksamkeit sollten Aussagen und Bemerkungen der genannten Art gleichwohl sein, da sie erkenntnissystematische Grundannahmen transportieren, die oft unreflektiert in die Textanalyse eingehen.

Von ›Anthropologie‹ kann aber auch in einem zweiten, weiteren Sinn gesprochen werden, insofern naturwissenschaftliche bzw. psychologische Untersuchungen dazu beitragen, Erkenntnisse über den Menschen zu gewinnen, wenngleich hier weniger anthropologisch, d.h. auf das ›Wesen‹ des Menschen bezogen argumentiert wird, als vielmehr physiologische oder psychologische Prozesse im Mittelpunkt der Aufmerksamkeit stehen. Auch in diesem weiteren naturwissenschaftlichen Verständnis wird das Stichwort ›Anthropologie‹ an dieser Stelle aufgenommen, um über einen Forschungsbereich zu informieren, der in einer systematischen Nähe zur literarischen Autobiographik steht: die **Erforschung des autobiographischen Gedächtnisses**. Zweifelsohne lassen sich zwischen den empirischen Forschungen der Gedächtnispsychologen und autobiographischen Texten gemeinsame Strukturen und Mechanismen feststellen; dies bedeutet selbstverständlich nicht, dass die literarische Autobiographie mit der Funktionsweise des autobiographischen Gedächtnisses zu erfassen wäre. Doch vermag die Kenntnis psychologischer Regelmäßigkeiten in der Funktionsweise des menschlichen Gedächtnisses zumindest dazu beizutragen, Grundmuster literarischer Gedächtnisarbeit erkennbar werden zu lassen. Nicht ohne Grund hat die Literaturwissenschaft, wie bereits vermerkt (vgl. Kap. I.3.1), in den letzten Jahren der Gedächtnisproblematik verstärkt ihre Aufmerksamkeit geschenkt, wenngleich

›Gedächtnis‹ dabei notwendigerweise als kulturelle, rhetorische und literarische Praxis gefasst wurde. Strukturelle Gemeinsamkeiten zwischen dem von psychologisch-naturwissenschaftlicher Seite festgestellten Funktionieren des Gedächtnisses und literarischer Gedächtnisarbeit lassen sich jedoch feststellen.

Drittens weist der Terminus ›Anthropologie‹ auf ein Methodenverständnis, dem es nicht mehr wie dem traditionellen disziplinären Verständnis der Anthropologie darum zu tun ist, Grundeigenschaften der menschlichen Natur zu beschreiben. Dieses **neue Anthropologieverständnis** kommt aus der kritischen Ethnologie, der es zum Anliegen geworden ist, fremde Kulturen nicht unreflektiert aus der Sicht der eigenen, implizit als überlegen begriffenen Kultur zu beschreiben, sondern die Relativität des eigenen Betrachterstandpunkts in den Analyseprozess konstitutiv mit einzubeziehen. Bemerkenswerterweise erfahren dabei literarische Darstellungstechniken eine neue wissenschaftsstrategische Bedeutung, da ihnen zugestanden wird, den ›fremden‹ Gegenstand weniger vereinnahmend zu behandeln als eine der binären Logik folgende konventionelle Wissenschaftssprache. Auf der Grundlage eines kulturellen Differenzbewusstseins sind eine Reihe von Beiträgen zur Autobiographie entstanden, die im Folgenden hinsichtlich ihres systematischen Stellenwerts zu befragen sind. Ein Fall von **kultureller Differenz** ist schließlich auch die in den vergangenen Jahren vielfach und aus unterschiedlichen methodischen Blickrichtungen diskutierte Differenz der Geschlechter, die gleichfalls für die Autobiographieforschung nicht ohne Folgen geblieben ist, sind doch eine Reihe von Arbeiten erschienen, deren spezielles Interesse der Autobiographik von Frauen gilt.

›Anthropologie‹ bündelt in diesem Kapitel also eine Reihe von Betrachtungsperspektiven, deren Frageinteresse nicht oder nicht primär dem literarischen autobiographischen Text gilt (dies unterscheidet etwa auch die hier vorgestellten psychologischen Forschungsergebnisse von den in Kap. II.3 beschriebenen psychologischen Verstehenskonzepten der Autobiographie), die vielmehr außerliterarische Sachverhalte beschreiben bzw. die **autobiographische Praxis in ein umfassendes Feld menschlicher kultureller Aktivität eingebettet** sehen. Wenn die zunächst außerliterarisch konzipierten Untersuchungsgegenstände wie das autobiographische Gedächtnis, das Verhältnis der Kulturen oder dasjenige der Geschlechter allerdings den Gedanken an literarische Verfahrensweisen nahe legen, zeigt dies umso deutlicher und einmal mehr die prekäre Zwischenstellung der Autobiographie zwischen Fiktion und Referenz: Kann sie als Literatur ihre referenzielle Wirklichkeit nur sprachlich konstruieren, stellt sie als anthropologische Tätigkeit des Menschen betrachtet ein Medium fiktionaler und d.h. literarischer Selbstverständigung oder – je nach dem – auch der Selbstdekonstruktion dar. Die anthropologische Valenz der Autobiographie besteht im Nachvollzug dieses konstitutiven Wechselblicks, der die ›Realität‹ des autobiographischen Textes an die unhintergehbare Fiktionalität des sog. ›Lebens‹ bindet.

7.1 Das autobiographische Gedächtnis

Im Rahmen der allgemeinen Gedächtnisforschung haben sich Psychologinnen und Psychologen auch der Erforschung des autobiographischen Gedächtnisses gewidmet. David C. Rubin hält grundsätzlich fest, dass das autobiographische Gedächtnis gegenwärtig nicht mehr sei als »a topic of study, a book title, a set of phenomena, and not a clearly defined part of a system of memory« (Rubin 1986, S. 8). William F. Brewer definiert es als Gedächtnis für Informationen, die das Selbst betreffen (vgl. Brewer 1986, S. 26). In methodischer Hinsicht wird seit den ersten Untersuchungen zum autobiographischen Gedächtnis durch Francis Galton in der zweiten Hälfte des 19. Jahrhunderts zumeist empirisch vorgegangen, d.h. Versuchspersonen werden nach den Erinnerungen befragt, die sie an zurückliegende Ereignisse aus unterschiedlichen Phasen ihres Lebens haben. Häufiger auch befragen sich die Wissenschaftler/innen selbst. Die Schwierigkeit, objektivierbare Ergebnisse zu erhalten, liegt auf der Hand. Ein besonderes methodisches Problem ergibt sich aus der Tatsache, dass die Untersuchung des persönlichen Gedächtnisses ein weites Spektrum individueller Unterschiede zutage fördert.

Eine wichtige Erkenntnis der Gedächtnisforschung besteht etwa darin, dass der Verlauf der Zeit für das autobiographische Gedächtnis viel weniger strukturgebend ist als gemeinhin angenommen. Wann sich etwas ereignet hat, wird viel eher vergessen als das Ereignis selbst; auch sind es häufig andere Ereignisse, an die sich bestimmte Erinnerungen knüpfen, beispielsweise werden öffentliche Ereignisse wie die Ermordung John F. Kennedys oder die erste Mondlandung häufig zu Fixpunkten persönlicher lebensgeschichtlicher Erinnerungen. Ein Ereignis hat umso eher die Chance, im Gedächtnis festgehalten zu werden, wenn es einzigartig ist, wenn es für das Individuum mit gewissen Folgen verbunden ist, wenn es unerwartet auftritt oder aber mit einer besonderen **Emotionalität** verbunden ist.

Beobachtet wurde ferner eine starke **Visualität** des persönlichen Gedächtnisses, d.h. autobiographische Erinnerungen bedienen sich einer ausgeprägten Bildlichkeit. Die Gedächtnisforschung unterscheidet zwischen **episodischen und generischen Erinnerungen**. Episodische Erinnerungen beziehen sich auf singuläre Ereignisse, während generische Erinnerungen Dinge und Vorgänge aufbewahren, die sich immer wieder in ähnlicher Weise ereignet haben und als solche erinnert werden. In diesem Fall wird kein einzelnes Erlebnis erinnert, sondern das, was ›immer so war‹; beispielsweise kann sich eine Tochter an die wiederkehrenden Einkaufsnachmittage mit ihrer Mutter erinnern, ohne damit einen bestimmten Einkaufsbummel zu meinen. Sie erinnert sich dann vielleicht an ritualisierte Vorgänge im Zusammenhang der Einkäufe, möglicherweise an ein regelmäßig besuchtes Geschäft oder aber an die wiederholt auftretenden Meinungsverschiedenheiten bei der Auswahl des zu Kaufenden.

Kinder, dies hat Katherine Nelson gezeigt, verfügen zunächst nur über das generische Gedächtnis; und auch da, wo sie über vereinzelte episodische Erinnerungen verfügen, kann man bei ihnen noch nicht von einem autobiographischen Gedächtnis sprechen. Dieses entwickelt sich erst allmählich während der ersten Lebensjahre. Das wird auch am Beispiel der sog. **Kindheitsamnesie** deutlich, der Tatsache, dass Menschen üblicherweise nur Erinnerungen an die Zeit nach Vollendung ihres dritten Lebensjahrs haben (vgl. Nelson, 1993, S. 8f.; Nelson, 2003, S. 246). Die Organisation des kindlichen Gedächtnisses gibt Aufschluss über das Gedächtnis des erwachsenen Menschen, das John Kotre modellhaft als eine Pyramide vorstellt: An der Spitze steht das Selbst des Menschen, an der Basis die tatsächlichen Geschehnisse, Einzelereignisse, die als solche auch erinnert werden, auf einer höheren Stufe der Hierarchie sind die allgemeinen, die generischen Erinnerungen angesiedelt. Kotre führt aus:

»Daß man in der Gedächtnishierarchie weiter nach oben kommt, merkt man daran, daß die allgemeinen Erinnerungen thematischer werden. Sie decken längere Zeiträume ab, Perioden, die die Psychologen als »Ausweitungen« bezeichnen. In ihnen sind mehr Aktivitäten zusammengefaßt, es wird mehr interpretiert, das Selbst-Bild beginnt sich darin zu spiegeln. Jetzt heißt es nicht mehr »In der Regel haben wir Himmel und Hölle gespielt« sondern »Ich kam immer als letzter an die Reihe«. Nicht »Mein Vater nahm mich meist zu seinen Spielen mit«, sondern »Ich habe immer alles mit meinem Vater gemacht«. Über unsere Zeit an der Oberstufe sagen wir vielleicht »Ich war ein miserabler Schüler« oder »Meine besten Freunde sind diejenigen, die ich aus dieser Zeit habe«. Allgemeingültige Erinnerungen nahe der Spitze der Hierarchie können das ganze Leben umfassen. Sie vermitteln die Bedeutung, die einzelnen Ereignisse jedoch, welche diese Bedeutung hervorbringen, fehlen in ihnen.« (Kotre 1996, S. 112)

Aus dem Zitat wird deutlich, dass sich das autobiographische Gedächtnis im Laufe des Lebens immer wieder neu organisiert. Das Hinzukommen neuer Ereignisse verändert die Erinnerung an weiter zurückliegende Vorgänge. Dabei ist zu beobachten, dass generische Erinnerungen die Einzelheiten konkreter erinnerter Ereignisse verändern. Je häufiger sich ein Ereignis wiederholt, desto mehr verblasst der individuelle Vorgang. Die Gedächtnisforschung hat zutage gefördert, dass Menschen, die sich erinnern, von generischen zu episodischen Erinnerungen und umgekehrt springen, so dass es zu wechselseitigen Überschreibungen kommt. Gegenüber dem hierarchischen Modell ist daher eine multimodale Vorstellung der Gedächtnisentwicklung vorgeschlagen worden (vgl. Welzer, 2003, S. 184), die der Wechselwirkung der Gedächtnisfunktionen Rechnung zu tragen versucht. So muss etwa auch die Integration dessen, was als ›Weltwissen‹ bezeichnet werden kann, berücksichtigt werden.

War die Erforschung des autobiographischen Gedächtnisses traditionellerweise genauso wie die anfänglichen Untersuchungen zur literarischen Autobiographie an der Frage orientiert, ob das autobiographische Gedächtnis akkurat sei oder nicht, kamen im Lauf der Zeit Relativierungen dieses Frageinteresses zum Tragen. So wurde zu bedenken gegeben, dass es genauso wichtig sei, die **Gebrauchsweisen des autobiographischen Gedächtnisses** und sein Funktionieren im Alltag zu erforschen. »[...] plain observation will confirm that people regularly use memories of personal experiences to plan, solve problems, instruct and guide others, and justify and explain their actions to themselves and others« (Robinson 1986, S. 23). Die meisten autobiographischen Erinnerungen seien zwar wahr, aber ungenau, schreibt Barclay (vgl. Barclay 1986, S. 97). Das Bewusstsein erinnernden Wiedererkennens, das Gefühl der Vertrautheit mit dem, was erinnert wird, hängt zusammen mit der Einschätzung seiner Wahrheit, seiner Wahrscheinlichkeit oder zumindest mit der Vorstellung dessen, was geschehen sein müsste. D.h. autobiographische Ereignisse werden, indem sie erinnert werden, immer schon interpretiert, denn schließlich ist die Hauptfunktion des autobiographischen Gedächtnisses – Kotre spricht von dessen ›eigentlichem Interesse‹ –, das Selbst mit Sinn zu versorgen (vgl. Kotre 1996, S. 110).

Dieser Sinngebung wird vorgearbeitet durch sog. ›**Skripts**‹ oder ›Schemata‹, die im Prozess der Erinnerung aufgerufen werden; in ihnen macht sich das Selbst immer schon ein Bild von sich selbst, das es ermöglicht, eine Beziehung zu den Erinnerungen herzustellen, die Erinnerungen gewissermaßen als Erinnerungen anzuerkennen. Erinnerungen müssen kompatibel mit dem Selbstbild des oder der sich Erinnernden sein (vgl. Barclay 1986, S. 88). Hinzuzufügen wäre, dass jedes Erlebnis bereits durch solche ›Skripts‹ der Selbstwahrnehmung geformt ist. In der Gedächtnisforschung haben sich also genauso wie in der literaturwissenschaftlichen Forschung zur Autobiographie die Theorien, die autobiographische Erinnerungen als Rekonstruktionen beschreiben, gegenüber denjenigen durchgesetzt, für die Erinnerungen Abbilder des Gewesenen sind.

Bemerkenswerterweise macht die empirische Gedächtnisforschung auf die **Sprachlichkeit des autobiographischen Gedächtnisses** aufmerksam und rückt damit einmal mehr das psychologische Moment des autobiographischen Bewusstseins an die Seite der literarischen Autobiographie. Ausgehend von dem Befund, dass Kinder das autobiographische Gedächtnis erst erwerben müssen, haben Untersuchungen gezeigt, dass Kinder im Gespräch mit Erwachsenen lernen, über ihre Erinnerung zu sprechen und ihnen eine narrative Form zu verleihen. Kinder brauchen gewissermaßen die sprachlichen Erlebnisrepräsentationen anderer, um ihre eigenen Erfahrungen sprachlich erfassen und verarbeiten zu können. D.h. sie müssen ihre frühen Gedächtnisfunktionen mit denjenigen ins Verhältnis setzen, die sie bei Erwachsenen wahrnehmen. Auf diese Weise verinnerlichen sie die Wertsetzungen der Erwachsenen im Hinblick darauf, welche Erinnerungen als wichtig, welche als weniger wichtig erachtet werden, sowie deren sprachlich-narrative Schemata für das Erinnern. Aus diesem Befund lässt sich eine **soziale Funktion des autobiographischen Gedächtnisses** ableiten Menschen müssen ihre Erinnerungen mit anderen teilen; dies wird ihnen durch die Sprache ermöglicht. Und sobald ein Kind begonnen hat, seine Erinnerungen mit anderen zu teilen, partizipiert es auch in anderen Bereichen am kulturellen Wissen, das die menschliche Gemeinschaft erst begründet.

Der Hinweis auf die Sprachlichkeit des autobiographischen Gedächtnisses bedeutet selbstverständlich nicht, dass ohne sie zu artikulieren Erinnerung nicht möglich sei. Sobald das autobiographische Gedächtnissystem angelegt, und d.h. als sprachliches begründet ist, funktioniert es, unabhängig ob aktuell über Erinnerungen gesprochen wird oder nicht (vgl. Nelson 1993). Es gibt also Gründe, die **narrative Funktion des autobiographischen Gedächtnisses** zu unterstreichen. Kotres populärwissenschaftliche und von subjektiv-emphatischer Stilisierung getragene Darstel lung des autobiographischen Gedächtnisses vergleicht das Ego, das ohnedem dazu neige, sich in der Welt seiner Erinnerungen für bedeutsamer zu halten als es tatsächlich gewesen sei, mit einem Geschichtenerzähler. Wie der literarische Autobiograph erschafft das sich erinnernde Selbst ein erinnertes Selbst, und die Arbeit des autobiographischen Gedächtnissystems ziele darauf ab, »den Hauptdarsteller in unserer Geschichte zu etablieren« (Kotre 1996, S. 150; vgl. auch Robinson 1986, S. 19). Dies lässt an Robert Musils Diktum aus dem *Mann ohne Eigenschaften* denken, demzufolge die meisten Menschen im Grundverhältnis zu sich selbst Erzähler seien (vgl. Musil 1978, S. 650).

Wenngleich es also signifikante strukturelle Übereinstimmungen zwischen der Funktionsweise des autobiographischen Gedächtnisses und der literarischen Phänomenologie der Autobiographie gibt (Sprachlichkeit, Spannungsverhältnis von episodischer und generischer Erinnerung, Selbststilisierung etc.), sollte dies nicht dazu führen, die literaturwissenschaftliche Autobiographiebetrachtung ausschließlich oder vorrangig mit psychologisch-anthropologischen Argumenten zu führen. Untersuchungsgegenstand der Literaturwissenschaft ist der literarische autobiographische *Text* selbst, dessen Struktur, Rhetorik und spezifische Medialität im Mittelpunkt der kritischen literaturwissenschaftlichen Aufmerksamkeit stehen.

7.2 Kulturen

Die moderne Ethnologie hat die Autobiographie zu ihrer eigenen methodischen Selbstreflexion entdeckt. Dabei bezieht sie sich durchaus auf Gusdorfs anthropologische Grundlegung der Autobiographie als Gattung. Die biographisch-autobiographische »Great Man‹ tradition« erweist sich, da sie westlichen Vorstellungen über das Selbst sowie über andere Kulturen verpflichtet ist, dem kritischen ethnologischen Blick als »Great White Man tradition«. Obwohl stereotype Wahrnehmungsmuster im Hinblick auf andere Kulturen heute generell zurückgewiesen werden, gelingt es auch den westlichen Anthropologen nicht, so Judith Okely, den Fängen ihrer eigenen kulturellen Vorannahmen zu entgehen (vgl. Okely 1992, S. 6). Es stellt sich die Frage, wie mit der Einsicht umzugehen ist, dass jenes Individualitätskonzept, wie es etwa den gusdorfschen Überlegungen zugrunde liegt, mit dem Selbst-Verständnis von Frauen, Minderheiten und Angehörigen vieler nichtwestlicher Kulturen nicht kongruent ist. In jedem Fall muss

es darum gehen, sich den Differenzen zu stellen, denn, so schreibt
Stanford Friedman, nur »[a] white man has the luxury of forgetting
his skin color and sex« (Stanford Friedman 1988, S. 39).

Die neuere Anthropologie nimmt in der Autobiographie eine
genuin anthropologische/ethnographische Methode wahr, insofern als sie in der biographischen Selbstdarstellung jene Selbst-
reflexivität erkennt, die sie dem eigenen disziplinären Profil ver-
ordnet hat. Dahinter steht ein **ethischer Impuls**: »In its fullest
sense, reflexivity forces us to think through the consequences of
our relations with others, whether it be conditions of reciprocity,
asymmetry or potential exploitation« (Okely 1992, S. 24). Die
Übernahme moralischer und politischer Verantwortlichkeiten ba-
siert auf der Fähigkeit, sich selbst mit kritischer Distanz wahrnehmen zu können. Die moderne Anthropologie ist also darauf
bedacht, den ethnographischen Betrachterstandpunkt mit in die
Analyse einzuschließen, da sie erkannt hat, dass die persönliche
Involviertheit politische Implikationen hat und daher thematisiert
werden muss. Genau dieser mehr oder weniger kritische Abstand
des schreibenden autobiographischen Ichs zu seinem beschriebenen früheren Ich erhält dabei Modellfunktion. Auch hinsichtlich
der in ihr zutage tretenden Relativität des Faktischen wird die
Autobiographie zum Vorbild, geht es der kritischen Ethnographie
doch darum, Abgründe und Autoritätsgesten des wissenschaftlichen Positivismus offen zu legen. Wie im Falle der Autobiographie
besteht auch in der Anthropologie ein enger Konnex zwischen den
in der Feldarbeit gewonnenen, die gesamte Person des Ethnologen
oder der Ethnologin erfassenden Erfahrungen und dem darüber
zu schreibenden Text.

Die Erfahrungen, um die es in der Anthropologie geht, sind
Erfahrungen mit anderen Kulturen und d.h. auch mit anderen
Vorstellungen von Autobiographie. Jede Erfahrung, die ein An-
thropologe oder eine Anthropologin mit dem ›Fremden‹ macht,
betrifft sie oder ihn in einem fundamentalen autobiographischen
Sinn. Und da die Biographie der in der Feldarbeit tätigen Wissen-
schaftler/innen nicht in einem kulturellen Vakuum angesiedelt ist
(vgl. auch Olney 1980, S. 11) und auch nicht auf den Rahmen
der eigenen Kultur beschränkt bleibt, ist anthropologische Arbeit
immer kulturüberschreitend. Die Eigenerfahrung muss sich durch
die Fremderfahrung in Frage stellen lassen, und dies betrifft auch
überkommene und unhinterfragt übernommene wissenschaftliche Kategorien, etwa die Vorstellung von der individuellen
Entwicklung nach dem Fortschrittsmodell, das gemeinhin einem gelebten Leben erst seine Bedeutung gibt. Auf diese Weise

kann die Anthropologie zur **Relativierung westlicher Autobiographiekonzepte** beitragen und transkulturelle Alternativen zu Bewusstsein bringen. Wie weit freilich die Autobiographie in die Ethnographie hineingeschrieben werden kann, bedarf, so Okely, kreativen Experimentierens.

Anthropologie ist in dem Sinne eine hermeneutische Wissenschaft und damit literaturaffin, als sie erkennt, dass das **Studium des ›Fremden‹** unauflöslich mit der **Wahrnehmung des ›Eigenen‹** verbunden ist. Jede Version des ›Anderen‹ ist eine Konstruktion des ›Eigenen‹ genauso wie Selbsterkenntnis an die Möglichkeit, das ›Fremde‹ als ›Anderes‹ wahrzunehmen, gekoppelt ist (vgl. Cohen 1992). Julie Marcus beispielsweise hat gezeigt, wie die australischen Aborigines in dem Maße als Repräsentanten von Chaos und Unordnung konzipiert wurden, in dem sich die europäischen Siedler Australiens als zivilisiert, rational, ordentlich und weiß definierten. Diese Konstruktionsmechanismen treten besonders deutlich im Genre der Autobiographie zutage, in dem sich ein autobiographisches Ich selbst zum Thema wird. Dass die Autobiographie ethnologischen Zielsetzungen dient, zeigt sich in Marcus' gegenüberstellender Verbindung mehrerer autobiographischer Perspektiven. So rekonstruiert sie die Lebensgeschichte Olive Pinks, einer 1884 geborenen frühen australischen Anthropologin, die von der männlichen Wissenschaft der Zeit nicht anerkannt wurde, und zieht diese als Hintergrund für ihre eigene autobiographische Begegnung mit einer australischen Ureinwohnerin heran, deren harte und komplizierte Biographie sie gleichfalls mitteilt (vgl. Marcus 1992).

James Olney erklärt sich das anhaltende Interesse an der Autobiographie damit, dass diese wie keine andere Gattung im Zeichen individueller Erfahrung den Zugang zu einer spezifischen Kultur eröffne (vgl. Olney 1980, S. 13). Dabei richtet sich der anthropologische Blick mit besonderem Interesse auf die Autobiographien von Minderheiten, d.h. auf hinsichtlich ihrer Rasse, der Religion, ihres Geschlechts und ihrer Klasse unterprivilegierte Gruppen. Allerdings ist zu sehen, dass in den Minderheitenautobiographien nicht Einzigartigkeiten und öffentliche Erfolge gefeiert als vielmehr Fragen gestellt und subversive Gedanken geäußert werden (vgl. Okely 1992, S. 7). Roger Rosenblatt hat gar die These aufgestellt, jede Autobiographie sei strukturell eine **Minderheitenautobiographie**, weil sich jedes autobiographische Ich als Einzelnes seiner Außenwelt gegenüberstelle (vgl. Rosenblatt 1980, S. 169).

Mittlerweile liegen Untersuchungen der autobiographischen Produktion nahezu aller Kulturen vor. Robert F. Sayre etwa hat gezeigt, in welcher Weise das autobiographische Selbstbild weißer Amerikaner mit dem Mythos Amerika verquickt ist. »Autobiography may be the preeminent kind of American expression«, schreibt er und konstatiert »the very identification of autobiography *in* America *with* America« (Sayre 1980, S. 147). Dabei bezieht die Selbstwahrnehmung ihren Impuls daraus, große Vorbilder, oftmals aus der Antike, nachzuahmen und sie gar zu übertreffen. Steht Amerika in ›weißen Autobiographien‹ für die revolutionären Ideen von Leben, Freiheit und Streben nach Glückseligkeit, ist klar, dass die Autobiographien von Afroamerikaner/innen ein anderes Bild zeichnen, ein Bild, das die von den Weißen gepriesenen Seiten geradezu konterkariert.

Rosenblatt hat die spezifischen Muster afroamerikanischer Autobiographien herausgestellt, die durch ein Moment inneren Widerstreits gekennzeichnet sind. Gemeinsam, so Rosenblatt, sei ihnen der Wunsch nach einem freien, eigenbestimmten Leben, der aber an den Grenzen und Widerständen der äußeren Lebensbedingungen zunichte werde. Die Helden dieser Autobiographien erschienen auf bemerkenswerte Weise einsam im Kampf gegen eine gleichsam verrückte, terroristische Außenwelt, an der das von der Sehnsucht nach Vernunft und Beständigkeit geprägte Wunschdenken der Farbigen scheitere. »Autobiography as a genre should be the history of individual craziness, but in black autobiography the outer reality in which heroes move is so massive and absolute in its craziness that any one person's individual idiosyncrasies seem almost dull in their normality« (Rosenblatt 1980, S. 174). Rosenblatt führt aus, dass die autobiographische Welt farbiger Menschen durch eine Spiegelhaftigkeit gekennzeichnet sei, die ihm ein defizitäres, von Fehlern und Unvollkommenheiten geprägtes Spiegelbild als Gegenbild des idealen weißen Amerikaners präsentiere. Geschichte, auch und gerade die individuelle Lebensgeschichte, sei für die »**black autobiography**« von einer fatalen Zirkelhaftigkeit und konstitutiven Unabschließbarkeit, während die weiße Autobiographie durch eine lineare Geschichtsvorstellung geprägt sei, die auf einen Endpunkt (von dem aus eine Entwicklung als einheitlich wahrgenommen werden kann) zulaufe. Am Ende der ›schwarzen Autobiographie‹ stehe kein selbstbewusstes Subjekt – sondern das Verschwinden des Selbst, das sich mit der von ihm errichteten feindseligen Welt auslösche (vgl. ebd., S. 179f.).

Einen Blick auf die **rhetorische Struktur des fremdkulturellen Ichs**, in diesem Fall nordamerikanischer Indianer, wirft Arnold Krupat, der feststellt, dass die zentrale Bedeutung der Vorstellung eines Selbst keine Parallele in den Autobiographien der amerikanischen

Ureinwohner finde. Der Indianer sehe sich immer als Repräsentant seiner Vorfahren oder seines Clans und niemals als Repräsentant seiner selbst, sein Ichverhältnis sei weniger eine »I-am-me«- Erfahrung als vielmehr eine »I-am-we«-Struktur (Krupat 1992, S. 209). Während die westliche Autobiographie das autobiographische Ich nach dem Modell der Metapher konstruiere, der Einzelne sich zu anderen Einzelnen ins Verhältnis setze und auf diese Weise eine Teil-Teil-Beziehung etabliere, folge das indianische Ich einer synekdochischen Struktur, wenn es sich als Teil eines Ganzen begreife.

Erforscht werden etwa auch Einwandererautobiographien, die dadurch gekennzeichnet sind, dass in der Konstruktion des autobiographischen Ichs zwei Kulturen aufeinander treffen und ins Verhältnis gesetzt werden müssen (vgl. Bergland 1994). Genaro M. Padilla beispielsweise hat zur Erforschung der bislang wenig zur Kenntnis genommenen mexikanisch-amerikanischen Autobiographie aufgerufen. Die Problematik der autobiographischen Ich-Konstitution wird da besonders virulent, wo sich das Ich an einer kulturellen Grenze definiert, an der die eigene Hybridität erfahrbar wird. So konstatiert Padilla »personal and cultural schizophrenia« in den mexikanisch-amerikanischen Lebensbeschreibungen (Padilla 1994, S. 314). Und Claudia Gronemann, die sich u.a. mit maghrebinischen Autobiographien beschäftigt hat, verweist auf ein ›Sprachproblem‹: »Das postkoloniale Subjekt vermag sich nicht in einem repräsentationslogischen Verständnis – als Abbildung eines sich selbst bewussten intentionalen Ich – zu entwerfen, weil es sich in der Sprache des anderen nicht abbilden, sondern nur mehr die Abwesenheit des eigenen Ich in der kolonialen Sprache konstatieren kann« (Gronemann 2002, S. 19).

Mireille Rosello – um eine weitere Position zu Wort kommen zu lassen – wendet sich mit Vehemenz gegen die **Überheblichkeit westlicher Rezeption gegenüber fremdkultureller Autobiographik**, die in einem kritischen Auseinanderdividieren von Lebensbezug und Literarizität, von »autobio« und »graphie« besteht. Sie benützt eine von Theodor Reik mitgeteilte Episode, derzufolge eine Frau auf einen ihr entgegentretenden Exhibitionisten mit den Worten reagiert: ›Guter Mann, erkälten Sie sich nicht?‹, als Folie, um die Inadäquatheit der westlichen Reaktion auf autobiographische Texte nicht-westlicher Kulturen zu demonstrieren. »On ne peut pas accueillir le cri comme autobiographique parce qu'il n'y aurait pas encore graphie«, fasst sie eine verbreitete westliche Haltung gegenüber fremdkulturellen autobiographischen Texten zusammen (vgl. Rosello 1998, S. 232). Indem die westlichen Kritiker bzw. Kritikerinnen die mangelnde Literarizität postkolonialer Autobio-

graphien monieren, gleichen sie der Frau, die sich durch den Auftritt des Exhibitionisten weder schockieren noch faszinieren lässt,
d.h. sie überhören bzw. überlesen das existentielle Anliegen, das
sich hinter dem Auftritt verbirgt. »On regarde et on refuse.« Dabei
handle es sich nicht um das Ausschlagen eines Paktangebots nach
Lejeune, vielmehr stellten die postkolonialen Autobiographien eine
(gleichsam an die weiße Frau gerichtete) Forderung nach Liebe
und Aufmerksamkeit dar, der sich zu verweigern schulmeisterlicher
Ignoranz gleichkomme.

Rosello interpretiert in diesem Rahmen eine kleine Szene aus
Joseph Zobels *La Rue Cases-Nègres* (1950), in der ein weißer Fran-
zösischlehrer seinen farbigen Schülern eine autobiographische Aufgabe stellt, nämlich ihre eindrücklichste Kindheiterinnerung aufzuschreiben. Voller Eifer stürzt sich der kleine José in die Aufgabe.
Er beschreibt den für ihn aufwühlenden Tod Monsieur Médouzes,
der einzigen Vaterfigur, die das Kind hatte. Um seine Aufgabe, an
der ihm aus den genannten persönlichen Gründen sehr viel liegt,
auch wirklich gut zu machen, wendet er große Energie an die
äußere Form: »*Consumé* par l'inspiration, je rédigeai ma dissertation d'une traite. Puis je m'adonnai minutieusement au travail de
correction, de polissage, faisant appel à toutes les recommandations
sur la composition et le style, passant le tout au crible des règles
d'orthographe« (zit. n. Rosello 1998, S. 234f.). Bei der Bespre-
chung der Aufsätze liest der von der Unfähigkeit seiner Schüler
überzeugte Lehrer der Klasse voller Sarkasmus einige Sätze aus
der Arbeit Josés vor, um ihn auf diese Weise des Plagiats, ja gar
der Kopie zu bezichtigen. **Schrift und Leben**, wäre mit Rosello zu
folgern, sind nicht, wie manche poststrukturalistischen Kritiker/in-
nen nicht müde werden zu betonen, zwei prinzipiell voneinander
unterschiedene Dinge, sondern sie können zusammengehen, wenn
sich die Emotion an der Schrift materialisiert.

7.3 Gender

Wo von der Alterität fremdkultureller Autobiographik die Rede ist,
wird zumeist auch die **Spezifik der autobiographischen Situation
für Frauen** reflektiert. Olney bezeichnet die Autobiographie als
»the story of a distinctive culture written in individual charac-
ters and from within [...] [which] offers a privileged access to an
experience (the American experience, the black experience, the
female experience, the African experience) that no other variety
of writing can offer« (Olney 1980, S. 13). Dass die Tradition

der Selbstbiographie am männlichen, weißen, westlichen Selbst orientiert ist, lässt sich nicht zuletzt darauf zurück führen, dass die Autobiographie namentlich in einer Zeit Konjunktur hatte, nämlich im 18. Jahrhundert, als sich ein bürgerliches Selbstbewusstsein herausbildete, das natürlich ein männliches war (vgl. Goodman 1999, S. 166). Lynne Tatlock hat am Beispiel frühneuzeitlicher autobiographischer Texte und literarischer Texte mit autobiographischem Gestus gezeigt, in welcher Weise auktoriales Selbstbewusstsein in einer verunsicherten, unberechenbar erscheinenden Welt sich als männliches zu identifizieren versucht, indem die Beziehungen zum Weiblichen in Gestalt der eigenen mütterlichen Herkunft verdrängt oder ostentativ die Vorherrschaft der Männlichkeit über die Weiblichkeit zum Ausdruck gebracht wird (vgl. Tatlock 1994). Sidonie Smith schreibt daher: »traditional autobiography has functioned as one of those forms and languages that sustain sexual difference« (Smith 1987, S. 49), und Kosta bezeichnet die Autobiograpie als die ›textuelle Seite der männlichen Subjektivität‹ (vgl. Kosta 1994, S. 9). So ist es nicht weiter erstaunlich, dass sich auch die wissenschaftliche Auseinandersetzung mit der Autobiographie auf die **männliche Tradition** konzentriert hat – zu nennen sind die drei großen abendländischen Leitparadigmen Augustinus, *Confessiones* (397), Rousseau, *Confessions* (1782–1787) und Goethe, *Dichtung und Wahrheit* (1811–1833), die mit steter Regelmäßigkeit aufgerufen werden, wenn es um die Problematik der Autobiographie geht.

Es stellt sich in der Tat die Frage, in welcher Weise das autobiographische Schreiben von Frauen an dieser Tradition partizipiert und ob es so etwas wie eine spezifisch **weibliche Tradition** der autobiographischen Selbstdarstellung gibt. Wenn etwa Krupat in der westlichen Autobiographie eine metonymische »man-to-man«-Struktur erkennt, räumt er im selben Atemzug ein, dass ungeklärt sei, wie sich das Verhältnis von Frauen diesen Konstruktionen gegenüber gestalte – um wenig später die Beobachtung zu treffen, dass sich ein großer Teil weiblicher Autobiographik dem synekdochischen Modell des Ichentwurfs nähere (vgl. Krupat 1992, S. 219, 231). In der Charakterisierung der Selbstdarstellungen von Frauen werden auch von anderer Seite Merkmale festgehalten, die gleichermaßen in der nicht westlichen Autobiographik als kennzeichnende anzutreffen sind, etwa das Fehlen linearer Entwicklungslinien zugunsten repetitiver, reihender, zyklischer Strukturen, Schilderungen des Alltäglichen, Prozessualität statt Erreichen eines Endpunktes, Aufgehen im Beschriebenen statt Distanz (vgl. Okely 1992, S. 6).

Dagegen stellt Katherine R. Goodman für das 19. Jahrhundert eine große Ähnlichkeit zwischen Autobiographien, die von Männern geschrieben wurden, und weiblichen Selbstdarstellungen fest (vgl. Goodman 1999, S. 172). Daraus lässt sich keinesfalls folgern, dass der Geschlechterdifferenz im Bereich der Autobiographie die Evidenz abzusprechen sei, vielmehr mag gerade die für Frauen notwendige **Mimikry** an männliche Formen der Selbstdarstellung der einzige Weg gewesen sein, sich in den autobiographischen Diskurs einzuschreiben und aus dieser Perspektive auf inhärente, oft nicht explizit ausgetragene Spannungen hinzuweisen. Autobiographien von Frauen, schreibt Magdalene Heuser, thematisieren und reflektieren Geschlechterverhältnisse, während diese in der Regel nicht in das Bewusstsein männlicher Autobiographen treten (vgl. Heuser 1996, S. 3f.). Tatsächlich stößt man bei der Sichtung des Bestands an von Frauen geschriebenen Selbstbiographien auf eine **differenzierte Phänomenologie**, die nur schwerlich einen Typus ›weibliche Autobiographie‹ erkennen lässt. Am Beispiel der Autobiographien des Ehepaars Johanna Eleonora und Johann Wilhelm Petersen aus dem frühen 18. Jahrhundert (vgl. Kap. III.4) hat Eva Kormann ausgeführt, dass sich Autobiographien von Männern und Frauen in der Geschichte vordringlich darin unterscheiden, wie viel Raum in der Öffentlichkeit sie einfordern (vgl. Kormann 2003). Diese Frage wäre für die Gegenwart aufzugreifen und kritisch zu diskutieren.

Die Merkmale, die als charakteristisch für die Autobiographie von Frauen angeführt werden, finden sich nicht nur im Bereich der nichtwestlichen Autobiographik, sondern gleichermaßen in den Texten männlicher Autobiographen der literarischen Moderne, wo es darum geht, gegen Gattungstraditionen anzuschreiben. ›**Andersheit**‹ scheint ein Ensemble einigermaßen stereotyper Wahrnehmungs- und Beschreibungsmuster hervorzubringen, die sich als Gegenentwürfe von der Konstruktion einer linearen, geschlossenen, dominanten Normaltypologie ableiten, und zwar sowohl auf der Seite der Schreibenden wie der sich wissenschaftlich mit der Autobiographie Beschäftigenden. Dies bedeutet keine Relativierung der genderpolitischen Auseinandersetzung mit der Autobiographie, im Gegenteil: Mehr denn je muss es darum gehen, die offenen oder verdeckten **Linien der Geschlechterdifferenz** in ihrer historisch-kulturellen sowie ihrer individualgeschichtlich-psychologischen Spezifik mit den von ihnen produzierten Ausschließungen und Wertsetzungen nachzuzeichnen. Die historische und systematische Interferenz von Autobiographie und Weiblichkeit, von ›**genre**‹ und ›**gender**‹, zwei Komplexen, die durch eine gemeinsame

Etymologie verbunden sind (vgl. Benstock 1988, S. 20), bleibt zu rekonstruieren.

Vor allem das u.a. von Gusdorf (s. S. 46f.) in den Vordergrund gerückte Konzept des sich selbst setzenden, sich seiner selbst bewussten autobiographischen Ichs hat im Hinblick auf die von Frauen verfasste Autobiographie Widerspruch und Relativierungen provoziert. Susan Stanford Friedman macht die prinzipielle Nichtanwendbarkeit des individualistischen Modells auf das Selbst von Frauen und Minderheiten geltend (vgl. Stanford Friedman 1988, S. 34), die etwa auch aus dem Titel von Louisa Catherine Adams' 1840 begonnenem autobiographischen Fragment *The Adventures of a Nobody* spricht (vgl. Sayre 1980, S. 159, der in diesem Zusammenhang auch auf Emily Dickinsons Gedicht »I'm Nobody, Who Are You?« verweist). Für die meisten Forschungsbeiträge aus den achtziger Jahren gilt, dass sie einen nicht primär literarischen Ansatzpunkt wählen, d.h. die Analyse nicht an den Strukturen der textuellen Repräsentation, sondern außerhalb, beim empirischen Selbst der Autobiographin, festmachen. Die **Alterität des weiblichen Selbst** wird dabei gesellschaftlich und tiefenpsychologisch begründet.

Stanford Friedman beispielsweise führt die für Männer und Frauen verschiedenen Sozialisationsmechanismen an und betont die Bedeutung einer kulturellen Gruppenidentität für Frauen und Minderheiten. Viele Kritiker/innen sehen die **Differenz zwischen öffentlichem und privatem Leben** als konstitutiv für die Autobiographik von Frauen, da sie eine grundlegende Ausschließung vornimmt, indem sie das männliche autobiographische Ich dem öffentlichen Sektor, das weibliche dem privaten zuordnet (vgl. Benstock 1988, S. 1). In genderkritischer Perspektive erweist sich freilich das Persönliche bzw. die Reduktion der Frau auf den persönlichen Bereich als politisch und analytisch bedeutsam (vgl. Okely 1992, S. 9, 12). Beobachten lässt sich nämlich in den Autobiographien von Frauen eine Konfliktstruktur zwischen öffentlichem und privatem Leben und damit auch die Infragestellung dieser überlieferten Grenzziehung durch das weibliche autobiographische Ich (vgl. Kosta 1994, S. 12, 19). Die weibliche Weigerung, die von der männlichen Ästhetik propagierte Trennung von Kunst und Leben zu akzeptieren, bildet auch das zentrale Anliegen von Christa Bürgers Buch *Leben Schreiben*, das nicht speziell der Autobiographie gewidmet ist, vielmehr die literarische Produktion von Frauen der klassischen und der romantischen Epoche als autobiographisch motiviert darstellt (vgl. Bürger 1990). Die Irritierung der männlich sanktionierten Differenz ›öffentlich/privat‹ bildet also einen autobiographischen Impuls, der aus nahe liegenden Gründen bevorzugt in Autobiographien weiblicher Provenienz zum Tragen kommt.

Untersuchungen weiblicher Autobiographik haben außerdem hervorgehoben, dass sich das autobiographische Ich von Frauen in einem hohen Maße als supplementär im Hinblick auf eine männliche Identifikationsfigur, in der Regel den Lebenspartner, begreift und seine vordringliche Aufgabe darin sieht, diesen zu fördern und zu unterstützen (vgl. Mason 1980, S. 212; Kosta, 1994, S. 13). Verbunden damit ist oftmals eine dialogische Verfasstheit des autobiographischen Schreibens, das sich häufig an einen Adressaten oder eine Adressatin, den Lebenspartner, ein Kind oder andere richtet.

Zur Erklärung der hinter solchen Befunden anzusetzenden weiblichen Persönlichkeitsstruktur hat die Forschung auf Sheila Rowbothams *Woman's Consciousness, Man's World* (1973) und Nancy Chodorows *Psychoanalysis and the Sociology of Gender* (1978) zurückgegriffen. Die psychogenetische Entwicklung des Subjekts, so wie Freud sie beschrieben hat, führt idealerweise von der kindlichen Identifizierung zur Separation, d.h. zur Lösung von den narzisstisch besetzten Objekten und damit zur Entwicklung eines Selbst-Bewusstseins, in dem Sinne, wie es Gusdorf für die Autobiographie für unabdingbar erachtet hat. Rowbotham und Chodorow zeigen, dass die **weibliche Psychogenese** anders verläuft, dass Identifikation, Interrelation, Gemeinschaftsbewusstsein, also Qualitäten, die von Gusdorf als autobiographiehinderlich beschrieben werden, die weibliche Identität anhaltend prägen (vgl. Stanford Friedman 1988, S. 36ff.). Die Grenzen des weiblichen Selbst werden als flexibler gekennzeichnet als diejenigen des männlichen Selbstbewusstseins, das sich über Distanzierung und Abgrenzung konstituiert, während das weibliche Ich von Interpersonalität bestimmt ist (vgl. Okely 1992, S. 12). Der Grund für diese andere Entwicklung der Frau liegt, Chodorow zufolge, in der prägenden Mutter-Kind-Beziehung: Während ein kleiner Junge aufgrund der Dazwischenkunft des Vaters frühzeitig lernen muss, sich von der Mutter zu lösen und in eben dieser Abkehr von der Mutter seine autonome Männlichkeit ausbildet, besteht für das Mädchen keine Notwendigkeit, die Abwendung von der Mutter zu forcieren, so dass die Mutter-Tochter-Identifizierung unterschwellig das ganze Leben der Frau über fortdauert. Sie bildet die Grundlage für die Offenheit des nur mangelhaft von seinem Primärobjekt abgelösten weiblichen Selbst und das relationale, d.h. auf Identifizierung mit Anderen und Anderem bedachte Selbstverständnis der Frau. Das

Leben einer Frau, führt Rowbotham aus, vollzieht sich gleichsam in einem kulturellen Spiegelkabinett, das der Frau von außen ihre Selbstbilder vorspiegelt.

Bemerkenswerterweise wird die von Lacan entlehnte Spiegelmetapher (vgl. Kap. II.2) auch von Rosenblatt zur Charakterisierung der autobiographischen Selbstbefindlichkeit von Schwarzen verwendet (vgl. Rosenblatt 1980, S. 174). Damit soll nicht gesagt sein, dass Frauen kein ›eigenes‹ Selbstbewusstsein haben – die hierarchisierende Trennung von ›eigen‹/›fremd‹ erweist sich vor dem Hintergrund der von der Psychoanalyse strukturell und nicht essenzialistisch gedachten Subjektentwicklung ohnedem als hinfällig –, die Flexibilität des weiblichen Selbst kann auch positiv, im Sinne erhöhter Komplexität, gewertet werden, erlaubt sie doch »a dual consciousness – the self as culturally defined and the self as different from cultural prescription« (Stanford Friedman 1980, S. 39), eine **Doppeltheit des weiblichen Blicks** gewissermaßen (vgl. Weigel 1983). Der Aufmerksamkeit auf die weibliche Autobiographik geht es also nicht darum, dem Konzept eines ›männlichen Selbst‹, das selbstredend nicht umstandslos mit empirischen Ichartikulationen von Männern verwechselt werden sollte, ein neues homogenes weibliches Selbst entgegen zu stellen, vielmehr deckt sie auf, dass die Vorstellung des ›Selbst‹ und zwar des männlichen wie des weiblichen ein ideologisches Konstrukt aus historischen Formationen ist, ein Ensemble von sozialen und politischen Relationen. Vor diesem Hintergrund stellt sich die Autobiographie als – mit Foucault gesprochen – eine Form der Selbst-Technologie dar (vgl. Brinker-Gabler 1996, S. 397, 400).

Die Genderperspektive hat maßgeblich dazu beigetragen, die Frage der **autobiographischen Autorschaft** differenzierter zu betrachten. Auch und gerade die Hybridität der als Norm betrachteten männlichen Autorinstanz tritt in der kritischen Reflexion des weiblichen autobiographischen Ichs zutage. Barbara Kosta hat darauf hingewiesen, dass gerade zu einem Zeitpunkt, Ende der sechziger Jahre, zu dem Roland Barthes den **Tod des Autors** verkündete, Frauen und andere ›Randgruppen‹ versuchten, sich einen Autor(innen)status zu erkämpfen (Kosta 1994, S. 1ff.). Die auktoriale Selbstermächtigung von Frauen findet demnach vor dem Hintergrund eines bereits in Frage gestellten Autorbewusstseins statt. Darin liegt ein doppeltes ironisches Moment: Die Frauen erringen auf der einen Seite mit Verspätung einen theoretisch bereits in die Krise geratenen Status, auf der anderen Seite aber vermag gerade dieses kritische auktoriale Selbst-Bewusstsein politische und ästhetische Reflexionspotentiale freizusetzen, beispielsweise durch

Inszenierung und **Parodie.** Der von psychoanalytischer Seite beschriebene Spiegelprozess der Persönlichkeitsbildung stellt sich auf die Autobiographie übertragen als textueller Prozess einer sich in den Zeichen der Schrift und in den tradierten Strukturen des Genres ironisch spiegelnden selbst-kritischen Auktorialität dar, denn »[i]t is [...] the space of writing, which bears the marks and registers the alienating effects of the false symmetry of the mirror stage« (Benstock 1988, S. 12).

Zur Bezeichnung dieses Sachverhalts, der Schriftverfasstheit des Autors, haben amerikanische Wissenschaftlerinnen spielerisch den Begriff ›Authorgraph‹ geprägt (vgl. Kosta 1994, S. 19). Da die Frau als autobiographisch Schreibende nicht in den Formen der Schrift, die sie verwendet, in die sie sich einschreibt, aufgeht, ist dieser interne Abstand ihres autobiographischen Schreibens von sich selbst in dekonstruktivistischer Sicht als systematischer Kreuzungspunkt von ›Weiblichkeit‹ und ›Autobiographie‹ beschrieben worden: »Wie einerseits die schreibende Frau in der Autobiographie sich als schreibende beschreiben muss, ist umgekehrt weibliches Schreiben ›autobiographisch‹, insofern es sich selbst be-schreibt, insofern es auf sich selbst zurückkommt und insofern von der Bedingung der Möglichkeit des Schreibens der Frau ›erzählt‹« (Menke 1992, S. 454). Das weibliche autobiographische Ich schreibt seine Diskontinuität, seine Vervielfältigung und Selbst-Verschiebung – in der amerikanischen Diskussion ist dafür der Begriff ›Autogynography‹ aufgetaucht (vgl. Kosta 1994, S. 18) –, und beschreibt damit gleichzeitig die Grenzen des Genres wie die Grenzen des kulturellen Geschlechts.

Die scheinbare Reduktion auf die **Textualität des weiblichen autobiographischen Ichs** bleibt für Vertreterinnen und Vertreter eines politisch motivierten Feminismus, die den Anspruch auf Referenz nicht preisgeben wollen, vielfach unbefriedigend. Auf diesen Zwiespalt weist auch Brinker-Gabler hin, wenn sie bemerkt, dass im Grunde genommen die Kategorie ›Frauen‹ als ideologisches Konstrukt und demzufolge auch das Untersuchungsprojekt ›Autobiographie von Frauen‹ theoretisch fragwürdig, allerdings gleichwohl die Auseinandersetzung mit Autobiographien von Frauen keineswegs überflüssig sei (vgl. Brinker-Gabler 1996, S. 397ff.). Der Zwiespalt ist systematischer Art: Es gibt keinen Ort außerhalb des Diskurses und d.h. des Systems der ›Mann‹/›Frau‹-Opposition; diese kann immer nur innerhalb des Systems und d.h. in den Texten und aus den Texten heraus in Frage gestellt und dekonstruiert werden. Entscheidend ist das Verhältnis der symbolischen bzw. textuellen Ordnung und der sog. ›Realität‹. Letztere ist immer nur erleb- und formulierbar mit den symbolischen Mitteln der Sprache. Das bedeutet nicht, dass das, was sich im Text und als Text vollzieht, nichts mit der sog. ›Realität‹ zu tun hat, doch ist diese nicht ohne jenen zu haben. Text und ›Leben‹ sind nicht identisch, sie sind allerdings auch nicht voneinander zu trennen. Die Antwort auf die Frage nach einem feministischen Ort der Autobiographie kann nur im flexiblen Dazwischen, dem Sowohl-als auch, liegen, bei einem kritischen Bewusstsein, das sich der spiegelnden Kraft der Zeichen bedient und dabei um die phantasmatische Qualität der Realität weiß.

In jedem Fal muss es heute darum gehen, die Kategorie ›gender‹ mit anderen gleichermaßen wichtigen identitätskonstituierenden Kategorien zu korrelieren und innerhalb eines dicht-gewobenen Bedeutungsgeflechtes zu analysieren (vgl. Holdenried 2000, S. 79 und S. 82).

III. Geschichte der Autobiographie

Im Rahmen dieser knappen Darstellung der Autobiographie kann ein Überblick über ihre geschichtliche Entwicklung nicht anders als skizzenhaft bleiben. Einem groben Epochenraster folgend werden vor dem Hintergrund der jeweiligen literarhistorischen Bedingungen Grundzüge und Eigentümlichkeiten der autobiographischen Selbstdarstellung erörtert; näher eingegangen wird lediglich auf paradigmatische Einzelwerke – eine auch nur annähernde Vollständigkeit kann nicht das Ziel sein. Der Hauptakzent liegt auf der Entwicklung im deutschsprachigen Bereich; allerdings ist es erforderlich, den europäischen, gegebenenfalls auch den außereuropäischen Kontext und entsprechende Schlüsseltexte mit zu berücksichtigen – wechselseitige Einflüsse und Bezugnahmen machen nicht an den nationalsprachlichen Grenzen Halt. Dies ist notgedrungen so ›eurozentrisch‹ gedacht, wie es Genese und Tradition der Autobiographie und des autobiographischen Denkens vorgeben.

Eine historische Darstellung der Selbstbiographie sieht sich nicht unerheblichen systematischen Schwierigkeiten gegenüber: Der Durchgang durch die Theorieentwicklung des Autobiographischen hat nicht nur gezeigt, dass der Gattungsanspruch der Autobiographie ernsthaft in Frage zu stellen ist, sondern auch, dass die Autobiographie auf je verschiedene Weise theoretisch konzeptualisiert wird. Es ist deutlich geworden, dass der häufig unreflektiert als universell vorausgesetzte hermeneutische Autobiographiebegriff mit seiner Vorstellung von einer sich selbst zum Ausdruck bringenden Individualität nicht den Anspruch eines transhistorischen Kriteriums beanspruchen kann. Der folgende Abriss folgt den Grundlinien des in der Einführung (I.) entwickelten Autobiographieverständnisses. Es wird immer nur darum gehen können, die autobiographische Grundstruktur, die in der Rede einer über sich selbst und das eigene Leben sprechenden Figur gegeben ist, aufzusuchen und in ihren je verschiedenen historischen Bedeutungszusammenhängen zu bestimmen.

1. Antike: Öffentliche Person und rhetorisches Ich

Die beiden Teilbände des ersten Bandes von Georg Mischs monumentalem Werk (vgl. Kap. II.1 dieser Darstellung) sind dem »Altertum« gewidmet. Wiewohl Misch ein dezidiert hermeneutisches Verständnis von Individualität zugrundelegt, sieht er dieses nicht als eine typisch neuzeitliche Errungenschaft, erkennt vielmehr die Wurzeln des ›dauernd Menschlichen‹ (vgl. Misch 1949, S. 20) in den Hochkulturen des Nahen und Mittleren Ostens ebenso wie in der griechischen und römischen Welt – ganz im Unterschied etwa zu Pascal (vgl. insbes. Kap. II.4.1), für den die Geschichte der Autobiographie erst mit Augustinus (ca. 400) einsetzt (vgl. Pascal 1965, S. 34). Dass sich Misch in so hohem Maße mit antiken Quellen beschäftigen kann, weist ebenso sehr auf ein weit gefasstes Verständnis von Autobiographie wie auf die Fragwürdigkeit eines exklusiv formulierten neuzeitlichen Individualitätsdenkens.

Die erste Station in der historischen Entwicklung des Autobiographischen findet Misch im alten **Ägypten**. Man hat in den ägyptischen Pyramiden biographische Inschriften gefunden, die bis in die Zeit um 3000 v. Chr. zurückgehen und die das Leben und die Taten der Verstorbenen zusammenfassen. Das ägyptische Grab kann als Ort eines Diskurses bezeichnet werden, in dem die Toten als verewigte Sprecher ihrer Lebensgeschichte zur Nachwelt reden (vgl. Assmann 1987, S. 213). Diese Grabinschriften sind häufig in Ich-Form gehalten, wobei unsicher ist, ob sie von den Verstorbenen schon zu Lebzeiten selbst niedergeschrieben oder nachträglich von fremder Hand verfasst wurden. Diese Form der Autobiographik ist direkt mit dem **Tod** verbunden: Sie setzt mit dem Augenblick des Todes ein und versucht gleichzeitig, den Tod zu überwinden. Die Ägypter glaubten nämlich nicht, wie andere Kulturvölker, dass nur der Körper sterbe und die Seele weiterlebe, sondern ihnen ging es darum, neben der Seele auch die körperliche Person der Toten zu erhalten. ›Leben‹, ›Bleiben‹, ›Fortdauern‹ wurden als höchste Werte angesehen. Assmann bezeichnet die »Angst vor der Namenlosigkeit und das Streben nach Namhaftigkeit« als »zentrale Triebkräfte der ägyptischen Kultur« (ebd., S. 211). Neben der Seele nahmen die Ägypter noch eine besondere Lebenskraft des Menschen an, den ›Ka‹, mit dem der tote Körper wieder verbunden werden sollte und für den die Gräber gebaut wurden. Den Toten wurden nicht nur Utensilien mitgegeben, die sie in ihrem früheren Leben gebraucht hatten und in ihrem künftigen, wie geglaubt wurde, weiter brauchen würden, sondern man versuchte auch, das real verblichene körperliche Leben durch die Repräsentation in Wort und Bild wie-

derzubeleben. Daher waren die Wände der Pyramiden von innen
mit Szenen aus dem Leben der Verstorbenen, dem Privatleben und
der Amtsführung, dem Hofdienst und dem kulturellen Leben mit
Musikern und Tänzerinnen bemalt. Ergiebiger als die Inschriften
der Herrscher, die als der Geschichte enthoben betrachtet wurden,
sind die Inschriften der Beamtengräber, die den ›Maat‹ (Gerechtig-
keit, Korrektheit, Gemäßheit, Prinzip des sozialen Einklangs) der
Betreffenden thematisieren. Deutlich wird, dass das Recht auf eine
Biographie standesbedingt und auf ein Amt bezogen ist.

Sieht die ägyptische Idealbiographie ein ausgewogenes Verhältnis von **Integration und Distinktion** vor, tritt mehr und mehr das
Bedürfnis nach Distinktion in den Vordergrund. Zwar gibt es keinerlei Vorstellung von einem sich entwickelnden Ich (was Misch zu
bedauern scheint), aber es lässt sich durchaus von einer beginnenden **Entdeckung der Persönlichkeit** sprechen, für die zunehmend
innere Werte den Maßstab bilden. Erst am Ende des 3. Jahrtau-
sends v. Chr. taucht die Vorstellung eines Totengerichts auf, vor
dem sich die Toten zu verantworten und dem gegenüber sie eine
tadellose Biographie vorzuweisen hatten. Allerdings kommt erst
vergleichsweise spät so etwas wie ein Sündenbewusstsein auf.

Im klassischen **Griechenland** finden sich Selbstzeugnisse der un-
terschiedlichsten Art. Einen einheitlich ausgeprägten Gattungstypus
›Autobiographie‹ gab es nicht. **Platon** (um 427– um 347 v. Chr.)
verfasste nach dem Tod seines Lehrers Sokrates die *Apologie des
Sokrates*, die fiktiv ist, aber gleichwohl ein Schema autobiographischer Selbstrepräsentation bereitstellt. Sokrates (470–399 v.
Chr.), dessen auf Sittlichkeit und Selbstgewissheit des Menschen
gegründete philosophische Lehre als staatsgefährdend angesehen
wurde, war wegen ›Frevels gegen die Götter‹ und ›Gefährdung
der Jugend‹ angeklagt. In einer die Modalitäten des athenischen
Gerichtsverfahrens aufnehmenden **Verteidigungsrede** lässt Platon
Sokrates seine Haltung aus der Gesamtheit seines Lebens begründen und dabei seine Besonderheit und Identität, die Tatsache, dass
er stets derselbe gewesen sei, betonen. Unter Platons Namen ist
ein Brief überliefert, der Kunde von einem bestimmten Abschnitt
seines Lebens gibt. Platon hatte im Alter von sechzig Jahren die
Akademie in Athen verlassen, um auf Zuraten seines Freundes
und Schülers Dion als Prinzenerzieher an den Hof von Syrakus
zu gehen. Nach dem Tod des Tyrannen Dionysios I. eröffnete
sich für Platon die Chance, als Lehrer auf dessen Sohn Dionysios
II. eine bildende Wirkung auszuüben. Allerdings schlug Platons
Bildungsprojekt fehl, denn Dionysios II. entwickelte sich wie sein
Vater zum Gewaltherrscher. Der Brief rechtfertigt, weshalb Platon

solange an Dionysios II. festgehalten hatte. Seine Darstellung ist geprägt von dem am eigenen Leibe erfahrenen Zwiespalt zwischen Philosophie und Politik. Einmal mehr verbindet sich Autobiographie mit dem **Gestus der Rechtfertigung**, der – in anderer Form – auch den bereits erwähnten späteren, an ein jenseitiges Totengericht adressierten ägyptischen Grabinschriften unterliegt. Damit zeichnet sich ein bestimmender Grundzug des autobiographischen Schreibens ab, der sich, wie zu zeigen sein wird, im christlichen Bereich fortsetzt. Platons Rechtfertigungsinstanz allerdings ist die Öffentlichkeit, die ihm wie bereits vor ihm Sokrates einen verderblichen Einfluss auf die Jugend unterstellte.

Ein zentrales Forum der Selbstdarstellung in der Antike war, wie bereits Platons *Apologie* zeigt, die **Verteidigungsrede vor Gericht**. Zu erwähnen ist in diesem Zusammenhang auch die fiktive Verteidigungsrede des Rhetorikers und politischen Schriftstellers **Isokrates** (436–338 v. Chr.), in der dieser vorgibt, in einen Rechtsstreit verwickelt zu sein. Diese Situation ist bezeichnend: Oberster Leitwert des attischen Bürgers war der Staat, dem sich der Einzelne unterzuordnen, dem er zu dienen hatte. Einen Anlass, sich selbst zu thematisieren, d.h. sich als Einzelpersönlichkeit herauszustellen, gab es im Grunde genommen nicht, es sei denn, man wurde öffentlich angegriffen und musste sich verteidigen. Diese Situation also fingiert Isokrates, indem er den Sokrates der platonischen *Apologie* nachahmt. Seine autobiographische Verteidigungsrede trägt den Titel *Antidosis*. ›Antidosis‹ bedeutet übersetzt ›Austausch‹ und bezeichnet eine athenische Praxis, derzufolge man sich von der Verpflichtung, zu kostspieligen Abgaben für den Staat herangezogen zu werden, befreien konnte, indem man jemand anderen benannte, der reicher war, damit dieser die Leistung übernahm oder sein Vermögen mit dem ursprünglich zur Abgabe Aufgeforderten tauschte. Isokrates war tatsächlich zu einem früheren Zeitpunkt in einen entsprechenden Rechtsstreit verwickelt gewesen, aber im Falle der *Antidosis* benützt er das Schema der Verteidigungsrede nur als Rahmen und fiktive Legitimation, über die eigene Person sprechen zu können. Es ist Isokrates, seinen eigenen Ausführungen zufolge, darum zu tun, sein Bild in der Öffentlichkeit zurechtzurücken, sich gegen die Behauptung der Sophisten zu verwahren, er sei lediglich ein Prozessschreiber, wohingegen er doch über »gewichtige und bedeutende Themen« rede, nicht über bloße Privatstreitigkeiten (Isokrates, *Antidosis*, S. 117).

Es geht Isokrates also darum, die ›Wahrheit‹ über sich kundzutun. Einer der Anklagepunkte, gegen die er sich verteidigt, ist der – bereits topische – Vorwurf, er verdürbe die Jugend. Damit stellt sich Isokrates gleichsam in eine Reihe mit Sokrates und Platon, gegen die derselbe Vorwurf erhoben wurde. In seiner Verteidigungsrede streicht er sein Wirken für die Polis hervor und betont, dass er sich nie gegenüber anderen etwas zuschulden kommen lassen habe. Deutlich wird auch hier, dass der Einzelne nur vor dem Hintergrund des Gemeinwesens Legitimation und Bedeutung erhält – und nur, indem er sich zum Ganzen ins Verhältnis setzt, kann der Einzelne von sich sprechen. Die *Antidosis* des Isokrates ist ein frühes und besonders anschauliches Beispiel für die grundsätzlich **rhetorische Verfasstheit *jeglicher* Form der Selbstdarstellung**. Isokrates weist nämlich darauf hin, dass es nicht einfach gewesen sei, »eine Rede von solcher Länge zu überschauen, so viele und so unterschiedliche Punkte zu einer einheitlichen Darstellung zusammenzufügen, später hinzukommende in das früher Geäußerte einzubauen und alle Punkte in sich stimmig zu gestalten« (S. 119). In jedem Fall macht die Isokrates-Rede deutlich, dass das Sprechen über sich selbst eines diskursiven Rahmens bedarf. Auch wenn sich die Gestalt dieses Rahmens in der Folgezeit verändert und verschiedene historische Formen annimmt, die Tatsache, *dass* ein Rahmen vonnöten ist, um von sich selbst sprechen zu können, ist nicht zu leugnen. Die Verteidigungsrede des Isokrates macht noch auf einen weiteren wichtigen Gesichtspunkt aufmerksam, auf den Zusammenhang von Lebensdarstellung und Bildungsideal. Indem Isokrates sich selbst und seine Bildung preist und noch dazu seine Schüler sein Loblied singen lässt, stellt er die eigene Bildung als vorbildlich für andere dar. Der strukturelle Zusammenhang zwischen Autobiographie und Bildungsgeschichte setzt sich bis ins 18. und 19. Jahrhundert hinein fort (vgl. Kap. III.4).

Zu einem weiteren Aufschwung in der autobiographischen Produktion kam es im **Hellenismus**. Als ›Hypomnemata‹ (wörtl. ›Erinnerung‹, ›Mahnung‹) bezeichnete man eine Form der politischen Autobiographie, in deren Mittelpunkt gleichfalls die Apologie bzw. Erklärung der eigenen Politik stand. Dasselbe gilt für das autobiographische Schrifttum in **Rom**, von dem Sonnabend vermerkt, es sei »sozusagen aus dem Geist der Defensive heraus geboren« (Sonnabend 2002, S. 89). Ein prominentes und in der antiken Literatur viel rezipiertes Beispiel sind die *Hypomnemata* des L. Cornelius Sulla (138–79 v. Chr.), deren Verfasser sich als Günstling des Glücks und der Götter stilisierte und dabei die eigene Person in einer Weise in den Mittelpunkt rückte, wie es in den Jahrhunderten zuvor nicht möglich gewesen wäre.

Dem hohen Stellenwert, den die **Rhetorik** im Altertum genoss, ist es zu verdanken, dass zwei aus der Rhetorik entnommene Kategorien, die den guten Redner auszeichnen, gleichfalls zu Maßstäben der antiken Menschendarstellung wurden: ›ethos‹ und ›pathos‹. Das ›ethos‹ beschreibt gewissermaßen den Charakter einer Person; dazu gehören die drei ethischen Qualitäten Einsicht, Tugend und Wohlwollen, d.h. Lebenserfahrung, eine moralisch-sittliche Haltung und die tolerante Aufgeschlossenheit dem Publikum gegenüber. Zum ›ethos‹ muss das ›pathos‹ hinzutreten. Damit sind die Affekte gemeint: Zorn, Freundschaft, Liebe, Scham, Mitleid u.a. Der Redner muss, wie auch Isokrates dies unternimmt, diese Affekte einsetzen, damit seine Rede überzeugen kann, aber es handelt sich dabei nicht nur um rhetorische Tricks. Dahinter steht das antike Menschenbild, wie auch die Rhetorik im klassischen Sinne nicht nur Redekunst ist, sondern den ganzen Menschen in seiner ethisch-philosophischen Ausstattung anspricht.

In welchem Maße die Darstellung einer Person in der Antike topischen Vorgaben folgte, verdeutlicht etwa auch der römische ›persona‹-Begriff (vgl. Fuhrmann 1979a). ›Persona‹ beschreibt in erster Linie die Funktion, die ein Mensch innehat, die Rolle, die er im Leben spielt, als den ›Wesenskern‹ des Menschen, ist also viel eher, ebenfalls topisch gesprochen, ›außen‹- als ›innen‹bestimmt. Die erste Bedeutung des Begriffs leitet sich bezeichnenderweise vom Theater ab, wo er die Maske des Schauspielers benennt. Erst im übertragenen Sinn meint ›persona‹ die Rolle, die der Mensch im öffentlichen Leben spielt. Die verschiedenen Öffentlichkeitsbereiche wurden im antiken Rom ähnlich dem Theater als Funktionssysteme aufgefasst, in denen die Beteiligten mit je spezifischen Rollen agierten: im Gerichtswesen Kläger, Beklagte und Richter, im Staat die Beamten (Konsuln, Prätoren etc.), in der Gesellschaft Stände und Berufe, in der Familie die durch die wechselseitigen verwandtschaftlich bestimmten Relationen der Familienmitglieder untereinander. ›Persona‹ stellt überdies einen grammatischen Terminus technicus dar, die Bezeichnung der 1., 2., 3. Person, und wird nicht zuletzt auch in der Rhetorik zur abstrakten Benennungskategorie der an einem Rechtsfall Beteiligten.

So führt Cicero (106–43 v. Chr.) in *De inventione* aus, dass an erster Stelle die Unterscheidung des Geschlechts (»virile an muliere sit«) zu stehen habe, dann folge die Nationalität (Grieche oder Ausländer), der Geburtsort (Athener oder Lakedaimonier), die Familie (Vorfahren und Verwandte), das Alter (Kind, Jugendlicher, Mittelalter oder Greis). Weiter seien zu erwähnen die Vorzüge und Nachteile an Geist und Körper, ob jemand stark oder schwach, groß oder klein, schön oder hässlich, lebhaft oder träge, intelligent oder dumm sei, ein gutes oder ein schlechtes Gedächtnis habe, wohlerzogen oder ungehörig sei, bescheiden, leidend oder das Gegenteil: alle Eigenschaften des Geistes und des Körpers müssten berücksichtigt werden (Cicero, *De inventione*, S. 70ff.). Cicero entwickelt in *De officiis* auch eine Art **Rollentheorie**, in der er sich auf den ›persona‹-Begriff i. S. v. ›Maske‹ stützt, wie ihn auch der Stoiker Panaitios (etwa 180–110 v. Chr.) gebraucht hatte. Dieser Theorie zufolge wird der Mensch durch vier gleichzeitig getragene Masken bedingt: die beiden ersten Masken sind der für jeden Menschen spezifische Konstitutions- und Charaktertyp, die beiden anderen Masken die Umstände bzw. das Milieu und schließlich die eigene Entscheidung und Wahl, die jemand trifft, also etwa den Beruf, wobei Cicero sein Augenmerk vor allem auf die zweite und die vierte Maske richtet. Es geht ihm darum, den Einzelnen zur richtigen Rollenwahl und zum richtigen Rollenverhalten anzuleiten. Zu betonen ist die für Cicero bestehende Identitätspflicht des Einzelnen, der in seinen Handlungen und der ganzen Lebensführung keinen Widerspruch aufkommen lassen dürfe. Deutlich wird, dass die antike Person »ein ganz und gar auf die Umwelt bezogenes Individuum« (Fuhrmann 1979a, S. 101) darstellt. Im Übrigen enthält Ciceros 46 v. Chr. entstandener Dialog *Brutus*, ein Überblick über die bisherige Geschichte der Rhetorik und eine Apologie des eigenen, ciceronianischen, Redestils, Ansätze autobiographischer Selbstdarstellung.

In welchem Maß die Person des Einzelnen in Rom öffentliche Rolle und Funktion war, zeigen die Autobiographien römischer Kaiser, in denen es durchweg um Selbstdarstellung in politischer Absicht ging. Sie sind geprägt durch das Verhältnis des Einzelnen, des Herrschers, zur Gemeinschaft, dem Staat. Dies erklärt sich aus der römischen Staatsidee und der eminenten Bedeutung der *res publica,* deren Fiktion auch dann noch aufrecht erhalten wurde, als sich unter dem Prinzipat des Augustus die monarchische Herrschaftsform durchgesetzt hatte. Die meisten dieser Kaiser-Autobiographien sind nicht erhalten; den Geschichtsschreibern, die von ihnen berichten, haben sie jedoch noch vorgelegen.

Auch der Tatenbericht des Kaisers **Augustus** (63 v.–14. n. Chr.), die *Res gestae divi Augusti*, ist ein Zeugnis der öffentlichen Person des Kaisers. Augustus hatte den Tatenbericht seinem Testament beigefügt. Er sollte als Inschrift auf zwei Pfeilern vor seinem Mausoleum aufgestellt werden. Eine Abschrift des Textes mit einer griechischen Übersetzung hat sich an der Wand des Augustus-und-Roma-Tempels in Ancyra, also Ankara, in der Provinz Galatien erhalten. Dort wurde sie 1555 entdeckt. 1821 und 1930 fand man weitere Teile einer griechischen Inschrift in Kleinasien, außerdem 1914 und 1924 in Antiochia Bruchstücke einer weiteren lateinischen Kopie. Auf diese Weise konnte man einen gesicherten Text erstellen. Der Historiker Theodor Mommsen hat das sog. *Monumentum Ancyranum* als »Königin der Inschriften« bezeichnet. Wie bei den ägyptischen Herrschern ist auch bei Augustus die Rechtfertigungshaltung vorherrschend. So versucht er, sich als Friedensbringer in das Gedächtnis der Nachwelt einzuschreiben. Die zahlreichen Kriege, die er geführt hat, legitimiert er in seinem Tatenbericht unter Berufung auf den Erhalt und die Sicherung des Friedens. Im Unterschied allerdings zu den eher summarisch gehaltenen ägyptischen Grabinschriften fällt bei Augustus wie schon bei Isokrates die rhetorisch-literarische Stilisierung seines Selbstbildes auf. Augustus präsentiert sich ganz und gar als von den Körperschaften des Staates legitimierte politische Person.

Im Augusteischen Zeitalter bzw. im Hellenismus sind allenthalben biographische Selbstdarstellungen zu verzeichnen. Misch spricht über autobiographische Gedichte von Horaz (65–8 v. Chr.), Ovid (43 v.–7 n. Chr.), Properz (50 v.–16 n. Chr.), die selbstbiographische Skizze des Historikers Sallust (96–34 v. Chr.), die Selbstbiographie des Nikolaus von Damascus (64 v.–14 n. Chr.), die Memoiren des Flavius Josephus (37–100[?] n. Chr.), über die autobiographischen Schriften des Arztes und Philosophen Galen (etwa 130–200 n. Chr.) und andere Beispiele mehr.

Bei aller Verschiedenheit scheint, so Misch, ein sich abzeichnendes **philosophisches Menschenbild** diese Zeugnisse zu verbinden (Misch 1949, S. 301). Philosophischen Zwecken dienen etwa auch die der Selbstschau in sittlicher Vervollkommnung gewidmeten *Moralischen Briefe* des Seneca (4 v.–65 n. Chr.) oder die *Selbstbetrachtungen* (*An mich selbst*) des römischen Kaisers Marc Aurel (121–180). Wie Seneca hatte sich Marc Aurel der stoischen Philosophie zugewandt und unternimmt in *An mich selbst* eine philosophische Betrachtung des menschlichen Lebens, wobei das eigene Leben nurmehr das Anschauungsmaterial abgibt. Entsprechend den philosophischen Grundideen der Stoa, die ein Leben im Übereinklang mit der Natur, den göttlichen Gesetzen und den Geboten der Vernunft propagierte, legen Marc Aurels *Selbstbetrachtungen* mehr Wert auf die geistige denn die körperlich-materielle Seite des menschlichen Daseins. Dabei sieht der Autor den Menschen durchaus im Zusammenhang des menschlichen Miteinander, als soziales Wesen gewissermaßen; deshalb finden sich auch Beschreibungen der Menschen, die in seinem Leben eine Rolle gespielt haben. Dennoch bleibt die Lebensdarstellung der Aufhänger für die philosophische Reflexion.

Zu einem Leitparadigma der Autobiographiegeschichte sind die *Confessiones* des **Aurelius Augustinus** (354–430) geworden. Hier hat die Autobiographieforschung gefunden, was sie für gattungskonstitutiv erachtete: die kontinuierliche Darstellung eines Lebenszusammenhangs und die Reflexion des Schreibenden auf das eigene Ich. Augustinus, Rousseau und Goethe werden häufig in eine (hermeneutische) Reihe gestellt. »Ich blicke in die Selbstbiographien, welche der direkteste Ausdruck der Besinnung über das Leben sind. Augustin, Rousseau, Goethe zeigen ihre typischen geschichtlichen Formen«, schreibt Dilthey (1981, S. 244). Der in Numidien geborene spätere Bischof von Hippo schrieb seine Bekenntnisse im Alter von ca. fünfundvierzig Jahren. Seine **Bekehrung zum Christentum**, um die das Werk zentriert ist, lag zu diesem Zeitpunkt etwa zwölf Jahre zurück. In der Zeit zwischen seiner Bekehrung und der Taufe, um die Jahreswende 386/87, hatte Augustinus bereits die *Soliloquien* verfasst, Gespräche zwischen seinen menschlich-sinnlichen Eigenschaften und seiner Vernunft, in denen die Wahrheit Gottes und die Unsterblichkeit der Seele im Mittelpunkt stehen. Doch handelt es sich hierbei eher um einen religiös-philosophischen Traktat denn um autobiographische Selbstdarstellung. Die *Confessiones* setzen sich aus dreizehn Büchern zusammen, die sich in drei Abschnitte einteilen lassen. Die Bücher 1 bis 9 umfassen die Darstellung von Augustinus' Lebensgeschichte, die in der im achten Buch geschilderten Bekehrung gipfelt. Buch 10 beschreibt das religiöse Leben des Autors, seine geistig-geistliche Befindlichkeit nach seiner Bekehrung, während die Bücher 11 bis 13 dem Verständnis des göttlichen Worts gewidmet sind. Hier finden sich Reflexionen über Zeit und Gedächtnis, die Schöpfung und Gottes ewiges Wirken.

Augustinus beschreibt also seinen Weg zum christlichen Gott. Kindheit und Jugend, die Zeit des noch von Gott entfernten Erwachsenendaseins werden ausführlich dargestellt. Viel Raum nimmt seine **Bildungsgeschichte** ein, die ihn nach ersten rednerischen Erfolgen in der frühen Jugend die Laufbahn des Rhetors einschlagen lässt. Obwohl seine Mutter Monnica, die eine zentrale Rolle in den *Confessiones* spielt, bereits Christin ist und sich nichts so sehr wünscht als auch den Sohn bekehrt zu sehen, verschließt sich Augustinus der christlichen Wahrheit und führt ein sündiges, und d.h. vor allem ein von Sinnlichkeit und Eitelkeit geprägtes Leben. Gleichwohl stellen sich auch geistige Bedürfnisse ein. Augustinus schließt sich den Manichäern an, die versuchten, mehrere Religionen miteinander zu verschmelzen, und ihren Glauben auf einen Dualismus von Licht und Finsternis gründeten. Großen

Schmerz verursacht ihm der Verlust eines nahen Freundes; und
er erfährt am eigenen Leibe, wie unheilvoll dem Menschen das
Verhaftetsein im Irdisch-Leiblichen ist. Der nächste Schritt führt
ihn zum Neuplatonismus, der ihn der Erleuchtung näher bringt,
ihm gleichwohl aber noch die Wahrheit des christlichen Gottes
vorenthält. Augustinus will sich bekehren, kann es aber noch nicht;
mit großer Dramatik schildert er seine Seelenkämpfe. Den Höhe-
und Umschlagpunkt seiner Erzählung stellt die **Konversionsszene**
im Mailänder Garten dar, die den mit sich ringenden Augustinus
plötzlich die Stimme eines Kindes aus dem Nachbarhaus hören
lässt, die immer wieder »Tolle, lege!« sagt, »Nimm und lies«. Augustinus erinnert sich im Vernehmen dieser Stimme daran, dass der
Bekehrung des heiligen Antonius das Gefühl, bei der Lesung des
Evangeliums durch ein Schriftwort ganz persönlich angesprochen
zu werden, vorausgegangen war. Diesem Vorbild folgend greift
Augustinus nun seinerseits zur Heiligen Schrift:

»Ich griff sie auf, öffnete und las stillschweigend den ersten Abschnitt, der
mir in die Augen fiel: ›Nicht in Fressen und Saufen, nicht in Kammern
und Unzucht, nicht in Hader und Neid, sondern ziehet an den Herrn
Jesus Christus und hütet euch vor fleischlichen Gelüsten.‹ Weiter wollte ich
nicht lesen, brauchte es auch nicht. Denn kaum hatte ich den Satz beendet,
durchströmte mein Herz das Licht der Gewißheit, und alle Schatten des
Zweifels waren verschwunden.« (Augustinus, *Bekenntnisse*, S. 215)

Es handelt sich bei der genannten Schriftstelle um zwei Verse aus
dem Römerbrief des Paulus (13, 13f.). Die Augustinus-Forschung
hat die Faktizität des Berichteten in Frage gestellt und die Szene
eher als eine allegorische Darstellung interpretiert, die, angelehnt
an das Vorbild der Antonius-Vita, die sich in Augustinus' Innerem
abspielenden Vorgänge gestaltet (vgl. Courcelle 1963, 1968). Mit
erfolgter Bekehrung jedenfalls ist nun Augustinus' irdisches und d.h.
auch das zu beschreibende Leben abgeschlossen. Zwar wird noch ei-
niges aus der Zeit nach der Bekehrung berichtet, aber die eigentliche
Entwicklung ist beendet. Damit ist ein Strukturschema ausgeprägt,
das für die weitere Geschichte der christlichen Autobiographik
bestimmend werden sollte: die Erzählung einer Lebensgeschichte,
die ihr Ziel, ihre Bestimmung noch nicht erreicht hat, sondern auf
den **Wendepunkt der Bekehrung** hinsteuert und dann abbricht,
weil das Leben des oder der Betroffenen damit sozusagen seine
Erfüllung gefunden hat. Für das Verhältnis von Schrift und Leben
zeichnet sich hiermit eine bemerkenswerte Spannung ab: Berichtet
wird nur das nichterfüllte Leben, das Leben vor der Wende; das an
sein Ziel gekommene Leben scheint nicht mehr autobiographiefä-

hig zu sein. Tatsächlich berichtet Augustinus, dessen Bekehrung endgültig ist, auch nach derselben immer wieder von Momenten der Schwäche, etwa von Heimsuchungen der Sinneslust durch die lockenden Bilder des Gedächtnisses. Die autobiographische Schrift wird also zum **Medium einer Differenz**, die das Leben erst darstellbar macht, indem sie es von einem idealen Ziel- und Betrachtungsstandpunkt aus in eine kritische Distanz rückt.

Dass in den *Confessiones* des Augustinus dem gottfernen Leben des Irrenden und Suchenden der Endpunkt in Gott immer schon eingeschrieben ist, zeigt sich nicht zuletzt daran, dass der Text von Anfang an in dialogischer Form verfasst ist und ein **Gespräch mit Gott** figuriert. Auch die zahlreichen Bibelzitate, mit denen Augustins Text durchsetzt ist, kommentieren das erzählte Leben aus der Perspektive der zu erreichenden und zum Zeitpunkt der Niederschrift des Lebens bereits erreichten göttlichen Wahrheit. Der Titel *Confessiones*, der sich von dem lat. ›confiteri‹ ableitet, will denn auch mehr zu verstehen geben als lediglich das Bekenntnis resp. Sündenbekenntnis eines Einzelnen: ›Confiteri‹ bedeutet nicht nur ›bekennen‹, sondern auch ›offen aussprechen‹, ›verkünden‹ und sogar auch ›lobpreisen‹. So ist in der Forschung auch der Vorschlag gemacht worden, statt von den *Bekenntnissen* des Augustinus von seinen *Lobpreisungen* zu reden, ein Vorschlag, der sich allerdings nicht durchgesetzt hat. Zu den Lobpreisungen Augustins gehört immer wieder die **Anrufung der göttlichen Wahrheit**, die tatsächlich zu einem der Leitbegriffe seiner Darstellung wird: Gott ist die Wahrheit und an der Wahrheit Gottes bemisst sich das Leben des Menschen, während die genannten irdischen Verstrickungen wie Sinnlichkeit und Ruhmsucht Verstellungen derselben bedeuten.

In Anbetracht der rhetorischen Vorgeschichte der Autobiographie ist es signifikant, dass die **Rhetorik** in Augustins Lebensbericht eine so hervorgehobene Rolle spielt. Die Rhetorik, die im antiken Bildungskanon zusammen mit Grammatik und Dialektik zum sog. ›Trivium‹ gehörte, ist es, die den jungen, nach weltlicher Anerkennung strebenden Augustinus vom göttlichen Pfad der Wahrheit abführt. Eugene Vance hat in einem scharfsinnigen, die sprachlogischen Voraussetzungen autobiographischen Schreibens diskutierenden Artikel darauf hingewiesen, dass die Rhetorik in der Darstellung des Augustinus in einer Reihe mit der von dem jungen Augustinus ausgelebten Sinneslust steht. Beide, die verführerische Macht der Rhetorik wie diejenige des Fleisches, werden von Augustinus als auf dem Weg zur Wahrheit zu überwindende Hindernisse dargestellt. Das irdische, fleischliche Wort muss aufgegeben werden, damit der Mensch zum ewigen göttlichen Wort, dessen

Verbindlichkeit den Rahmen der augustinischen Selbstdarstellung bildet, vordringen kann.

Die Tatsache, dass die *Confessiones* des Augustinus in erster Linie damit befasst sind, eine auf die Sprache gegründete Ontologie zu entwickeln, erklärt, so Vance, den für moderne Autobiographieforscher/innen so irritierenden Wechsel im Modus der augustinischen Selbstdarstellung, der sich zwischen dem neunten und dem zehnten Buch vollzieht. Das ›Ich‹ in der Autobiographie sei niemals nur Bezeichnung dessen, der spricht, sondern zugleich als »a vacant, wandering signifier« (Vance 1973, S. 3) eine grammatische, innerhalb des Systems der Sprache Bedeutung erlangende und Bedeutung stiftende Funktion. Autobiographie existiert nur auf der Grundlage sprachlicher Strukturen und das in ihr repräsentierte Ich kann daher immer nur ein kontingentes sein. Es verweist als solches aber auch auf die sprachliche Ordnung des Geschaffenen als ein durch den göttlichen Schöpfer Gesprochenes. Es geht mithin darum, die göttliche Grammatik zu lesen und jene menschlichen Vermögen zu erkunden, die den Weg zum Wort Gottes eröffnen wie das Gedächtnis, den Willen und die Einsicht. Im Gedächtnis ist das Wissen des Menschen vom höchsten Sein aufbewahrt, freilich in Begriffen, die es dem Menschen versteh- und darstellbar machen – und die darum immer schon korrumpierbar sind, zumal im Gedächtnis auch die Erinnerungen an das korrumpierte Irdisch-Menschliche Platz finden (vgl. auch Ferretti 1991). Das Gedächtnis ist also ein höchst sensibler Bereich, dessen sorgsame Erforschung dem Heilsuchenden obliegt.

Um sich selbst kennenzulernen, muss der Mensch seinen Ursprung in Gott aufsuchen. Sprache ist nicht Ausdruck des Lebens, vielmehr ist das menschliche Leben ein Zeichen der göttlichen Sprache. So gesehen ist der Wechsel von der Erzählung zur Exegese in den *Confessiones* weniger einschneidend als es auf den ersten Blick erscheinen mag. Augustinus berichtet sein Leben als ein **Leben in Sprache**; die Rhetorik um ihrer selbst willen wird verabschiedet zugunsten eines Hörens auf das göttliche Wort. Dabei ist die Verfallenheit an die Schöpfung gleichbedeutend mit einer rhetorischen Idolatrie des Signifikanten; insofern findet der Sündenfall des Menschen in der Sprache und als Sprache statt. Andererseits ist der Mensch seinerseits Sprache, nämlich Sprache Gottes. Augustins *Confessiones* sind also eingebettet in eine übergreifende Reflexion auf und über Sprache, über ihre zeichenhafte Nichtigkeit wie über ihren geistigen Sinn und ihre göttliche Schöpfungskraft. Aber natürlich bleibt Augustinus auch nach seiner Konversion Rhetoriker – davon legt der Text der *Confessiones* selbst beredtes

Zeugnis ab. Dies reflektiert etwa jene Textpassage, die – aus der
Perspektive der bereits erfolgten Bekehrung – von seinem ersten
jugendlichen Redeerfolg berichtet:

> »Was half's mir, daß mein Vortrag vor vielen Altersgenossen und Mitschü-
> lern reichen Beifall fand? War nicht das alles Rauch und Wind? Gab es
> denn nichts anderes, an dem ich Geist und Zunge hätte üben können?
> Dein Lob, Herr, dein Lob, wie es in deinen heiligen Schriften ertönt,
> hätte der zarten Rebe meines Herzens Halt gewährt. Dann wäre es nicht
> in Eitelkeit und Spielerei hin und her gerissen, eine schimpfliche Beute
> böser Geister.« (Augustinus, *Bekenntnisse*, S. 51f.)

Die Rhetorik, die vor der Bekehrung nur leerer Schein und in
ihrer trügerischen Schönheit der Wahrheit entgegengesetzt ist,
hat nun einen anderen Rahmen und einen anderen Bezugspunkt
erhalten und erscheint somit als gerechtfertigt. An die Stelle der
Verfallenheit an den eitlen Signifikanten ist, könnte man sagen,
die Autorität des göttlichen Signifikats getreten, die der Rede ein
Widerlager gibt.

In dem Maße, in dem Augustins **Auseinandersetzung mit dem
Gedächtnis** im zehnten Buch der *Confessiones* für die Erkenntnis
des göttlichen Schöpferwortes unerlässlich zu sein scheint, in eben
dem Maße stellt das Gedächtnis auch das zentrale Forum für das
autobiographische Bemühen, sich selbst zu erkennen, dar. Insofern
als das Bewusstsein im Gedächtnis Vergangenheit, Gegenwart und
Zukunft verbindet (vgl. O'Daly 1993, S. 39), ist die Arbeit des Gedächtnisses die Voraussetzung für die Rekonstruktion des autobiographischen Lebenszusammenhangs. In den »Gefilden und weiten
Hallen des Gedächtnisses« (Augustinus, *Bekenntnisse*, S. 254) – der
gelernte Rhetor Augustinus bemüht hier das in der rhetorischen
Memoria-Lehre vorgeschlagene topographische Gedächtnismodell
– begegnet sich der Autobiograph selbst:

> »Da ist alles, dessen ich mich erinnere, ob ich's nun selbst erfahren oder
> es gläubig aufgenommen habe. Aus diesem Vorrat nehme ich die Bilder
> von allerlei Dingen, mag ich sie selbst wahrgenommen oder auf Grund
> eigener Erfahrung andern geglaubt haben, bald diese, bald jene, knüpfe an
> Vergangenes an und stelle mir im Anschluß daran künftige Handlungen,
> Ereignisse und Hoffnungen vor Augen, und all das wiederum so, als wär's
> gegenwärtig.« (S. 256)

Augustinus analysiert die Funktionsweise des Gedächtnisses, stellt
fest, dass manche Erinnerungen sofort zur Hand sind, andere erst
länger gesucht werden müssen, er setzt sich auch mit dem Vergessen auseinander sowie mit dem merkwürdigen Phänomen, dass

man sich an das Vergessen erinnern kann etc. Er ist sich gleichermaßen bewusst, dass das Gedächtnis nicht nur Selbsterfahrenes aufbewahrt, sondern ebenso Informationen aus zweiter Hand. So vermag Augustins Gedächtnistheorie die Verwendung von **autobiographischen Topoi** zu erklären, die zum einen dann eintreten, wenn man sich nicht selbst erinnern kann, zum anderen aber auch die eigene Erinnerung leiten. Der Anfang der *Confessiones* stellt ein prägnantes Beispiel einer topischen Selbstvergegenwärtigung dar: Natürlich kann sich Augustinus nicht mehr an seine Kleinkindertage erinnern, aber er erzählt, was ihm von seinen Eltern aus dieser Zeit berichtet wurde und was seiner Kenntnis nach alle Kleinkinder zu tun bzw. wie sie sich zu verhalten pflegen:

»Dann fing ich an zu lächeln, zuerst im Schlaf, darauf auch wachend. Denn so hat man mir's berichtet, und ich glaube es auch, denn wir beobachteten es an anderen Kindern. Erinnern freilich kann ich mich nicht daran. Und siehe, nach und nach fühlte ich, wo ich war, und wollte meine Wünsche denen kundtun, die sie erfüllen sollten, und war's doch nicht imstande.« (S. 36)

Im Ganzen ist das Gedächtnis als der Ort, an dem sich das höchste Sein dem Menschen einprägt, aber doch eine unbegreifliche Angelegenheit, und Augustinus, der immer wieder die Frage nach der Natur des eigenen Ich stellt, konstatiert: »[...] was aber könnte mir näher sein als ich selbst? Und siehe, mein eigenes Gedächtnis kann ich nicht begreifen und bin doch selbst von ihm umfaßt« (S. 264f.). Das Gedächtnis, in dem sich Gott dem Menschen mitteilt, ist dem Menschen letztlich nicht verfügbar. Das Bild, das sich das Ich von sich macht, gründet sich einerseits auf die Funktion des Gedächtnisses, andererseits kann sich der Mensch in dem Maß, in dem das Gedächtnis unverfügbar bleibt, seiner selbst nicht vollständig bewusst werden, ist er sich selbst entzogen.

Die *Confessiones* des Augustinus erzählen nicht nur die Geschichte eines Lebens bis zu dem Punkt seines geistlichen Ziels, sie stellen überdies der nachfolgenden religiösen, aber auch der weltlichen Autobiographik ein Darstellungsschema zur Verfügung, das umso bereitwilliger aufgegriffen wurde als es der individuellen Lebensgeschichte – die Augustinus in Teilen gewiss fingiert hat – den Rahmen einer **überindividuellen Lesbarkeit** verlieh. Augustins Werk ist nicht nur aufgrund der berichteten Bekehrungsgeschichte ein Schlüsseltext der autobiographischen Tradition, sondern mindestens ebenso sehr aus dem Grund, dass seine Ausführungen über die menschlichen Vermögen sowie das ausgeprägte Bewusstsein von der Ambivalenz der Sprache grundsätzliche systematische Probleme

der autobiographischen Selbstvergegenwärtigung in die Reflexion
bringen.

2. Mittelalter: Geistliches und weltliches Vermögen

Das Mittelalter, für das hier, einer historiographischen Konvention
folgend, der Zeitraum von ca. 500 bis ca. 1500 angesetzt werden
soll, wird nicht unbedingt mit autobiographischer Selbstreflexion
in Verbindung gebracht. Allzu nachhaltig ist das literaturhistorische
Bewusstsein durch den Befund Jacob Burckhardts (vgl. Kap. III.3)
geprägt, der die Entdeckung des modernen, sich selbst themati-
sierenden Individuums in die Zeit der italienischen Renaissance
verlegte. Die Tatsache, dass Misch zweieinhalb Bände, d.h. fünf
stattliche Teilbände seiner *Geschichte der Autobiographie* allein dem
Mittelalter widmet, spricht eine andere Sprache. Allenthalben findet Misch das Autobiographische: in den Klage- und Ruhmeslie-
dern der altgermanischen Dichtung, in den arabischen Kassiden,
einer Gedichtform namentlich der vorislamischen Zeit, in der Hagiographie, der Brief- und Beichtliteratur, veritablen Selbstbekennt-
nissen, in der Geschichtsschreibung, in Grabschriften u.a. mehr.
Neben dem zentraleuropäischen werden auch der nordische, der
arabische und der byzantinische Bereich berücksichtigt. Umfassend
und ausführlich stellt Misch die autobiographische Produktion
des Mittelalters vor – über der ihm der Atem ausgegangen zu
sein scheint, verbleibt ihm für die gesamte Neuzeit doch nurmehr
noch ein einziger Band!

Die Vielzahl der von Misch vorgestellten Zeugnisse weist einmal mehr auf die **Gattungsproblematik** der Autobiographie. So
stellt sich Misch ob der Fülle des von ihm versammelten heterogenen Materials selbst die Frage, »ob die Autobiographie eine
eigene Gattung des Schrifttums und darüber hinaus der geistigen
Betätigung bildet, wie wir das hier voraussetzen, oder ob erst wir
es sind, die diese eigenwilligen, ihrer literarischen Form nach so
ungemein verschiedenen Gelegenheitsprodukte künstlich als eine
besondere Art von Schriften klassifizieren« (Misch 1955, S. 13f.).
Das gleiche kritische Konstruktionsbewusstsein zeigt Misch auch
hinsichtlich des ›**Mittelalter**‹-**Begriff**s, der, aus einer retrospekti-
ven neuzeitlichen Perspektive das sog. ›Mittelalter‹ lediglich als
eine die Lücke zwischen Altertum und Neuzeit überbrückende
Zwischenzeit zu betrachten scheint. Demgegenüber betont Misch
die Eigenständigkeit der Epoche, ihre »Zentrierung in sich selbst«

(S. 30; vgl. S. 34), eine Kategorie, die sich aus dem hermeneutischen Ansatz herleitet und den Maßstab des jeweils Eigenen und Unverwechselbaren anlegt. Misch beansprucht auch durchaus die Kategorie der ›**Individualität**‹ für die sich in den mittelalterlichen Texten selbst Darstellenden und zu Gehör Bringenden. Freilich spricht er von ›morphologischer‹ Individualität und meint damit, dass ein Individuum sich nur aus übergeordneten Bezügen, etwa der ständisch-feudalen Ordnung oder einer religiösen Bindung heraus zu definieren in der Lage ist. Der hermeneutische Grundansatz, der das Einzelne aus dem Ganzen und umgekehrt erklärt, macht sich hier geltend und verweist nicht nur auf den Konstruktcharakter des Konzepts der ›morphologischen Individualität‹, sondern rückt gleichermaßen ins Bewusstsein, dass auch die Vorstellung von Individualität eine moderne, auf systematischen und historischen Prämissen beruhende Setzung ist (vgl. Kap. II.1).

Dass die Wertschätzung der Individualität und damit auch des Autobiographischen ein Charakteristikum der Moderne darstellt, ist für die Beurteilung der mittelalterlichen Autobiographik nicht ohne Belang. Misch weist nämlich darauf hin, dass im Mittelalter den autobiographischen Hervorbringungen im Vergleich etwa zu den Texten, die traditionelles Bildungswissen vermittelten, keine besondere Beachtung geschenkt wurde. Dies hat Auswirkungen auf die oft mangelhafte Überlieferungssituation der autobiographischen Zeugnisse, erklärt aber auch das in mittelalterlichen Texten nicht selten irritierende **Nebeneinander von biographischer Information und Fiktionalem.** Gab es auf der einen Seite noch kein Authentizitätsbewusstsein im modernen Sinne, das auf das historisch Verbürgte Wert legt und deswegen eine klare Scheidung von Erlebtem und Erfundenem verlangt (vgl. Zumthor 1973, S. 29), ermöglicht auf der anderen Seite eben die fehlende Trennung zwischen Fiktion und Realität das Eindringen der Ich-Rede in den literarischen Text, sei es, dass sich die Autoren zu Wort melden oder aber Figuren im Text in der 1. Person von sich reden.

Das **Autobiographische als eine Sprechhaltung** greift Raum, und dass es sich offenbar einer zunehmenden Beliebtheit erfreute, richtet die kritische Aufmerksamkeit der Forschung gegenüber einem Festhalten an der historischen Faktizität verstärkt auf die rhetorisch-grammatische Form der autobiographischen Aussage. In diesem Sinne ist auch darauf aufmerksam gemacht worden, dass die referenzielle Funktion des Pronomens ›ich‹ seit dem Mittelalter entscheidende Veränderungen durchgemacht hat. Die Ich-Rede in mittelalterlichen Texten hat häufig eher aufführungsbezogene Sprecher-Funktion als dass sie in einem auktorialen autobiographi-

schen Sinne zu verstehen wäre. Gleichwohl zeigt sich in der Lyrik
des 12. Jahrhunderts ein neuer Funktionstypus ›selbst redenden‹
Sprechens, der topische Sprecherposen biographisch aktualisiert,
diese Aktualisierung aber auch im ironisch fiktionalen Spiel unterläuft (vgl. Haubrichs 1995). Zumthor unterscheidet zwischen zwei
Graden der Ich-Rede: einmal verschmilzt das Ich als das globale
Subjekt des Ausgesagten mit dem Text, etwa in der Troubadour-
Lyrik, zum anderen wird die Ich-Rede vom Text selbst produziert,
als Figurenrede beispielsweise. Das Ich ist so betrachtet gleich-
sam eine Personifikation und führt ein vor allem grammatisches
Dasein. Die **Figur des Ichs** und das ihm gegenübergestellte Du
weisen nicht über den Text hinaus, sondern stellen innertextuelle
Positionen dar. In diesem Sinne bietet etwa die Troubadour-Lyrik
fiktionale Autobiographien, die in der Perspektive des Lesers, der
Leserin Gestalt annehmen. Das ›Ich‹ organisiert sich als Figur und
Figuration.

Die autobiographische Produktion des **Frühmittelalters**, also der
Zeit etwa bis zur Jahrtausendwende, ist nach Misch gekennzeichnet
durch eine »Gemengelage« (Misch 1955, S. 55), in der sich Antikes
und Christliches verbinden. Ulrich Müller unterscheidet grundsätzlich zwischen »Reflexionsautobiographien«, für die Augustins
Confessiones die Vorlage bilden, und »Handlungsautobiographien«,
die vorwiegend räumlich oder zeitlich, d.h. nach dem Schema einer
Reise oder aber dem eines Lebensverlaufs strukturiert sind. Dabei
ist die lateinische Autobiographie des Mittelalters deutlich geprägt
von den Vorbildern der christlichen Reflexionsautobiographie, der
Heiligenbiographie sowie der antiken Herrscherdarstellungen (vgl.
Müller 1998, S. 305ff.).

Die funktionale Einbindung des Autobiographischen im Mittelalter zeigen die geistlichen Schriften **Otlohs von St. Emmeram**
(um 1010–um 1070), der, einer wohlhabenden Familie aus der
Freisinger Diözese entstammend, schon früh durch seine Schrei-
berbegabung aufgefallen war. Nach Jahren als Weltgeistlicher trat
er in das Kloster St. Emmeram in Regensburg ein und wurde dort
zum Leiter der Klosterschule und später auch zum Dekan ernannt.
Autobiographisches findet sich in nahezu allen seiner Schriften.
Wie diejenige des Augustinus ist auch Otlohs autobiographische
Selbstbesinnung um seine **Bekehrung** zentriert, die freilich, im
Unterschied zu Augustins Weg, allmählich geschieht und mit
nachträglichen Anfechtungen und Glaubenszweifeln verbunden ist,
d.h. sich nicht in einem alles entscheidenden Bekehrungserlebnis
gleichsam ruckhaft ereignet. Um 1035, bereits einige Zeit nach
seinem Eintritt ins Kloster, verfasste er ein geistliches Lehrgedicht,

das unter dem Titel *De doctrina spirituali liber metricus* überliefert ist. In diesem Werk stellt er den Vorgang seiner Bekehrung dar, für den ähnlich wie bei Augustinus die Abkehr von der antiken literarischen Kultur und Bildung und der Übergang zur Bibelfrömmigkeit den Dreh- und Angelpunkt bilden. Das Lehrgedicht ist selbst Teil der in ihm dargestellten Bekehrung, denn es hatte nicht nur die Aufgabe, andere zu belehren, sondern sein Verfasser wollte sich eigenem Bekunden zufolge selbst durch die Arbeit an diesem Werk disziplinieren. Für die Geschichte der Autobiographie stellt Otlohs Gedicht, das Misch als die »erste förmliche Autobiographie« bezeichnet, »die uns aus dem katholischen Mittelalter erhalten ist« (Misch 1959, S. 64), eine wichtige Station dar, insofern als es die autobiographische Arbeit in einem funktionalen Zusammenhang mit dem geschilderten Leben sieht, Schrift und Leben also in eine enge Wechselbeziehung rückt.

Seine **Anfechtungen** beschrieb Otloh nicht nur in *De doctrina spirituali*, sondern auch in einer Sammlung von Visionen, dem *Liber visionum*, die er um 1063 herausgab. Der autobiographische Bericht macht fast ein Drittel des Visionenbuchs aus. Der Text ist geprägt von einer deutlichen Lust am Erzählen und Fabulieren, und die Geschichte seiner inneren Entwicklung ist hier zusammenhängender dargestellt als in dem am Ende seines Lebens abgefassten *Libellus de suis tentationibus, varia fortuna et scriptis*, dem ›Büchlein von seinen Versuchungen, Schicksalen und Schriften‹. Dessen Dreiteilung ist freilich symptomatisch, zeugt sie doch eher von einem sachlichen Einteilungen folgenden Blick auf das eigene Leben als von einer integrativen Betrachtung des Lebenszusammenhangs. Misch spricht gleichwohl von einer »Verselbständigung der Autobiographie«, die in Otlohs letzter Schrift erfolge (Misch 1959, S. 88).

Auch am Beispiel des scholastischen Philosophen **Petrus Abaelard** (1079–1142) ist das Verhältnis von autobiographischer Form und individuellem Ichbewusstsein diskutiert worden. Abaelard hatte mit seiner Privatschülerin Héloise ein Liebesverhältnis begonnen; Héloise wurde schwanger und nach der Entdeckung von Abaelards Vaterschaft wurde er entmannt und ins Kloster St. Denis geschickt, während Héloise zum Eintritt in das Kloster Argenteuil gezwungen wurde. Nach mehreren Jahren nahmen Abaelard und Héloise Briefkontakt auf, und dieser Briefwechsel gilt als wichtiges autobiographisches Dokument des Mittelalters, umso mehr als Abaelard diese Briefe selbst zu einem Buch komponiert hat, dem sog. *Paraklet*-Buch. Die Authentizität der Briefe, die Abaelard gewiss überarbeitet hat, ist in Frage gestellt worden, jedoch ist für

das autobiographische Bewusstsein des Mittelalters die Art und
Weise, in der ein Zeugnis der Selbstdarstellung arrangiert wird,
in einem sehr viel höheren Maße aufschlussreich als das Beharren
auf einer kaum verifizierbaren Authentizität. Paul Lehmann gibt
seiner Verwunderung darüber Ausdruck, dass »Héloise in ihren
Briefen als die tiefere Persönlichkeit von beiden« erscheine und der
eitle Abaelard bei der Überarbeitung diesen Eindruck nicht getilgt
habe, erklärt dies aber psychologisch argumentierend mit Abaelards
Ichbezogenheit, die »ihn daran hinderte, ihre geistige Größe voll
zu erkennen, und er darum versäumte, sich selbst ihr gegenüber in
besseres Licht zu rücken« (Lehmann, in: Niggl 1998, S. 293).

›Paraklet‹ ist ein griechisch-mittellateinisches Wort und bedeutet
›Helfer‹, ›Fürsprecher‹ vor Gott; auch bezeichnet es entsprechend
dem Johannes-Evangelium den Heiligen Geist. Das *Paraklet*-Buch
enthält drei Teile, einmal die sog. »Historia calamitatum mearum«,
also die Leidensgeschichte Abaelards in der Form eines autobiographischen Berichts, als zweiter Teil folgt der Briefwechsel mit
Héloise und als dritter Teil eine für Héloise geschriebene Klosterregel für Nonnen. Roy Pascal sieht in der »Historia calamitatum«
Abaelards »unwillkürliches Bedürfnis, Vergangenes noch einmal
nachzuleben, besonders die Liebe zu Héloïse, und zu verstehen,
was geschehen war.« Es sei ihm darum gegangen, das Vergangene
erinnernd einzuholen, sein Leben als ein Ganzes zu sehen und
»die eine unteilbare Person aufzufinden« (Pascal 1965, S. 36). Gerhart v. Graevenitz hat dagegen die These aufgestellt, das *Paraklet*-
Buch spiele neuzeitliche Formen autobiographischen Schreibens
durch, neuzeitlich deshalb, weil es über ein Bewusstsein von der
wirklichkeitsschaffenden Sprache ein **differenziertes Ich-Konzept**
entwickle. Das sprachkritische Ichbewusstsein Abaelards ist nach
v. Graevenitz vor dem Hintergrund eines scholastischen Trinitäts-
verständnisses zu begreifen. Die Einheit Gottes umfasst nach theo-
logischem Verständnis drei göttliche Personen: Gott-Vater, Sohn
und Heiligen Geist. In seiner *Theologia summi boni. Tractatus de
unitate et trinitate divina* schreibt Abaelard:

»Wundere dich nicht, wenn in derselben göttlichen Substanz *drei* Personen
unterschieden werden [...]. Denn auch nach der grammatischen Lehre
geben wir zu, daß der eine Mensch *drei* Personen ist, der *erste* demgemäß,
daß er spricht, der *zweite* insofern, als die Rede an ihn gerichtet wird
und endlich eine *dritte*, wenn einer zum andern über ihn spricht.« (zit.
n. v. Graevenitz 1992, S. 28)

Gemeint sind die drei grammatischen Personen ›Ich‹, ›Du‹, ›Er/Sie‹
die, je nach Situation, d.h. je nach Bezug, auf ein und dieselbe

Person angewandt werden können. Genau dieses grammatische
Schema unterlegt nun v. Graevenitz dem *Paraklet*-Buch. Der 1.
grammatischen Person, der im trinitarischen Modell die Vater-
Position Gottes entspricht, korrespondiert in Abaelards Schrift die
»Historia calamitatum«, der autobiographische Leidensbericht, in
dem Abaelard in der Ich-Form berichtet. Der 2. grammatischen
Person, dem Du, dessen trinitarische Analogie der Sohn Jesus Christus bildet, entspricht im *Paraklet*-Buch der Briefwechsel zwischen
Abaelard und Héloise, in dem die Partner sich gegenseitig das ›Du‹
sind. Und schließlich korrespondiert der dritten grammatischen
Kategorie innertrinitarisch der Heilige Geist und im *Paraklet*-Buch
die aufgestellte Klosterregel, die von den Klosterangehörigen in
der 3. Person spricht. Das mag konstruiert klingen, wird aber
durch eine weitere Aussage Abaelards in der *Theologia summi boni*
gestützt:

»Gleichwohl sind sie, d.h. der Vater, der Sohn und der Heilige Geist, voneinander verschiedene Personen, und zwar nach der Analogie von solchen
Dingen, die *nach ihren Definitionen verschieden* sind. Auch wenn nämlich
ganz die gleiche Substanz Vater ist, welche Sohn und Heiliger Geist ist, gibt
es doch ein Proprium des Vaters insofern, als er Vater ist, und ein anderes
des Sohnes und ein anderes des Heiligen Geistes. Der Grund ist: Der Vater
hat seinen Namen nur daraus, daß er *mächtig* ist, der Sohn daraus, daß
er *unterscheidend*, d.h. mächtig zur Unterscheidung ist; der Heilige Geist
daraus, daß er *gütig* ist.« (zit. n. v. Graevenitz 1992, S. 28)

Die Mächtigkeit des Vaters geht also ein in die Mächtigkeit, »ich«
zu sagen und d.h. auch, seinem eigenen Leben Gestalt zu verleihen, die Unterscheidungskraft des Sohnes hilft dem unterscheidenden Bewusstsein in der Ich-Du-Beziehung, und die Gütigkeit
des Heiligen Geistes unterstützt die zu regelnde Soziabilität, das
Gemeinschaftsleben des Klosters. Nach v. Graevenitz stellt das *Paraklet*-Buch verschiedene Schreibweisen, d.h. verschiedene Blickrichtungen auf ein und dasselbe Ich nebeneinander. So vielfältig
wie das Ich, so vielfältig müssen seine Texte sein. Abaelards Werk
stellt also ein »Textmodell kombinierter Heterogenität« dar: »Die
Trinitätsschrift legt nahe, daß die Vielheit der Ich-Aspekte und
ihrer Texte kein Argument gegen ihre substantielle Einheit ist.
Entscheidend ist, daß das Paraklet-Buch an dieser substantiellen
Einheit kein thematisches Interesse hat« (v. Graevenitz 1992, S.
44). Hier werden Möglichkeiten der Autobiographie entworfen,
die aber, so v. Graevenitz, sofort wieder zugedeckt worden sei-
en. Abaelards Buch stelle ein frühes Beispiel einer immer schon
sprach- und rhetorikorientierten Konstitution des Subjekts dar, die

vielleicht nur kurzfristig durch die idealistische, das Subjekt mit
der Selbstgegenwärtigkeit des Geistes identifizierende Subjektphi-
losophie unterbrochen worden sei.

Schon die bislang genannten Beispiele machen deutlich, dass
die Autobiographie im Mittelalter in einer engen funktionalen
Verbindung mit der religiösen Glaubenserfahrung steht. Namentlich im Bereich der mystischen **Visionsliteratur des Hoch- und
Spätmittelalter**s verstärkt sich der autobiographische Impuls,
insofern als es der Frömmigkeitsbewegung der **Mystik** um die
unmittelbare Gotteserfahrung geht und die *unio mystica,* das er-
klärte Ziel der Mystiker und Mystikerinnen, die Einheit von Gott
und menschlicher Seele beschreibt, mithin die Aufmerksamkeit der
Gläubigen introspektiv auf innerseelische Vorgänge lenkt. Auch
wenn diese mystischen Erfahrungs- und Lebensberichte oftmals
einen stereotypen Charakter annehmen und ganz offenkundig nach
literarischen Vorlagen modelliert sind, bedeutet dies für ihre Autorinnen und Autoren keine Minderung ihres Authentizitätsgehalts:
Gerade die vorgeprägten Formen ermöglichen eine Einordnung des
eigenen Daseins und geben Verständnishilfen, wenn man nicht gar
mit de Man behaupten möchte, sie produzierten erst das jeweils
eigene Leben (vgl. Kap. I.2 und II.4.2.2).

So wurde auch im Falle des Dominikaners **Heinrich Seuse**
(um 1295/97–1366) bis in die fünfziger und sechziger Jahre des
20. Jahrhunderts hinein debattiert, ob seine in der Volkssprache
abgefasste *Vita* als authentisch anzusehen sei. Diese Debatte wurde
dahingehend abgeschlossen, dass man sich darauf verständigt hat,
dem Text weitgehende Authentizität zuzusprechen und sich seiner
literarischen Struktur und Machart zuzuwenden. Dabei ist zutage
getreten, dass sich Seuses Darstellung an das Modell des höfischen
Romans mit seinem doppelten Handlungskreis anschließt. Zu den
inneren Glaubenszweifeln gesellen sich äußere, von Menschen zu-
gefügte Leiden, die Seuse veranlassen, sich als geistlichen Ritter
zu begreifen: Wie ein weltlicher Ritter hat auch er Gefahren und
Prüfungen zu bestehen. Der erste Teil schildert Seuses geistliche
Leiden, die körperlichen Martern, die er sich selbst zufügte, sowie
Visionen und Entrückungszustände. Im 40. Lebensjahr tritt eine
Wende ein, die ihn zum Verzicht auf seine körperlichen Bußübun-
gen veranlasst. Die späteren Kapitel des im Ganzen mystagogi-
schen, d.h. zur mystischen Erfahrung anleitenden Textes enthalten
eher theoretische Unterweisungen, die sich an Elsbeth Stagel, eine
im Kloster Töss lebende Nonne richten. Seuse betrachtete sie als
seine geistliche Tochter, die er versuchte, zur mystischen Gelassenheit zu führen. Der Schilderung des eigenen Lebens kommt dabei

Vorbildcharakter zu. Elsbeth Stagel, über deren *Leben* in der *Vita* gleichermaßen Mitteilungen gemacht werden, gerät als Adressatin in die fiktionale Position der Mitautorin – und tatsächlich hat sich die Forschung lange Zeit darüber Gedanken gemacht, ob sie nicht tatsächlich als Co- oder vielleicht sogar als alleinige Autorin der Seuseschen *Vita* anzusehen ist. Am Anfang der *Vita* berichtet Seuse über deren Entstehung:

»In deutschen Landen lebte ein Predigerbruder. Der war von Geburt ein Schwabe. Möge sein Name im Buche des Lebens stehen! Der wäre gar gern ein Diener der ewigen Weisheit gewesen und auch so geheißen worden. Er lernte eine heilige, erleuchtete Frau (seines Ordens) kennen, der in dieser Welt stete Not und viel Leiden zuteil geworden war. Die bat ihn, ihr aus seinem eigenen Erleben etwas vom Leiden zu sagen, woraus ihr duldendes Herz Kraft schöpfen könne; und diese Bitte wiederholte sie immer wieder. Wenn er sie aufsuchte, erfuhr sie von ihm, dank vertraulicher Fragen, wie er sein geistliches Leben begonnen und wie er darin fortgeschritten sei, auch dies und das von seinen Übungen, die er vorgenommen, und von den Leiden, die er erduldet. Und davon sprach er ihr in frommem Vertrauen. Da sie hierdurch Trost und Führung erfuhr, schrieb sie alles auf, sich und anderen zur Hilfe; das tat sie aber heimlich, so daß er nichts davon wußte. Als er danach irgendwann einmal von diesem geistlichen Diebstahl erfuhr, tadelte er sie und ließ es sich herausgeben. Was er erhielt, verbrannte er alles. Als sie ihm das übrige gab und er damit ebenso verfahren wollte, ward ihm eine himmlische Botschaft, die das verhinderte. Und so blieb das Folgende erhalten, so wie jene Frau es mit eigener Hand geschrieben. Ein wenig an guter Lehre ward nach ihrem Tode von ihm beigefügt.« (Seuse, *Vita*, S. 17f.)

Dies ist vermutlich kein blanker Tatsachenbericht; vielmehr scheint es sich um die verklausulierte Darstellung einer sich offenbar aus christlicher Bescheidenheit und/oder aus mangelndem auktorialen Selbstbewusstsein nicht zu sich selbst bekennenden Autorschaft zu handeln. Auch ist erörtert worden, ob Elsbeth Stagels literarische Beteiligung nicht ein Element des fiktionalen Rahmens bilde, den die Gattungsvorlage des Ritterromans setze. In struktureller Hinsicht ist es jedenfalls bedeutsam, dass die Adressatin des Textes in dessen literarischer Selbstinszenierung zu einer Art Medium und als solches sogar zur impliziten Mitautorin wird. Die *Vita* schließt mit einem sich über mehrere Kapitel erstreckenden geistlichen Dialog zwischen Stagel und Seuse, in dem er ihre Fragen beantwortet und dabei seine mystische Glaubens- und Lebenslehre formuliert. In der Figur der Elsbeth Stagel erwächst dem autobiographischen Ich – das im Falle der seuseschen Vita ein ›Er‹ ist, denn Seuse schreibt in der 3. Person – ein alter ego, in dem die ansonsten

möglicherweise eitel oder selbstgefällig erscheinende Niederschrift
ihre seelsorgerliche Rechtfertigung findet. Daher ist gesagt worden,
dass das »prominente Paar Heinrich Seuse und Elsbeth Stagel [...]
in erster Linie eine Lehre« dokumentiere, die »geistliche Lehre für
ein vollkommenes Leben« (Peters 1988, S. 141f.).

Die Beschreibung von Seuses Leben setzt erst mit dem acht-
zehnten Lebensjahr ein und erzählt nur das, wie es im Text heißt,
»geistliche Leben« (Seuse, *Vita*, 1966, S. 18). In Seuses achtzehn-
tem Lebensjahr findet die Gottesbegegnung statt und bewirkt eine
Abwendung des jungen Mönchs von allem Äußeren. Anders also
als bei Augustinus wird nicht der langwierige Weg zu Gott geschildert, die Gottesbegegnung hat bereits stattgefunden, aber ihr
folgen mannigfache **Anfechtungen und Zweifel**.

Das selbstquälerische Bewusstsein, nicht über die nötige Gelassenheit für die *unio mystica* zu verfügen, veranlasst ihn, wie
erwähnt, seinen Körper grausamen Züchtigungen zu unterwerfen,
weil er in ihm den Grund für seine mangelnde Gottesbereitschaft
sieht. Doch immer wieder kommt es zu mystischen Erlebnissen:
»[...] da ward seine Seele entrückt, ob im Leib, ob außer ihm, das
wußte er nicht. Was er da sah und hörte, läßt sich nicht in Worte
fassen. Es hatte weder Form noch bestimmte Art und hatte doch
aller Formen und Arten freudenreiche Lust in sich« (Seuse, *Vita*,
S. 20). Während also der Weg Augustins zu Gott ein kontinuier-
licher, auf die einmalige Bekehrung gerichteter ist, pendelt Seuse
zwischen den Extremerfahrungen der *unio mystica* und absoluter
kreatürlicher Niedergeschlagenheit.

Diese ›Wechselfälle‹ des geistlichen Lebens konstituieren ein
autobiographisches Muster, das Identität nur aus der Perspektive
der **Differenz** und umgekehrt denk- und darstellbar werden lässt.
Seine körperlichen Züchtigungen stellt Seuse ein, als ihm Gott
im 20. Kapitel der *Vita* in der Vision eines mit einem Fußtuch
spielenden Hundes gleichnishaft bedeutet, seine Selbstkasteiungen
einzustellen: das in der Zerstörung begriffene Tuch führt ihm den
gefährdeten Zustand seines Körpers vor Augen. Aber hinzu kommen andere Leiden, Intrigen und Unterstellungen seiner Mitmenschen – ein Motiv, das in der Autobiographiegeschichte topisch zu
werden beginnt. Mit ihm verbindet sich bei Seuse ein durchaus
schwankhaftes, anekdotisches Moment.

Ist man zunächst geneigt, Seuses Erzählungen aufgrund der plas-
tischen Schilderungen Glauben zu schenken, stellen sich Zweifel
ein, wenn man eine seiner Geschichten in einer anderen spätmittelalterlichen Mystikerbiographie ganz ähnlich wiederfindet: Seuse
erzählt, wie er eines Tages unterwegs zufällig mit zwei Männern

einen Wald durchquerte und dabei erfuhr, dass der eine von beiden ein Mörder sei, der schon einmal einen Priester umgebracht habe. Durch Seuses Bitten und sein freundliches Wesen habe er sich aber davon abbringen lassen, seine Tat zu wiederholen. Diese Geschichte wird in sehr ähnlicher Weise in einer um 1350 von dem Pfarrer Berthold von Bombach verfassten Biographie der badischen Mystikerin Luitgart von Wittichen berichtet, und es ist anzunehmen, dass beide Autoren nach **literarischen Vorbildern** stilisiert haben. Ein anderes topisches Element ist die Schilderung der Frömmigkeit von Seuses Mutter, die genau am Karfreitag, am Tag des Todes Christi, stirbt. Schon vor Seuse hatte Guibert von Nogent (gest. 1121) in seinem Lebensbericht *De vita sua sive monodiarum libri tres* (um 1115) seine fromme Mutter nach dem augustinischen Vorbild modelliert. So gibt auch die große Rolle, die in Seuses *Vita* der Mutter zufällt, Anlass zu der Vermutung, dass Seuse gleichfalls die *Confessiones* des Augustinus kannte. Was seine *Vita* allerdings von den *Confessiones* unterscheidet, ist die in ihr zum Ausdruck kommende starke seelsorgerliche Komponente.

Autobiographische Angaben enthaltend und topisch zugleich sind auch zahlreiche Texte und Gnadenviten der sog. **Nonnenmystik.** Zu nennen sind etwa das zwischen 1250 und 1280 verfasste *Fließende Licht der Gottheit* Mechthilds von Magdeburg (1212–1294), die Lebensberichte und Offenbarungen der Schweizer Mystikerin Elsbeth von Oye (1290–1340) oder aber die Offenbarungen und Briefe Margarete Ebners (um 1291–1351). Die ältere Forschung beobachtete in diesen Texten eine für die Genese des Autobiographischen konstitutive »Steigerung des Ichgefühls« (Mahrholz 1919, S. 13), eines Ichgefühls freilich, das gänzlich auf die auch körperlich zu erfahrende Vereinigung mit dem himmlischen Bräutigam abzielt – und in ihr seine Auslöschung findet. Während die frühere Forschung die in diesen Schriften gemachten biographischen Aussagen wörtlich genommen hat, wird in der jüngsten Zeit eher davor gewarnt: Schilderungen von religiösen Erfahrungen in der Kindheit, vom Verzicht auf ein angenehmes Leben, von der Abkehr von Verwandten und Freunden sowie vom Rückzug aus der Welt sind Elemente einer idealtypischen *vita religiosa,* und in diesem Sinn gehören auch die Äußerungen Mechthilds von Magdeburg im *Fließenden Licht* über erfahrene Anfeindungen von geistlicher Seite eher zur Programmatik des Textes als dass sich aus ihnen die tatsächliche Lebensgeschichte der Begine rekonstruieren ließe (vgl. Peters 1988, S. 55ff.). Gleichwohl ist festzuhalten, dass die rhetorisch-literarischen Muster dieser mystischen »Selbst«zeugnisse für die Strukturgeschichte der Autobiographie formprägend wurden. Zugleich stellen sie der individuellen Lebensgeschichte einen Reflexionsrahmen.

Aber auch im Lebensbereich nichtklösterlicher Gläubiger verbindet sich die Religion mit einer autobiographischen Funktion und zwar über das **Ritual der Beichtpraxis**. Das vierte Laterankonzil von 1215 verpflichtete jeden Christen und jede Christin, mindestens einmal jährlich zur Beichte zu gehen und damit periodisch eine Selbstprüfung vorzunehmen (vgl. Zimmermann 1989, S. 346). Freilich gab es auch Saumselige, die ihrer Beichtpflicht in größeren Abständen nachkamen und daher gezwungen waren, auch jeweils größere Lebensabschnitte der kritischen Selbstprüfung zu unterziehen. Selbst wenn sich die Beichte nur mit den Sünden und nicht mit allen Lebensumständen des Sünders oder der Sünderin befasste, wird die Tatsache wirksam, dass in der Beichte das persönliche Leben nach einem festen Prinzip betrachtet wurde. In folgendem Zweizeiler wurden die für die Beichte und die ihr vorausgehende Gewissenserforschung leitenden Fragen zusammengefasst:

Quis, quid, ubi, per quos, quotiens, cur, quomodo, quando
Quilibet observet, animae medicamina dando.
(Wer, was, wo, durch wen, wie oft, warum, auf welche Weise, wann?
Darauf achte, wer immer seiner Seele Arznei verabreicht.)

Die Forschung zur Beichtpraxis weist darauf hin, dass es im Verlauf des 15. Jahrhunderts zu einem auffallenden Wechsel in der Behandlung von Gewissensangelegenheiten kam. Man wandte nicht mehr einfach die vorgesetzten Regeln auf den speziellen Fall des Sünders bzw. der Sünderin an, sondern ging allmählich dazu über, den Beichtvätern Fragen an die Hand zu geben, die es ihnen erlaubten, auf die individuelle Situation des Beichtkindes einzugehen.

Bedient sich die geistliche Autobiographie eines Seuse weltlicher Darstellungsmuster, stellt sich natürlich auch die Frage, ob es im Mittelalter nichtreligiöse Autobiographien gegeben hat. Misch behandelt, freilich ungleich knapper als die aus dem religiösen Bereich stammenden Textzeugnisse, die Konventionalität der Liebesrituale und der **Minnedichtung** als Ermöglichungsbedingung der autobiographischen Form. Genannt werden muss in diesem Zusammenhang der um 1255 entstandene *Frauendienst* des Ulrich von Lichtenstein (ca. 1200–1275), ein Werk, das man als ersten deutschen Ich-Roman sowie als stilisierte Autobiographie beschrieben hat. Ein scheinbar autobiographisches Ich, das den Namen seines Autors, des steirischen Ministerialen Ulrich von

Lichtenstein trägt, erzählt die Geschichte seines Minnedienstes. Auffallend ist indessen die Tatsache, dass nur dieser eine Aspekt des Lebens geschildert und zudem nach dem Vorbild des zeitgenössischen Minneideals gestaltet wird. Von Ulrichs politischen, militärischen und wirtschaftlichen Aktivitäten berichtet der *Frauendienst* nichts. Während Seuse den wahren Gottesdienst darstellt, schildert Ulrich von Lichtenstein den wahren Frauendienst. Dabei steht das Erzähler-Ich in einer dauernden Spannung zur angebeteten unerreichbaren Dame, der *frouwe,* eine Situation also, wie sie für den mittelalterlichen Minnesang kennzeichnend ist. Berührungen zwischen der literarischen und der außerliterarischen Biographie Ulrichs sind nur punktuell; auch baut der Text kein autobiographisches Kontinuum auf. Die Erzählerfigur erscheint im Unterschied zur neuzeitlichen Autobiographie »als grammatisches Subjekt des Erzählens, nicht aber als Person, deren (im Moment des Schreibens) gegenwärtige Existenz als eindeutiger Fluchtpunkt des vergegenwärtigten Prozesses vergangener Existenz(formen) ausgewiesen würde« (Kiening 1995, S. 215). In das Werk sind achtundfünfzig Minnelieder eingebaut. Die Forschung hat argumentiert, dass es offensichtlich nach der Mitte des 13. Jahrhunderts der Erfindung privater Anlässe bedurfte, um der nicht mehr an ihre Aufführung gebundenen Lyrik eine Anbindung zu geben. Am Übergang von der aufführungsbezogenen Existenzform der Lyrik zur Leselyrik schafft die Einbettung der Lieder in einen autobiographischen Rahmen der Person des Autors einen memorialen Ort im Gedächtnis der Nachwelt (vgl. Mertens 1995, S. 202f.).

Auch **Oswalds von Wolkenstein** (wohl 1377–1445) Lyrik ist als autobiographisch bezeichnet worden. Der auf Burg Schöneck im Pustertal geborene Oswald gehörte zum Südtiroler Adelsbund und beteiligte sich aktiv an der Opposition gegen den österreichischen Landesfürsten. Er nahm an diplomatischen Gesandtschaften und an Feldzügen König Sigismunds teil und gehörte auch während des Konstanzer Konzils von 1414 bis 1418 zum Gefolge des Königs. Oswald war vielseitig aktiv und verfügte über vielfältige Begabungen, er erprobte sich in allen lyrischen Genres, von der religiösen Dichtung bis zum Minnelied, von Reiseliedern bis zu Kalendertexten. In seinen Gedichten macht er sich nicht nur zur selbstbewussten Aussageinstanz, sondern er spricht auch über sich selbst. So hat die Oswald-Forschung durchaus moderne Kategorien zur Anwendung gebracht, wenn sie festgestellt hat, dass sich Oswald in seinen Gedichten nicht nur als Autor darstelle, sondern auch als »erlebendes Subjekt« (Hartmann 1980, S. 63). In einem umfangreichen autobiographischen Lied berichtet Oswald über seine

Jugendzeit, darüber, dass er mit zehn Jahren von zu Hause wegging und nach einem abenteuerlichen Wanderleben im Jahr 1400 wieder zurückkehrte. Dabei wird im Sinne eines bunten, unterhaltsamen Abenteuerberichts stilisiert. Worauf es aber ankommt, ist die **autobiographische Geste** als solche, auf die Tatsache, dass ein Ich sich und den eigenen Lebensgang überhaupt zum Gegenstand eines Gedichts macht. In der letzten Strophe stellt das lyrische Ich fest, dass es nun »vierzig Jahre (minus zwei) gelebt« und die Zeit »mit wüstem Treiben, Dichten, vielem Singen« (zit. n. Kühn 1980, S. 205) zugebracht habe. Und das Gedicht endet mit den Worten: »Wär ich bloß dem Gebot des Herrn gefolgt –/ich bräucht die Höllenflammen kaum zu fürchten.«

Wenn man bedenkt, in welchem Maße im Mittelalter autobiographische Selbstreflexion mit der Suche nach dem religiösen Heil verbunden ist, erscheint Oswalds fiktionale Gestaltung des Autobiographischen in Verbindung mit der Feststellung, dass er nicht unbedingt gottgefällig gelebt habe, bemerkenswert, spiegeln sich in ihr doch die diskursgeschichtlichen Rahmenbedingungen des Autobiographischen und werden gleichzeitig relativierend verschoben.

In seinem berühmten Alterslied, das er gleichfalls mit etwa vierzig Jahren schrieb – ein Alter, in dem man im Mittelalter tatsächlich schon ›alt‹ war –, betrauert er den Verlust der Jugend. Oswald versammelt die Topoi der üblichen mittelalterlichen Altersdarstellung: schwaches Augenlicht, schlechtes Gehör, Ausfallen der Haare und Zähne, Blasswerden der Haut etc. Allerdings, dies macht Kühn geltend, handelt es sich auch bei den aufgelisteten Alterstopoi um einen Katalog sich *real* immer wiederholender Alterserscheinungen, die eine biographische Aktualisierung ermöglichen. So erwähnt das Sänger-Ich etwa das Brüchigwerden seines Tenors, auf das es später im Lied noch einmal zu sprechen kommt: »Und kein Gesang, nur Husten in der Kehle« (zit. n. Kühn 1980, S. 393). Gleichwohl ist zu sehen, dass die autobiographisch lesbaren Situationen punktuell sind und dem übergeordneten literarischen Gestaltungsziel untergeordnet bleiben.

Als eine ganz andere Quelle des Autobiographischen sind schließlich auch noch die **Rechnungs- und Handlungsbücher** des städtischen Bürgertums im Spätmittelalter zu nennen. In diese Bücher fanden neben den geschäftlichen Eintragungen auch Notizen persönlicher Art Eingang, vor allem deswegen, weil ihnen häufig ökonomische Motive zugrunde lagen. Bei diesen Eintragungen handelte es sich zumeist um Vermögensangelegenheiten, um Erbschaftsteilungen, Schulden, Testamente, Legate und Vereinbarungen zwischen verschiedenen Familienmitgliedern. Überliefert sind städtische Privataufzeichnungen aus dem ausgehenden 14. Jahrhundert, die neben Ausgaben und Einnahmen, Verkäufen, Schulden und Renten auch von Eheschließungen, Heiratsverträgen, Todesfällen und Geburten berichten, also von Ereignissen, die den äußeren Bestand und die ökonomische Situation der Familie betrafen. Das bekannteste Beispiel dieser Art stammt aus der Feder des Nürnberger Stadtbürgers **Ulman Stromer** (1329–1407) und trägt den Titel *Puechel von meim geslecht und von abentewr*. Dieses *Puechel* hat nicht die Form einer zusammenhängenden Erzählung, sondern ist eher eine Sammlung von Daten und Nachrichten zur Reichsgeschichte im 14. Jahrhundert, zur Nürnberger Stadtgeschichte, zur eigenen Familie und zu anderen der Familie Stromer verbundenen Familien, zu Preisen und Geldverhältnissen, aber auch zur eigenen Person. Horst Wenzel bemerkt dazu, dass Stromer »noch kaum Konturen als Charakter« gewinnt, sondern »primär als personaler Bezugspunkt der gesammelten Fakten und Daten« erscheint (Wenzel 1980, S. 11). Dies ist zweifellos richtig, zeigt aber auch, wie sehr das in der Forschung lange Zeit bestimmende Idealbild der Autobiographie von der modernen Vorstellung des charaktervollen Individuums geprägt ist.

Festzustellen ist auch, dass der bereits bei den alten Ägyptern mit der Selbstdarstellung verbundene **Rechenschaftsgestus** in den frühbürgerlichen Rechnungsbüchern in einer neuen Spielart auftritt: So trägt etwa der Danziger Jakob Lubbe vor seiner Abreise in seine die Jahre 1465–1489 umfassende Familienchronik den Satz ein: »Item ich bin niemande schuldig ein denar. Hie möget ir eych nach richten« (zit. n. Rein 1998, S. 329). Im Unterschied zu seinen Vorgängern im alten Ägypten und in der griechisch-römischen Antike, aber auch etwa zu Augustinus und Seuse, legt Lubbe also nicht über sein privates und öffentliches Handeln oder über sein geistliches Leben Rechenschaft ab, sondern er gibt Auskunft über seine **Vermögensverhältnisse**, die der Indikator für die gesellschaftliche Stellung eines Bürgers waren. Die enge Verschränkung von Privatem und Geschäftlichem zeigt sich nicht zuletzt darin, dass die Familienbücher, aus denen später das individuelle Tagebuch hervorging, oft gleichzeitig mit der Begründung eines Hausstandes angelegt wurden.

Adolf Rein hat die These vertreten, dass die große Anzahl von Selbstbiographien am Ende des 15. Jahrhunderts und im 16. Jahrhundert ihren Grund in diesen Familien- und Geschäftsbüchern des späten Mittelalters hatten. Nicht das Bedürfnis nach Selbsterforschung und Seelenbekenntnis sei für das nun erstarkende au-

tobiographische Interesse ausschlaggebend gewesen – dieses Motiv
spiele erst im 18. Jahrhundert wieder eine Rolle –, vielmehr hätten
die Menschen ein ›unmittelbares‹ Interesse an den Geschehnissen
des eigenen Lebens gehabt (vgl. Rein 1998). Von ›Unmittelbar-
keit‹ wird man heute nicht mehr so unbefangen sprechen wollen,
da jeder Zugang zur sog. ›Wirklichkeit‹ vermittelt ist, gleichwohl
ist offenkundig, dass sich mit dem Bereich der **Ökonomie** nicht
nur das autobiographische Diskursfeld erweitert, sondern auch ein
pragmatisch orientierter Impuls der Selbstdarstellung erkennbar
wird. So stellt auch Wenzel fest, dass in der spätmittelalterlichen
Autobiographie das dargestellte Ich eher durch seine Partizipation
an äußeren Begebenheiten als durch die subjektive Brechung des
Geschehens in persönlicher Erfahrung definiert sei. Erklärt wird
dies mit dem Hinweis auf den Ordnungszusammenhang der immer schon vorgegebenen Welt, demgegenüber der Lebenszusam-
menhang des Einzelnen immer nur zerrissen erscheinen könne (vgl.
Wenzel 1980, S. 9f.). Aus diesem Gedanken ließe sich folgern, dass
nach dem Zusammenbruch des äußeren, durch das Christentum
gesetzten Ordnungszusammenhangs die autobiographische Schrift
des Einzelnen die Aufgabe zu übernehmen hat, einen neuen, im Individuum fundierten Ordnungszusammenhang hervorzubringen.

3.   Frühe Neuzeit: Die Erfindung des Individuums

Das moderne Bild der frühen Neuzeit wurde maßgeblich im 19.
Jahrhundert geprägt. 1860 erschien das Epoche machende Buch
des Schweizer Kunst- und Kulturhistorikers Jacob Burckhardt
(1818–1892) *Die Kultur der Renaissance in Italien*, das in seinem
zweiten Abschnitt »Die Entwickelung des Individuums« thematisiert. Ihm verdankt die Kunst- und Literaturgeschichte im Wesentlichen die Vorstellung, derzufolge das moderne Individuum im
Italien der Renaissance entstanden sei. Burckhardt schreibt:

»Im Mittelalter lagen die beiden Seiten des Bewußtseins – nach der Welt
hin und nach dem Innern des Menschen selbst – wie unter einem gemeinsamen Schleier träumend oder halbwach. Der Schleier war gewoben
aus Glauben, Kindesbefangenheit und Wahn; durch ihn hindurchgese-
hen erschienen Welt und Geschichte wundersam gefärbt, der Mensch
aber erkannte sich nur als Rasse, Volk, Partei, Korporation, Familie oder
sonst in irgend einer Form des Allgemeinen. In Italien zuerst verweht
dieser Schleier in die Lüfte; es erwacht eine *objektive* Betrachtung und
Behandlung des Staates und der sämtlichen Dinge dieser Welt überhaupt
daneben aber erhebt sich mit voller Macht das *Subjektive*, der Mensch

wird geistiges *Individuum* und erkennt sich als solches. [...] Mit Ausgang des 13. Jahrhunderts aber beginnt Italien von Persönlichkeiten zu wimmeln; der Bann, welcher auf dem Individualismus gelegen, ist hier völlig gebrochen; schrankenlos spezialisieren sich tausend einzelne Gesichter.« (Burckhardt 1904, S. 141f.)

Burckhardts Beschreibung der plötzlich **erwachenden Individuen**, die nicht frei von Komik ist, täuscht darüber hinweg, dass sich nicht primär, wie Burckhardts Darstellung zu suggerieren scheint, die ›objektiven‹ Gegebenheiten ändern, d.h. aus träumenden mit einem Mal wache Individuen werden, sondern die diskursiven Kategorien. Das Individuum ›entsteht‹ in dem Moment, in dem Begriff und Vorstellung von ihm vorhanden sind. Gewiss zeichnet sich in den Texten und Zeugnissen der frühen Neuzeit eine gesteigerte Aufmerksamkeit auf den Einzelnen ab, gleichwohl hat die emphatische Feier des ›modernen Individuums‹ den Blick auf dessen diskursive Konstruktion und ihre Rhetorik verstellt und auf diese Weise einen neuen Topos erzeugt.

Nun spricht Burckhardt von den italienischen Verhältnissen. Einer seiner Helden der Individualität ist **Dante Alighieri** (1265–1321), der Dichter der *Divina Commedia* und, für den autobiographischen Diskussionszusammenhang wichtiger, der poetischen Darstellung seiner Jugendliebe zu Beatrice in *La vita nuova* (1292–95), ein anderer Individualitätsrepräsentant ist der Künstler, Kunsttheoretiker und Gelehrte Leon Battista Alberti (1404–1472). Dies ruft einmal mehr die nicht zuletzt räumlich-geographische Relativität von Epochenbildungen ins Bewusstsein, fällt der Beginn der italienischen Renaissance doch mit dem zentraleuropäischen Spätmittelalter zusammen. Und gerade Dante lässt sich, wie dies auch Misch tut, mit gutem Recht für das Mittelalter reklamieren. Der Blick nach Italien prägt jedenfalls auch das Bild, das sich die Autobiographiegeschichtsschreibung von der frühen Neuzeit gemacht hat. Autobiographische Schriften deutscher Schriftsteller der Reformationszeit, wie etwa die Autobiographie des **Thomas Platter** (1499–1582) oder die Aufzeichnungen seines Sohnes, des Basler Arztes **Felix Platter** (1536–1614), werden bestenfalls en passant erwähnt. Obwohl Misch in Thomas Platters Autobiographie bereits »die neue Gesinnung« erkennt, die »in der tatkräftigen selbständigen Formung des eigenen Lebens« »Gestalt gewonnen« habe, sieht er sie doch nur als »Vorbereitung auf das Musterwerk seines [italienischen] Zeitgenossen Cellini« (Misch 1969, S. 621). Und Pascal befindet summarisch über die deutschsprachigen Zeugnisse des 16. Jahrhunderts, dass »es ihnen [...] an einem echt autobiographischen Willen fehl[e]« (Pascal 1965, S. 39).

Für die frühe Neuzeit sind insgesamt das Fort- und Zusammenwirken unterschiedlicher mittelalterlicher und antiker Traditionslinien des Autobiographischen zu beobachten. Da spielen zum einen die im Spätmittelalter auftretenden Familien- und Rechnungsbücher weiterhin eine Rolle, ebenso die christliche Tradition der Beichtpraxis und Introspektion. Hinzu kommt ein neues historisch-humanistisches Interesse an überlieferten philosophischen und literarischen Texten, das etwa auch die *Confessiones* des Augustinus in eine historische Perspektive rückt und als wertvolles Bildungsgut aus alter Zeit erscheinen lässt. Zimmermann hat darauf aufmerksam gemacht, dass die **humanistische Orientierung** der individuellen Beichtübung einen Text wie die *Confessiones* als Folie unterlegt hat, so dass der philosophisch-literarische Bezug einer »Umformung des Beichtbekenntnisses zur Autobiographie« (Zimmermann 1998, S. 354) Vorschub leisten konnte. In diesem Sinne erscheint **Petrarcas** (1304–1374) Dialogdichtung *De secreto conflictu curarum mearum* (›Über den geheimen Grund meiner Sorgen‹; entst. 1342/43, umgearbeitet 1353–58) mit seinem in den klassisch-humanistischen Studien gründenden Ichbewusstsein als präautobiographische Umgestaltung des mittelalterlichen Beichtbekenntnisses.

An dem im Jahr 1506 verfassten, lateinisch geschriebenen *Odeporicon* (›Wanderbüchlein‹) des Mönchs **Johannes Butzbach** (1477–1516) lässt sich darstellen, wie die verschiedenen Bedingungsfaktoren autobiographischer Selbstreflexion, das ökonomische Moment, der christliche Glaubenszusammenhang und das neuartige Moment der Bildung, in Verbindung treten. Butzbach, Sohn eines Webers, wurde in Miltenberg am Main geboren. Im Alter von neun Jahren begab er sich als fahrender Schüler auf Wanderschaft, kam vom vorgeschriebenen Bildungsweg ab und geriet in die Dienste von z.T. zwielichtigen böhmischen Junkern. Später besuchte er die berühmte Lateinschule in Deventer, die wenige Jahre zuvor auch der Humanist Erasmus von Rotterdam absolviert hatte. Im Jahr 1500 trat Butzbach in das Reformkloster Maria Laach in der Eifel ein, wo er Prior wurde und ein Gelehrtenleben führte. Das *Odeporicon* ist Autobiographie und Reisebericht zugleich; Butzbachs anschauliche Erzählungen seiner Reisen folgen wie beispielsweise auch der Lebensbericht des vierzehn Jahre jüngeren Ignatius von Loyola dem topischen Schema vom **Leben als einer Reise** (zum Motiv der Lebensreise vgl. Beriger 1992, Christen 1999). Strukturell gesehen weist der Text des *Odeporicon* eine ähnliche Anlage auf wie die *Confessiones* des Augustinus; doch während bei Augustin der Lebensbericht mit seiner Bekehrung oder wenig später endet, schließt Butzbachs Darstellung mit seinem Eintritt in das Kloster Maria Laach. Hiermit ist sein Lebensziel erreicht.

Trotz der strukturellen Übereinstimmung mit den augustinischen Bekenntnissen, die darin besteht, dass vorwiegend das noch nicht an sein Ziel gekommene Leben der autobiographischen Darstellung für wert erachtet wird, handelt es sich bei Butzbach nicht mehr um eine geistliche Autobiographie, wiewohl es ein Geistlicher ist, der zur Feder greift. Im Vordergrund steht nicht wie etwa noch in der viel späteren *Vida* (1560/62) der Teresa von Avila die religiöse Problematik; zwar muss auch Butzbach erst seinen Weg finden – und da gibt es Umwege und Abweichungen –, aber dieser Weg ist nicht mit geistlichen Krisen verbunden. Beschrieben wird vielmehr ein **Bildungsweg**. Bemerkenswert ist, dass bereits der Vater, wie gesagt, ein einfacher Mann, bestrebt ist, seinem Sohn eine gute Bildung zukommen zu lassen. Butzbach berichtet vom Wunsch des Vaters, den Sohn Priester werden zu lassen. Von religiösen Erwägungen ist dabei keine Rede; ausschlaggebend scheint tatsächlich viel mehr der Versorgungsaspekt zu sein, das mit dem Priesterstand verbundene gesellschaftliche Ansehen. Dass in den Autobiographien der frühen Neuzeit das Bewusstsein der Standeszugehörigkeit ein wichtiger Faktor war (vgl. Pafenberg 1997, S. 187), schließt den aufkommenden Gedanken an soziale Mobilität nicht aus. Ausführlich werden die Themen ›Schule‹ und ›Erziehung‹ thematisiert, bezeichnenderweise, wie in der Renaissancezeit zu erwarten, unter Rückgriff auf antike Autoritäten. Gleich im ersten Kapitel seiner Autobiographie heißt es:

»[...] die Seele des Kindes gleicht – wie der Philosoph Aristoteles bezeugt – einer leeren Tafel; was immer man zuerst darin eindrückt, das pflegt sehr fest zu haften. Es gibt also nichts Besseres und Vornehmeres als Bildung und Tüchtigkeit, und gerade im zarteren Alter muss dies den Kindern eingeprägt werden.« (Butzbach 1993, S. 16)

Die Stelle dokumentiert, in welchem Maße hier der eigene Lebensgang einerseits im Lichte antiken Wissens, andererseits in einer durchaus psychologisch zu nennenden **individualitäts- und bildungsgeschichtlichen Perspektive** wahrgenommen wird. Das Ich erfährt sich als ein zu bildendes – im doppelten Sinn des Wortes. Das erste Buch der drei Bücher des *Odeporicon* schildert Butzbachs Leben als fahrender Schüler. In welchem Maße sich Bildungs- und Individualitätsstreben überschneiden, wird in der Szene des Abschieds von Zuhause deutlich, in der es heißt:

»Als ich nun von manchen nach Plänen für meine Heimkehr gefragt wurde, antwortete ich, daß ich noch vor Ablauf von zehn Jahren als großer Herr und Doktor zurückkommen würde, so daß alle mit dem Finger auf mich zeigen würden, um zu sagen: ›Da! Da ist er!‹« (S. 33)

Das zweite Buch zeichnet ein Kultur- und Sittengemälde des damaligen Böhmens, wohin es Butzbach in den Diensten böhmischer Junker verschlagen hat. Das dritte Buch berichtet von seiner Heimkehr, der aufgenommenen Schneiderlehre, denn aus dem ›großen Herrn und Doktor‹ ist nichts geworden, dem Eintritt als Laienbruder in das Benediktinerkloster Sankt Johannisberg im Rheingau, wo er als Schneider Kutten für die Mönche fertigt. Berichtet wird von dem aufkommenden Wunsch nach Gelehrsamkeit und danach, ein ›richtiger‹ Mönch zu werden, dem Besuch der Lateinschule in Deventer und dem schließlichen Eintritt in das Benediktinerkloster Maria Laach in der Eifel. Butzbachs Porträts der Deventer Lehrerpersönlichkeiten sowie der Maria Laacher Brüder zeugen durchaus von einer auf den charakteristischen Einzelnen gerichteten Aufmerksamkeit.

Auch wenn von mancher Anfechtung die Rede ist, so stehen Butzbachs innere und äußere Kämpfe nicht im Mittelpunkt wie bei Augustinus und Seuse. Der Schauplatz des Berichteten ist nicht die eigene Seele, die im Ganzen nicht übermäßig affiziert zu sein scheint, viel augenfälliger sind die im *Odeporicon* dargestellten sozialgeschichtlichen und ökonomischen Verhältnisse sowie die dominierende Bedeutung des Bildungsgedankens. Er setzt im *Odeporicon* nicht nur den Rahmen der autobiographischen Selbstbetrachtung, sondern motiviert auch die Schriftform der Autobiographie selbst. Am Ende seines Buches beschreibt Butzbach das Kloster als Paradies des Lesens und des Schreibens, der Wissenschaft und des Gebets (vgl. S. 262f.). Die Ruhe des klösterlichen Paradieses steht im Gegensatz zu dem wechselvollen Leben, das der Gegenstand seiner Niederschrift war. In diesem Sinne ist das *Odeporicon* auch eine an Butzbachs Halbbruder Philipp Trunk gerichtete Werbeschrift, mit der dieser zum Eintritt in das Kloster Maria Laach motiviert werden sollte. In der Vorrede kommt Butzbach darauf zu sprechen, dass ihn der Bruder darum gebeten habe, für ihn sein Leben aufzuschreiben und zwar in der fränkischen Muttersprache, damit Philipp, der eine Schule in Münster besuchte, die heimische Sprache nicht vergesse. Mit der Begründung, dass er nach den Jahren in der Fremde seine Muttersprache nicht mehr so rein spreche wie seine Angehörigen und es für den Bruder nützlicher sei, lateinisch zu lesen, fasst Butzbach seine Lebensgeschichte in der **Gelehrtensprache** ab. Die Autobiographie tritt auf diese Weise in den Dienst der Sprachübung, wird mithin zu einem **Bildungstext**.

Zu einem solchen, vielmehr noch zu einem Bildungs*inter*text, wird das *Odeporicon* auch durch seine augenfällige humanistische Zitatpraxis. Wo Augustinus aus der Bibel zitiert, ist Butzbachs Text durchsetzt mit Zitaten aus den Werken der klassischen Autoren. Aber auch die Städte- und Landschaftsbeschreibungen sind in einer humanistischen Bildungsperspektive zu sehen. So lebendige und anschauliche Bilder sie vermitteln, der Eindruck ›unmittelbarer Weltzugewandtheit‹ relativiert sich, wenn man etwa zur Kenntnis nimmt, dass Butzbach für seine Stadtbeschreibungen die Schedelsche Weltchronik, das *Liber Chronicarum* (1493) zu Hilfe genommen hat. Die autobiographische Wahrnehmung orientiert sich am Gelesenen und bekräftigt es; umgekehrt schreibt sie sich in der Bezugnahme auf die Autoritäten des Wissens in den Bildungsdiskurs der Zeit hinein. Der Text des *Odeporicon* ist durch ständiges Gleiten zwischen Gesehenem und Gelesenem gekennzeichnet. So wird auch der Bruder Philipp Trunk am Ende des Buches mit einem Berg von Zitaten über die notwendigen Leiden des Schülers getröstet. Eines davon – »Fasse Mut, mein Kind – so geht man zu den Sternen empor!« stammt aus dem neunten Buch der *Aeneis*, und Butzbach fährt fort mit den Worten: »Soviel sagt also Vergil, von dem der heilige Augustinus ganz richtig meint, daß er notwendigerweise in den Händen der Kinder sein müsse, die in der Bildung Fortschritte machen wollen« (S. 281). Geschickt lässt Butzbach durch die christliche Hintertür der zitierten Augustinus-Äußerung aus *De civitate dei* seinen antiken Gewährsmann Vergil eintreten. Immerhin: die an den Bruder gerichtete Durchhalteparole, mit der das Buch endet, ist christlich: »Denn viele sind berufen, wenige aber auserwählt« (Matth. 22, 14). Der Kontext allerdings, in dem dieser Satz steht, exponiert freilich weniger den göttlichen Akt der Auserwählung als vielmehr die Arbeit, das Bildungswerk des Einzelnen an sich selbst.

Hatte Jacob Burckhardt als Repräsentanten der von ihm beobachteten Individualität im Italien der Renaissance namentlich **Künstler- und Herrscherfiguren** im Blick, gleichsam als besonders ›begabte‹ Individuen, werden damit Bestimmungsmomente des zugrunde liegenden Individualitätsverständnisses benannt: Das ausgeprägte Individuum ist ebenso sehr eine Herrscher- wie eine Künstlernatur, es setzt sich absolut und macht sich selbst zum Kunstwerk. Dies lässt sich beispielhaft in der Autobiographie des florentiner Goldschmieds **Benvenuto Cellini** (1500–1572) lesen, die in den Jahren zwischen 1558 und 1566 niedergeschrieben wurde. Die erste deutsche Übersetzung, *Leben des Benvenuto Cellini Florentinischen Goldschmieds und Bildhauers von ihm selbst geschrie-*

ben (1803), stammt aus Goethes Feder, dem freilich nur die nicht auf das Originalmanuskript, sondern auf eine Abschrift zurückgehende italienische Ausgabe von 1728 vorgelegen hatte. Cellini hatte seinen Text, dessen Originalmanuskript erst um 1805 wieder aufgefunden wurde, in toskanischer Mundart geschrieben, die in der von Goethe benutzten Ausgabe weitgehend verloren geht. Auch verfuhr Goethe mit der italienischen Textvorlage einigermaßen frei, gab der eigenständigen sprachlichen Gestaltung Raum, so dass er ein Selbstporträt Cellinis zeichnen konnte, in dem das Interesse des ausgehenden 18. Jahrhunderts an der Renaissancegestalt ablesbar wird. In diesem Sinne schrieb Schiller, der Goethes Arbeit begleitet hatte, am 8. 10. 1802 an den Verleger Cotta: »Das Werk [Cellinis Lebensbeschreibung] ist in der That von der höchsten Bedeutung sowohl in psychologischer Rücksicht, als die Selbstbiographie eines gewaltigen Naturells und eines charaktervollen Individuums, als auch in historischer und artistischer [...]« (Schiller *Briefwechsel*, S. 163).

Cellini schildert, offenbar mit größtem Vergnügen, ein sog. ›buntes‹ und ›bewegtes‹ Leben. Sein Bericht setzt ein mit den Worten:

»Alle Menschen, von welchem Stande sie auch seien, die etwas tugendsames, oder tugendähnliches vollbracht haben, sollten, wenn sie sich wahrhaft guter Absichten bewußt sind, eigenhändig ihr Leben aufsetzen; jedoch nicht eher zu einer so schönen Unternehmung schreiten, als bis sie das Alter von vierzig Jahren erreicht haben.
Dieser Gedanke beschäftigt mich gegenwärtig, da ich im acht und funfzigsten stehe, und mich hier in Florenz, mancher vergangenen Widerwärtigkeiten wohl erinnern mag, da mich nicht, wie sonst, böse Schicksale verfolgen, und ich zugleich eine bessere Gesundheit und größere Heiterkeit des Geistes, als in meinem ganzen übrigen Leben, genieße.« (Cellini, *Leben*, S. 17)

Die autobiographische Selbstbetrachtung und Selbstdarstellung gewinnt hier einen hohen **künstlerisch-moralischen Eigenwert**, legitimiert sie sich doch durch die »virtù« des im Leben Erreichten. Der Ausdruck, den Goethe einigermaßen vage mit »etwas tugendsames, oder tugendähnliches« übersetzt, bezeichnet eine Verbindung von Tugend, (künstlerischer) Kraft und Fähigkeit, den, so Misch, »höchste[n] Begriff der Epoche, in welchem alle Äußerungen höchster menschlicher Energie unangesehen ihrer moralischen Wertung in Eins gehen, Schönheit wie künstlerisch-technische Kraft« (Misch 1969, S. 632). Von Anfang an also stellt Cellini sein Leben unter das Zeichen des von ihm im Leben künstlerisch und mithilfe der Kraft seines Willens Erreichten. Bezugspunkt dieses Lebens ist nicht mehr Gott und das jenseitige Heil, sondern die eigene Leistung und das eigene Dasein, auch wenn die Gnade Gottes wiederholt formelhaft beschworen wird.

Cellini berichtet zunächst die Genealogie seiner Familie, die eng mit der gleichfalls rekapitulierten Geschichte der Stadt Florenz verbunden ist. Die Schilderung seiner Geburt verrät bereits Sinn für **theatralische Gestaltung**: Hatte die Familie nach den Totgeburten zweier Knaben und der Geburt eines Mädchens aufgrund gewisser Indizien wieder mit einem Mädchen gerechnet, verblüfft der Neuankömmling alle, insbesondere den Vater, durch sein Geschlecht – »Benvenuto« (›er sei mir willkommen‹) lautet der Kommentar des beglückten Vaters und entsprechend der Name des Kindes. Von Anfang an scheint es beschlossene Sache, dass das Kind »der erste Mensch in der Welt werden« (S. 25) könne, allerdings entzieht sich Benvenuto den Musiker- und Komponistenplänen, die sein Vater für ihn hat, und beschließt aus eigenem Willen, Goldschmied zu werden. Gegenstand der Darstellung werden Cellinis künstlerischer Weg, seine Erfolge, sein Werk, die Beziehungen zu den Mächtigen, die Anfeindungen, denen er ausgesetzt, die Konflikte, in die er verwickelt war und auch handfeste Auseinandersetzungen, in denen er offenbar vor körperlicher Gewalttätigkeit nicht zurückschreckte.

Auffallend ist die ausgeprägte **Ego-Zentrik**, die hier am Werk ist und die neben dem einzigartigen Individuum Benvenuto Cellini den Mitagenten auf der Bühne des Textes nur wenig Individualisierung zugesteht. Die anderen Menschen erscheinen, etwas vereinfachend gesprochen, entweder als Bewunderer Cellinis oder als Widersacher; jedenfalls ist es immer er, der im Mittelpunkt ihrer Aufmerksamkeit und ihres Interesses steht (vgl. Misch 1969, S. 636f.). Mit den Fakten scheint es Cellini auch nicht allzu genau genommen zu haben, Unrühmliches wird verschwiegen, Unbedeutendes groß geredet. Gleichwohl vermittelt Cellinis Beschreibung ein lebhaftes Bild der Zeit, insbesondere auch von der besonderen Situation der von den Mächtigen abhängigen Kunstschaffenden. Misch sieht in Cellinis Autobiographie denn auch eher den ›typischen‹ Menschen der Renaissance, den durch Überschreitung gesetzter Normen und Grenzen gekennzeichneten, nur seinem Willen folgenden Charakter, als »das eigentümliche Individuum« (S. 633).

Um Komposition scheint sich der Verfasser indessen nicht übermäßig gekümmert zu haben (die Einteilung in Bücher und Kapitel übernahm Goethe aus der 1771 in London erschienenen englischen Ausgabe der Cellini'schen *Vita* von Thomas Nugent; die Überschriften zeigen, in welcher Weise das 18. Jahrhundert den Text rezipierte, nämlich dass man ihn nach dem Schema des episodisch verfassten spanischen Schelmenromans lesen wollte, mit dem er tatsächlich Gemeinsamkeiten aufweist). Cellini schildert mit viel **Sinn für Details**, die nicht unbedingt ihren im Voraus kalkulierten Ort im Gesamtgebäude des Werks haben. Vielmehr scheint der Schreibprozess selbst die Phantasie und die Begeisterungsfähigkeit des Autobiographen in Gang gesetzt zu haben, so dass der Eindruck einer sich selbst weitertreibenden, wie aus einem Guss geschriebenen Erzählung entsteht. Leben und Text werden so unter der Feder des Autobiographen Benvenuto Cellini gleichermaßen zum Kunstwerk. Wenn er vorgibt, den Text während der Arbeit einem Gesellen diktiert zu haben, wird die Engführung von **künstlerischer und autobiographischer Selbsterschaffung**, die Tatsache, dass der Autobiograph sich selbst zum Kunstwerk zu werden scheint, deutlich. Die Lust an der Gestaltung wird allenthalben offenkundig, nicht nur in der dramaturgischen Regie einzelner dargestellter Szenen, sondern auch in den in wörtlicher Rede wiedergegebenen Dialogen. Der autobiographische Erzähler ist sich sehr wohl dessen bewusst, dass er sein Ich auf die Textbühne stellt und vor dem Leser, der Leserin agieren lässt. So leitet er eine Szene etwa mit den Worten ein: »Nun aber vernimm, gefälliger Leser, einen schrecklichen Vorfall!« (S. 407) und er schreibt im Anschluss an die Darstellung des Vorgefallenen: »Nun bedenke ein jeder, in welcher großen Not ich mich befand!« (S. 410). Die erzählerische Vergegenständlichung mit ihren notwendig **fiktionalen Strategien** und Techniken eröffnet dem autobiographischen Ich einen Spielraum, der ihm erlaubt, sich selbst mit den Augen der anderen, im Text auftretender Figuren wie Leser/innen gleichermaßen, wahrzunehmen, um sich (und andere) von der eigenen Besonderheit zu überzeugen.

Ein Zeitgenosse von Cellini war **Girolamo Cardano** (1501–1576), der Sohn eines Rechtsgelehrten in Pavia. Er selbst studierte Mathematik und Medizin, praktizierte als Arzt in Padua und Mailand und war später als Medizinprofessor in Pavia und Bologna tätig. »Cellini vergegenwärtigt sich, Cardano analysiert sich« bringt Pascal den Unterschied zwischen Cellinis und Cardanos Lebensbeschreibungen auf den Punkt (Pascal 1965, S. 43). Cardanos *De propria Vita* wurde 1575/76 in Rom geschrieben, aber erst 1643 publiziert; die erste Übersetzung ins Deutsche, *Des Girolamo Cardano von Mailand eigene Lebensbeschreibung*, datiert aus dem Jahr 1914. Cardano war eine Art Universalgelehrter, der Schriften zu nahezu allen Themen und Gebieten, von der Philosophie über die Naturwissenschaften und die Mathematik bis zur Kunst des

Wahrsagens hinterließ. Seine Autobiographie verbindet die Selbstdarstellung mit philosophischer Reflexion – er selbst stellt sich in
die Tradition Marc Aurels (vgl. Kap. III.1) – und wissenschaftlicher
Analyse, wie er umgekehrt in seinen wissenschaftlichen Schriften
versucht, den Bezug zur eigenen Persönlichkeit herzustellen bzw.
ausgehend von seiner eigenen Persönlichkeit zu argumentieren,
so etwa in einer Sammlung Horoskope, in der das eigene Leben
beispielhaft astrologisch erklärt wird, in einem Buch über die von
ihm verfassten Schriften oder einer Aufzeichnung seiner Träume
unter dem Titel *Somniorum Synesiorum*.

   De vita propria ist erst im hohen Alter seines Verfassers entstanden. Während Cellini kontinuierlich erzählt, gliedert Cardano
seine Selbstdarstellung, dem Vorbild des römischen Biographen
Sueton (1./2. Jh. n. Chr.) folgend, nach Sachbereichen. Auf diese
Weise entsteht der Eindruck des Fragmentarischen und Unzu-
sammenhängenden, der ebenso sehr Cardanos Bewusstsein von
der **Widersprüchlichkeit des eigenen Ichs** wie der Einsicht in die
Unbeständigkeit der menschlichen Natur und die **Diversität der
Welt** geschuldet ist. Genau aus diesem Grund erscheint Cardanos Autobiographie, obgleich in vielem dem wissenschaftlichen
Weltbild seiner Zeit und astrologischen Vorstellungen verhaftet,
moderner als diejenige Cellinis. Cardano wird sich selbst zum
Problem und zum ernsthaften Anlass des Nachdenkens. Sein wis-
senschaftlich-philosophisches Interesse leitet ihn, wenn er *De vita
propria* unter den **Leitwert der Wahrheitserkenntnis** stellt und
für sich in Anspruch nimmt, sein Buch »ohne jede Schminke«
(Cardano, *Lebensbeschreibung*, S. 1) geschrieben zu haben und sicher »vor dem Verdacht der Lüge« (S. 217) zu sein. **Authentizität**
wird hier also explizit als autobiographischer Anspruch formuliert.
Wie Cellini beginnt Cardano mit einem Bericht über »Heimat und
Familie« und kommt dann auf seine Geburt zu sprechen, deren
genaue astrologische Konstellation beschrieben wird: Vorzüge und
Gebrechen werden auf den Stand der Gestirne zurückgeführt. Ein
nächster Abschnitt spricht über das Leben der Eltern, bevor dann
im vierten Kapitel, gleichsam um den äußeren Zusammenhang des
Disparaten zu gewährleisten, die »Kurze Schilderung meines gan-
zen Lebens von der Geburt bis auf den heutigen Tag, den letzten
Oktober des Jahres 1575« folgt. Ein eindrückliches, durchaus kri-
tisch-distanziertes Selbstporträt liefert das fünfte Kapitel »Gestalt und
Aussehen«. Hier zeigt sich ein genau zusehender anthropologischer
Blick für die körperlichen Erscheinungen:

»Meine Gestalt ist mittelgroß. Meine Füße sind klein, vorn an den Ze-
hen breit und haben einen etwas hochgewölbten Rücken, so daß ich

nur mit Mühe passende Schuhe finde und gezwungen bin, mir solche eigens herstellen zu lassen. Meine Brust ist etwas eng. Die Arme sind viel zu dünn, die rechte Hand zu plump und ihre Finger unförmig, woraus die Handwahrsager wohl schließen möchten, daß ich dumm und roh sei. Sie mögen sich dieser ihrer Wissenschaft schämen. In der rechten Hand ist die Lebenslinie kurz, die sogenannte[n] saturninische lang und tief. Die linke Hand ist schön, hat längliche, schlanke und wohlgefügte Finger. Meine Nägel sind glänzend. Mein Hals ist etwas zu lang und zu dünn, das Kinn geteilt, die Unterlippe schwülstig und herabhängend. Meine Augen sind klein und fast wie blinzelnd zugedrückt, außer wenn ich einen Gegenstand schärfer beobachte. Auf dem linken Augenlid habe ich ein linsenförmiges Mal, so klein, daß es nicht leicht zu sehen ist. Die Stirn ist breit und an den Seiten, wo die Schläfen anstoßen, von Haaren frei. Haupt- und Barthaare waren früher blond. Den Kopf pflege ich kurz geschoren und den Bart gestutzt zu tragen. Der letztere ist zweigeteilt wie das Kinn. Unterhalb des Kinns wachsen viel reichlichere und längere Haare, so daß ich dort einen stärkeren Bart tragen könnte. Mit dem Alter hat der Bart die Farbe gewechselt, das Haupthaar nur wenig. Meine Sprechweise ist etwas laut, so daß ich mitunter darob von Leuten getadelt wurde, die sich gern als meine Freunde ausgaben; die Stimme selbst ist rauh und stark und wurde gleichwohl in meinen Vorlesungen schon in einiger Entfernung nicht mehr verstanden. Meine Redeweise ist nicht gerade angenehm und viel zu umständlich; mein Blick fest und starr wie der eines Nachdenkenden. Die oberen Vorderzähne sind groß. Meine Hautfarbe ist ein ins Rötliche spielendes Weiß; mein Gesicht länglich, freilich nicht übertrieben. Der Schädel läuft nach hinten stark verengend und in einer Art kleiner Kugelform aus.
So ist also nichts Besonderes an mir. Und die Maler, deren mehrere aus fremden Gegenden gekommen sind, um mich zu porträtieren, konnten nichts Charakteristisches an mir finden, woran ich im Porträt leicht hätte erkannt werden können. Unten an der Kehle habe ich eine – nicht sehr gut sichtbare – harte, kugelförmige Geschwulst; sie ist von der Mutter vererbt und angeboren.« (Cardano, *Lebensbeschreibung*, S. 15f.)

Sich anschließende Kapitel lauten: »Von meiner Gesundheit«, »Von meinen Leibesübungen«, »Lebensweise«. Für die Programmatik des autobiographischen Unternehmens ist das neunte Kapitel, »Der Gedanke, meinen Namen zu verewigen«, von grundsätzlicherem Interesse. Cardano spricht hier von dem früh schon verspürten Wunsch, **seinem Namen Ewigkeitswert zu verleihen** und stellt dem kreatürlichen Leben, das der Mensch mit Tieren und Pflanzen teilt, ein anderes, nur dem Menschen vorbehaltenes, nach Ruhm und Arbeit strebendes Leben gegenüber. Trotz der im Folgenden angestellten Betrachtungen über die Nichtigkeit des menschlichen Ruhms und der Feststellung, dass eine unsterbliche Seele keines eitlen Namens bedürfe, kommt Cardano nicht umhin, über sich selbst verwundert, festzustellen, dass sich wider bessere Einsicht seine Ruhmbegierde erhalten habe und demzufolge etwas Natürliches, eine anthropologische Gegebenheit sozusagen, sein müsse.

In Kapiteln wie »Mein Lebensweg«, »Lebensklugheit«, »Meine wichtigsten Lebensregeln« reflektiert das autobiographische Ich über den bisherigen Verlauf seines Lebens, seine Bedingungen und Möglichkeiten und stellt die sich selbst gesetzten Regeln der Lebensführung vor. Hier kommt vor allem ein neuzeitliches Bewusstsein davon zum Tragen, dass der Mensch **Gestalter seines eigenen Lebens** und damit auch seines Ichs sein kann, dass er in Anbetracht der Komplexität der Umstände und Gegebenheiten unter verschiedenen Wegen und Zielen wählen kann. Er selbst, berichtet Cardano, sei nie konsequent bei einem und demselben Weg geblieben, sondern habe stets aus der Situation heraus gehandelt, denn: »[...] wer keinen geraden sicheren Lebensweg vor sich sieht, der muß eben manche Wege gehen und mit mancherlei Winkelzügen vorwärts zu kommen suchen« (S. 28).

Der autobiographische Text wird also bei Cardano zum **autobiographischen Reflexionsmedium**, dem es nicht primär darum zu tun ist, ein gelebtes Leben in der Schrift mitzuteilen, sondern das nach den Grundlagen und den Spielräumen des Ichs fragt und dabei den autobiographischen Erzähler, der sich seiner Selbstgefälligkeit durchaus bewusst ist, in eine kritische Distanz zu sich selbst treten lässt. Weitere Kapitel gelten äußeren und inneren Erscheinungs- und Wesensmerkmalen (»Meine Freude am Disputieren und Dozieren«, »Mein Charakter, geistige Mängel und Schwächen« etc.), aber auch den mitmenschlichen Beziehungen (»Von meinen Freunden und Gönnern«, »Von meinen Feinden und Neidern«, »Ehe und Kinder«, »Meine Art im Verkehr mit anderen«), berichten von »Verleumdungen, falsche[n] Anklagen, heimtückische[n] Anschläge[n]«, seinen Verfehlungen, Kleidung, Wohnung usw. Ein philosophisches Kapitel über das »Glück« erörtert die Relativität menschlichen Glücksvermögens am Beispiel der eigenen Glückserfahrungen, aber auch an historischen Exempeln der Antike.

Bemerkenswert im Hinblick auf das **Verfahren der autobiographischen Selbstvergegenständlichung** bei Cardano erscheint, dass er in der Lage ist, sein Leben unter verschiedenen Aspekten, so etwa unter demjenigen des Glücks, je aufs Neue vor Augen zu stellen. Eine nicht unwesentliche Rolle spielt der Komplex der eigenen Ausbildung und Lehrtätigkeit (»Meine Lehrer«, »Zöglinge und Schüler«, »Gelehrsamkeit und äußere Bildung«). Freilich wird auch der eigenen ›Ruhmsucht‹ Genüge getan, etwa wenn Cardano die »Ehren, die mir zuteil wurden« auflistet, immer al-

lerdings auch verbunden mit Reflexionen über den Umgang mit
dem Phänomen ›Ehre‹; Cardano berichtet außerdem über die von
ihm in den verschiedenen Disziplinen gemachten Erfindungen
(allein auf medizinischem Gebiet will er ca. vierzigtausend Probleme, dazu zweihunderttausend kleinere gelöst oder aufgestellt
haben!), gibt eine Liste seiner Schriften, eine durchaus stattliche
Zahl übrigens, verzeichnet die Urteile berühmter Männer über ihn,
ebenso die Urteile, die er in Büchern über sich angetroffen hat.
Seine »Testamente« werden ebenso erwähnt wie seine »Träume«
und der für Cardano bedeutsame Bereich des Wunderbaren und
Übernatürlichen (vgl. auch »Meine Fähigkeit des Voraussehens in
beruflichen und anderen Dingen«); selbst sein »Schutzgeist« erhält
ein eigenes Kapitel. Cardano stellt seine »Redensarten« zusammen,
die er zu seinen literarischen Werken zu zählen scheint, denn im
gleichen Abschnitt findet sich auch der von ihm verfasste »Trau-
ergesang auf den Tod meines Sohnes« sowie ein fingierter »Dialog über den Wert dieser Aufzeichnungen«. Schließlich wird auch
noch der sich im Lauf der Jahre einstellenden Veränderungen des
Charakters, der Körperformen, des Temperaments und der ganzen
äußeren Erscheinung gedacht. Cardanos Vita vermittelt das Bild
einer **Selbstzergliederung**, die wie etwa in Michel de Montaignes
(1533–1592) ab 1580 erscheinenden *Essais* den Akt der Selbstthematisierung in den Vordergrund treten lässt und das sezierte
autobiographische Ich nicht als eine in *einem* Referenzpunkt fun-
dierte Einheit, vielmehr als ein multifokales, gleichsam komposites
und zum Zwecke der Beschauung wieder in seine Bestandteile
zerlegbares Wesen erscheinen lässt.

Die Hervorbringung solcher ›Individuen‹, wie sie in Benvenuto
Cellini oder in Girolamo Cardano repräsentiert scheinen, wurde
in der sozialgeschichtlich orientierten Autobiographieforschung
an die **Kultur des Stadtstaats** geknüpft. Mit dem politischen,
wirtschaftlichen und kulturellen Niedergang der italienischen
Stadtstaaten scheint tatsächlich auch die autobiographische Produktion zurückzugehen. Ähnliches hat man für die Autobiographie im deutschsprachigen Bereich beobachtet. Das 15. und frühe
16. Jahrhundert brachten eine ganze Reihe von Autobiographien
hervor. Neben den bereits erwähnten von Thomas und Felix Platter
und Johannes Butzbach wären noch die Namen Siegmund von
Herberstein, Bartholomäus Sastrow, Ulrich Krafft, Albrecht Dürer, Ulrich Hutten, Charitas Pirckheimer, Götz von Berlichingen
oder Melchior Schedel zu nennen, wobei gerade im Hinblick auf
Schedels Lebensbericht die Nähe von literarischer Selbstdarstellung
und simplicianischem Roman vermerkt wurde (vgl. Kästner 1997,

S. 995, 1003). Indessen ging mit der Errichtung absolutistischer Staatsformen die Bedeutung des städtischen Groß- und Handelsbürgertums und damit offensichtlich auch die autobiographische Produktion zurück. Neumann spricht daher von einem »Moratorium« in der Entwicklung der Autobiographie in Deutschland von etwa einem Jahrhundert (Neumann 1970, S. 113).

4. 17./18. Jahrhundert: Innen-Welt-Produktionen

Eine autobiographische Renaissance ist für die zweite Hälfte des 17. Jahrhunderts im Umkreis des **Pietismus** zu verzeichnen. Hatte die säkulare Autobiographie im Spätmittelalter und in der frühen Neuzeit ihren Ursprung vornehmlich im Handel treibenden Stadtbürgertum, das sich vielfach noch an den Lebensformen des Adels orientierte, kann die pietistische Autobiographik als kleinbürgerliche Literaturform bezeichnet werden. Es findet eine Verschiebung der autobiographischen Blickrichtung statt: In Anbetracht der politisch-sozialen Begrenztheit des kleinbürgerlichen Daseins wendet sich der Blick von der äußeren sozialen Wirklichkeit ab und konzentriert sich auf die Schilderung der eigenen Seelenzustände und inneren Befindlichkeiten. Gleichwohl bleibt der pietistische Lebensentwurf, im Unterschied etwa zur mystischen Spiritualität, innerweltlich.

Die Bewegung des Pietismus entstand im letzten Viertel des 17. Jahrhunderts als Reaktion gegen eine dogmatisch erstarrte Obrigkeitskirche, der die Pietisten eine gottunmittelbare, allein von den Gemütskräften getragene Frömmigkeit entgegenzusetzen versuchten. Dabei waren sie bestrebt, nicht in einen theologischen Gegensatz zur protestantischen Amtskirche zu geraten; der Pietismus verstand sich vielmehr als eine Gegenbewegung von innen, die gleichwohl auf ihre eigene Gruppenidentität im Rahmen der Amtskirche bedacht war. Als der eigentliche Begründer des Pietismus gilt **Philipp Jakob Spener** (1635–1705). 1675 entstand die von ihm verfasste Gründungsschrift des Pietismus *Pia desideria oder Herzliches Verlangen nach gottgefälliger Besserung der wahren Evangelischen Kirchen*. Es handelte sich dabei um eine Auftragsarbeit, denn Spener sollte nur das Vorwort zu einer neuen Ausgabe der Evangelien-Postille des in pietistischen Kreisen viel gelesenen lutherischen Pfarrers Johann Arnd (1555–1621) verfassen. Speners zentraler Kritikpunkt an der Amtskirche betrifft den zutage tretenden Widerspruch zwischen Lehre und Leben. Die lutheri-

sche Kirche sei zu sehr in Lehrstreitigkeiten verwickelt und ver-
nachlässige das wahre christliche Leben, moniert er. Obrigkeit,
geistlicher Stand und Kirchenvolk seien weltlichen Genüssen hin-
gegeben und versäumten die christliche Pflicht der Nächstenliebe.
Dagegen setzt Spener die Verbesserung der Bibelkenntnis unter
den Christen; dem solle nicht nur die Sonntagspredigt, sondern
auch die Einrichtung privater Bibelkreise dienen, in denen jeder
die Schrift auslegen und kommentieren dürfe. Doch bestehe das
Christentum nicht nur aus Wissen, sondern vor allem aus Taten.
Lehrstreitigkeiten sollten durch ein vorbildliches christliches Leben
abgelöst werden.

Speners 1683–86 verfasste Lebensgeschichte gilt der Forschung als wenig originell, vielmehr am Modell der traditionellen
Biographik orientiert. Gleichwohl lässt sie deutlich werden, wie
das pietistische Denken die Schematisierung des Lebens prägt.
Niggl (1998) hat auf die Dreiteilung des Spenerschen Lebenslaufs
hingewiesen: Auf das »curriculum« in Gestalt eines annalistischen
Berichts der äußeren Lebensumstände (Geburt, Familie, Studien-
und Berufslaufbahn) folgen »portrait« und »confessio«. Anders
als bei Augustinus und Seuse gibt es keinen Wendepunkt, keine
den Lebenslauf unterbrechenden Einfälle der göttlichen Gnade.
Und auch anders als bei Butzbach, dessen Leben sein Ziel in der
Aufnahme in die klösterliche Gemeinschaft von Maria Laach erreicht, kennt Speners Leben kein eindeutig bestimmbares Ziel.
Von Anfang an steht dieses Leben in der Gnade Gottes. Spener
berichtet: »Diese meine liebe und nun selige Eltern haben mich
so bald darauff [nach seiner Geburt] durch das Bad der Heil.
Tauffe dem Bunde GOttes einverleiben/ und folglich in meiner
Kindheit an Gottseliger Aufferziehung/ nach ihrem Vermögen/
nichts ermanglen lassen« (Spener [Lebensgeschichte], S. 183).
Das »curriculum«, dessen bilanzierender Charakter auffällt, spiegelt durchaus das pietistische Reformprogramm, etwa wenn Spener von seiner Predigttätigkeit berichtet und dabei betont, dass
er stets auf erbauliche »Einfalt« seiner Predigten geachtet habe.
Im Zusammenhang mit der Darstellung seiner Amtsführung als
Senior des Geistlichen Ministeriums der lutherischen Kirche in
Frankfurt a. M. zeichnet er ein Selbstporträt. Zwar werden auch
bereits im vorausgegangenen Bericht persönliche Züge erwähnt,
etwa geistige Gaben, die ihm Gott mitgegeben hat, doch kommt
es nun zu einer kritischeren Selbstbeschreibung: »Ich fande aber an
mir vielen Mangel/ daß ich die dem Ampt anhangende Autorität
nicht dermassen zu brauchen gewust/ wie es ohne Überhebung
über andere und deroselben Unterdrückung/ und zu Handhabung

besserer Ordnung/ und nachdrücklicher Treibung vieles zu GOttes Ehren dienlichen müglich/ mir aber bey meiner natürlichen Schüchterkeit und Mangel der nöthigen Weißheit nicht gegeben gewesen« (S. 195). Diese Selbstbeschreibung geht in **Selbstkritik und -anklage** über, steht also im Zusammenhang mit dem, was Niggl »confessio« nennt. Das dargebotene Sündenregister – Weitschweifigkeit in der Predigt, Unfähigkeit, Veränderungen in der Kirche herbeizuführen, gelegentliche Regelabweichung – mutet in der Tat bescheiden an, aber offensichtlich erforderte das Vorbild der geistlichen »confessio« ein gehöriges Sündenbewusstsein, das, wo nicht vorhanden, diskursiv erzeugt werden muss.

Berühmter und spannungsvoller ist **August Hermann Francke**s (1663–1727) wohl 1690/91 niedergeschriebener Lebenslauf. Der Leipziger Theologieprofessor und Begründer der späteren sog. Franckeschen Anstalten, in dem der Pietismus, entsprechend den Forderungen der spenerschen *Pia desideria*, praktisch wurde, geriet wie Spener selbst in Konflikt mit der Orthodoxie. Seine Lebensgeschichte ist geprägt von dem aus der Mystik bekannten Gedanken der Wiedergeburt. Auf die natürliche Geburt des Kindes erfolgt als eine Wiedergeburt die Taufe, wobei die eigentliche Wiedergeburt erst am Ende des (wie im Falle von Speners Lebenslauf) kurzen und übersichtlichen Textes geschieht, die Lebensgeschichte mithin wieder ein klar definiertes Ziel erhält.

Wie Augustinus muss Francke, obwohl von Anfang mit dem Wort Gottes vertraut, seinen wahren Weg zu Gott erst finden. Dieser Weg führt ihn, ebenso wie seinen frühchristlichen Vorgänger, über eine weltliche Bildungskarriere, die ihn innerlich von Gott entfernt. Er berichtet, wie er sich im Rahmen seiner Theologieausbildung auf das Studium der Philosophie verlegte und der Rhetorik weltlicher Gelehrsamkeit erlag. Die Ausführlichkeit, mit der Francke von seinen Studien erzählt, demonstriert die ihnen in seiner Wertschätzung offenbar zukommende Bedeutung. Die Hingabe an die weltliche Wissenschaft bedingt die Nichtübereinstimmung seines Lebens mit dem Worte Gottes. Francke bezeichnet sich selbst als groben Heuchler, der zwar in die Kirche, zur Beichte und zum Abendmahl ging, aber Gott nur im Kopf und nicht im Herzen trug. Die Theologie war ihm, schreibt er, »vielmehr eine todte wissenschafft als eine lebendige Erkentniß« (Francke, Lebenslauf, S. 13). Freilich hat der liebe Gott, so sieht es der Autobiograph, seine Finger im Spiel, indem er dem jungen Gelehrten Francke seine Gnade nicht entzieht. Im Gegenteil: Es ist nur der **göttlichen Gnade** zu danken, dass Francke immer wieder den Wunsch verspürt, Gott ernsthaft zu suchen.

Franckes Weg ist ähnlich mühsam wie der des Aurelius Augustinus. Obwohl er emsig die Bibel studiert, bleibt sein Herz ungerührt. Den Beginn des Umschwungs stellt die Gründung des sog. »Collegium Philobiblicum« dar, das Francke mit einigen Kommilitonen in Leipzig ins Leben rief, eine Art Arbeitskreis, dessen Teilnehmer sich dem griechischen und hebräischen Urtext der Bibel widmen wollten. Dahinter steht das Bemühen, auf das unmittelbare Wort Gottes zurückzugehen. Durch dieses »studium textuale«, schreibt Francke, habe er erst die Schätze der Bibel kennengelernt. Gleichwohl ist er immer noch ein Weltmensch. Die Situation ist paradigmatisch: Je näher er der Wahrheit kommt, desto schmerzlicher erfährt er seine Entfernung von ihr. Die Zweifel verdichten sich zur tiefen Glaubens- und Lebenskrise, die pietistische Lehre und autobiographische Reflexion ineinander verschränkt:

»Denn bey solcher würcklichen verleugnung Gottes, welche in meinem Hertzen war, kam mir dennoch mein gantzes bißheriges Leben vor augen, als einem der auff einem hohen Turm die gantze Stadt übersiehet. Erstlich konte ich gleichsam die Sünden zehlen, aber bald öffnete sich auch die Haupt-qvelle, nemlich der Unglaube, oder bloße Wahn-Glaube, damit ich mich selbst so lange betrogen. Und da ward mir mein gantzes Leben, und alles, was ich gethan, geredt, und gedacht hatte als sünde, und ein großer greuel für Gott fürgestellet.« (S. 26)

Die Darstellung der eigentlichen Bekehrung erinnert an die entsprechende Schilderung in den *Confessiones* des Augustinus – von der sie sich gleichwohl kontrapunktisch absetzt. Die Episode des von einer Kinderstimme aus dem Nachbarhaus gerufenen »tolle, lege« (›nimm und lies‹) (vgl. Kap. III.1) im Gedächtnis, erwartet man eine Bekehrung durch das Schriftwort, als Francke bei einem Gastgeber das Neue Testament auf dem Tisch liegen sieht, es in die Hand nimmt und im 2. Korintherbrief die Stelle 4,7 aufschlägt *»wir haben aber den Schatz in irdischen gefässen«*, wobei sein Gastgeber im selben Augenblick ohne zu sehen, was Francke liest, bemerkt: *»Ja wir haben wol hieran einen großen Schatz«* (S. 27) Diese gleichsam magische Korrespondenz führt aber noch nicht zur Bekehrung, auch nicht das Francke tief berührende Gespräch mit einem Superintendenten über den rechten Glauben. Der Vorbereitung auf die Wende dagegen dienen sie allemal. Die Wende selbst geschieht dann einigermaßen unspektakulär:

»In solcher großen angst legte ich mich nochmals an erwehntem Sontag abend nieder auff meine Knie, und rieffe an den Gott, den ich noch nicht kante, noch Glaubte, um Rettung aus solchem Elenden zustande, wenn anders warhafftig ein Gott wäre. Da erhörete mich der Herr, der lebendige

Gott, von seinem h. Thron, da ich noch auff meinen Knien lag. So groß war seine Vater-Liebe, daß er mir nicht nach und nach solchen zweiffel und unruhe des Hertzens wieder benehmen wolte, daran mir wol hätte genügen können, sondern damit ich desto mehr überzeuget würde, und meiner verirreten Vernunfft ein zaum angeleget würde, gegen seine Krafft und Treue nichts einzuwenden, so erhörete er mich plötzlich. Denn wie man eine Hand umwendet, so war alle mein Zweiffel hinweg, ich war versichert in meinem Hertzen der Gnade Gottes in Christo Jesu, ich kunte Gott nicht allein Gott sondern meinen Vater nennen, alle Traurigkeit und unruhe des Hertzens ward auff einmahl weggenommen, hingegen ward ich als mit einem Strom der Freuden plötzlich überschüttet, daß ich aus vollem Muth Gott lobete und preisete, der mir solche große Gnade erzeiget hatte.« (S. 27f.)

Man könnte Franckes Bekehrungsbericht als eine Überbietung des augustinischen beschreiben, insofern als die Bekehrung als wirklich inneres göttliches Ereignis dargestellt wird, in der Zwiesprache mit Gott, während Augustinus eine äußere Stimme zuhilfe kommt. Francke stellt das Bekehrungswerk Gottes als ein gänzlich inneres dar, das keinerlei Zufallsmoment aufweist, und er lässt keinen Zweifel daran, dass es Gottes Gnade ist, die ihm entgegenkommt, und die Bekehrung nicht sein eigenes Verdienst darstellt. Damit ist Franckes Leben an sein Ziel gekommen; er selbst spricht davon, dass es ihm vorgekommen sei, als hätte er sein ganzes Leben lang in einem tiefen Schlaf gelegen und sei nun endlich erwacht, als sei er tot gewesen und nun mit einem Male lebendig geworden. Der Lebensbericht schließt denn auch kurz darauf, nicht ohne allerdings noch auf die Schwierigkeiten und Anfeindungen hinzuweisen, die Francke nach seiner Bekehrung und aufgrund seines geänderten Lebens von seinen Mitmenschen und Kollegen erfahren musste. Die Welt, der er den Rücken gekehrt hat, rächt sich sozusagen an dem Bekehrten. Das bereits aus der antiken und mittelalterlichen Autobiographik bekannte Motiv der Anfeindung wird auch in der pietistischen Selbstdarstellung zu einem topischen Element.

Die 1689 erschienene Lebensbeschreibung von **Johanna Eleonora Petersen** (1644–1724) repräsentiert ein weibliches Exempel pietistischer Selbstdarstellung. Die als Tochter eines Adeligen mit dem Namen von und zu Merlau bei Frankfurt a. M. Geborene berichtet zunächst über ihre Kindheit, in der sie sich bereits durch ein frommes Gemüt auszeichnet. Als Eleonora mit zwölf Jahren ihre Mutter verliert, wird sie als Hoffräulein zu einer Gräfin gegeben; weitere Hofstellen folgen und obwohl sie durchaus das Zeug zum galanten Hoffräulein gehabt hätte, geht sie ihrem eigenen Bericht zufolge zum Hofleben innerlich immer mehr auf Distanz.

Als sie schließlich den Adelsdienst verlässt, um Gesellschafterin bei einer frommen Witwe zu werden, erhält sie über ihre neue Herrin Zugang zu den Frankfurter pietistischen Kreisen, in denen auch Spener tätig war. Hier lernt sie ihren späteren Mann kennen, den fünf Jahre jüngeren Wilhelm Petersen. Um ihn heiraten zu können, löst sie ein bereits vor Jahren durch ihren Vater arrangiertes adeliges Verlöbnis und lässt somit die Standesschranken hinter sich. Dies ist ein durchaus beachtlicher Vorgang, der in pietistischen Kreisen nicht ganz ungewöhnlich war, wirkten die Versammlungen der Pietisten ihrem eigenen Anspruch nach doch tatsächlich ständehomogenisierend, weil an ihnen sowohl Adelige als auch Bürgerliche in dem Bewusstsein teilnahmen, dass vor Gott alle Menschen gleich seien. Getraut wurde das Ehepaar Petersen 1680 übrigens von Spener selbst. Es gibt in Eleonora Petersens Autobiographie also nicht wie bei Francke einen religiösen Wendepunkt; man kann allerdings die bewusste Entscheidung, dem Adelsleben den Rücken zu kehren und fortan ein bürgerlich-religiöses Leben zu führen, als eine Art Wendepunkt betrachten, in dem der soziale Standortwechsel mit einer religiösen Orientierung verbunden ist.

Petersens Autobiographie, die bezeichnenderweise als Anhang zur Autobiographie ihres Mannes erschien, versammelt eine Vielzahl kulturhistorischer Details und Einsichten sowohl in das adelige wie in das bürgerliche Leben der Zeit. Auffallend ist das Selbstbewusstsein als Autorin, mit dem Eleonora Petersen ihrer Leserschaft gegenübertritt. Zwar zeigt sich ein solches in Ansätzen auch bereits bei Francke, doch während dieser – nicht ohne Koketterie – seine Unvollkommenheit in der Vordergrund spielt, beschreibt Petersen von Anfang an ihre Auserwähltheit:

»DAmit du, geliebter Leser, wissen mögest, wie wunderbahr mich der Höchste von Jugend auf geführet, und durch so mancherley Gelegenheit zu sich gezogen, als habe meinen Lebens-Lauff nur mit kurtzem hiebey fügen wollen; zumahl ich, nach meines Heylandes Exempel, viele und mancherley Lästerungen und Lügen über mich habe müssen ergehen lassen, da es viele befremdet, daß ich bey so jungen Jahren nicht mehr mit ihnen lauffen wollen, in das wüste Leben, und haben gelästert [...].« (Petersen, *Leben*, §1)

Pietistisches und auktoriales Selbstbewusstsein kommen hier zusammen; und da sich dieses Selbstbewusstsein offenbar auf Unterscheidung gründet (vgl. auch Kormann 2003, S. 90), wird das Motiv der Verfolgung für den Pietismus wie für die Autobiographik so bedeutsam. Ein zweites wichtiges Element in Petersens Lebensbeschreibung stellt die zentrale Rolle dar, die das richtige

Verständnis der heiligen Schrift für das autobiographische Ich spielt, hatte doch bereits das Hoffräulein schrifthermeneutische Träume. In Franckes Lebensgeschichte wurde bereits deutlich, dass es Ziel und Anliegen der Pietisten war, sich auf den Ursprung des unmittelbaren Gotteswortes zurückzuwenden. Petersen nun erweist sich als eine passionierte und begabte Deuterin des Wortes; immer wieder trifft sie auf verschlüsselte Sinnstrukturen, die sich ihr nach und nach, wie sie sagt, »auftun«. In diesem allmählichen Entschlüsseln des zuvor Verschlüsselten scheint für sie der pietistische Seelen- und Lebensfortschritt zu bestehen. Im behaupteten Verständnis der Schrift wird das eigene Leben als gerechtfertigt und in der Konsequenz seiner Entwicklung als folgerichtig erkannt.

Zu erwähnen ist aus dem Bereich des französischen Quietismus, einer katholischen Entsprechung der pietistischen Innerlichkeitsbewegung, die 1694 verfasste und 1720 herausgegebene Autobiographie der Jeanne de Guyon (1648–1717) *La vie de Madame J. M. B. de la Mothe Guion. Écrite par elle-même*, in der die Verfasserin neben ihrer tristen Jugend und leidensvollen Ehezeit ihre mystisch-ekstatischen Erlebnisse schildert. Ihr Werk fand auch in Deutschland Verbreitung und ist etwa in Karl Philipp Moritz' psychologischem Roman *Anton Reiser* sowie in dem von Moritz herausgegebenen *Magazin zur Erfahrungsseelenkunde* kritisch reflektiert (vgl. S. 153). Ungefähr gleichzeitig entstanden (zwischen 1690/91 und 1719) sind im Übrigen die *Denkwürdigkeiten* (*Sichronot*) der Glückl von Hameln (1646–1724), einer jüdischen Geschäftsfrau, die von der Forschung meist als Dokument des jüdischen Lebens der Zeit in Mitteleuropa gelesen wurden. Die autobiographische Erzählerin indessen stellt eine literarisch-psychologische Funktion heraus, wenn sie davon spricht, dass sie ihre Lebensbeschreibung zur Seelenberuhigung und zur Bannung melancholischer Gedanken verfasst habe.

Dass der pietistischen Autobiographik selbst **erbauliche Funktion** zukam, zeigt sich nicht nur darin, dass Francke seinen Lebenslauf 1692 an Spener schickte, damit dieser mit seiner Hilfe einem strauchelnden Gläubigen aufhelfen konnte, sondern auch an einer zwischen 1698 und 1745 erschienenen siebenbändigen Sammlung pietistischer Lebensläufe, die von **Johann Henrich Reitz** (1655–1720) unter dem Titel *Historie Der Wiedergebohrnen/ Oder Exempel gottseliger/ so bekandt- und benant- als unbekandt- und unbenanter Christen/ Männlichen und Weiblichen Geschlechts/ In Allerley Ständen/ Wie Dieselbe erst von Gott gezogen und bekehret/ und nach vielem Kämpfen und Aengsten/ durch Gottes Geist und Wort/ Zum Glauben und Ruh ihrer Gewissens gebracht seynd.* Der

Titel ist eine genaue Wiedergabe der den versammelten Lebens-
läufen gemeinsamen schematischen Struktur, in der, wie schon
bei Francke anklingend, der lebensgeschichtliche Vorgang der
Geburt durch den pietistisch-religiösen Akt der Wiedergeburt
überblendet wird. Die wiedergegebenen Lebensläufe von Personen aller Stände insbesondere auch aus dem englischen Bereich,
wo es starke pietistische Strömungen gab, sollten Schema und
Vorbild für die eigene Lebenserfahrung der Leser und Leserinnen
sein, stellten ihnen gleichsam ein diskursives Dispositiv autobiographischer Selbstmodellierung zur Verfügung. Entsprechend der
hervorgehobenen Rolle der Frau in der pietistischen Bewegung
(vgl. Critchfield 1985) widmet Reitz sein Werk drei besonders
›tugendsamen‹ und ›auserwählten‹ Frauen und vermerkt in seiner »Zuschrifft«, dass er seine *Historie der Wiedergebohrnen* »als
einen rechten geistlichen Frauen-Zimmer-Spiegel« begreife in der
Meinung, »daß mehr Weibs- als Manns-Personen wiedergebohren
und selig werden«. Reitz spricht mit den Frauen jenen Kreis an,
der im 18. Jahrhundert zum vornehmlichen Lesepublikum werden sollte und insbesondere mit der verderblichen Romanlektüre
in Verbindung gebracht wurde. Trotz ihrer Stereotypie haben die
Reitz'schen Lebensläufe in ihrer manchmal drastischen Schilderung von Lebenskrisen durchaus etwas von dem Sensations- und
Unterhaltungswert der späteren Romane.

Einen pietistischen Hintergrund hat auch die Autobiographie
des Leipziger Predigers **Adam Bernd** (1676–1748), der sich mit
kritischen Schriften bei der kirchlichen Obrigkeit unbeliebt gemacht hatte und deshalb von seinem Amt zurücktreten musste.
Gleichwohl findet bei Bernd ein für das 18. Jahrhundert entschei-
dender Paradigmenwechsel statt, der sich bereits im ausführlichen
Titel seiner 1738 erschienenen Lebensbeschreibung niederschlägt.
Er lautet: *M. Adam Bernds, Evangl. Pred. Eigene Lebens-Beschreibung
Samt einer Aufrichtigen Entdeckung, und deutlichen Beschreibung ei-
ner der grösten, obwohl großen Theils noch unbekannten Leibes- und
Gemüths-Plage, Welche GOtt zuweilen über die Welt-Kinder, und
auch wohl über seine eigene Kinder verhänget; Den Unwissenden zum
Unterricht, Den Gelehrten zu weiterm Nachdencken, Den Sündern
zum Schrecken, und Den Betrübten, und Angefochtenen zum Troste.*
Der Hinweis auf die ›aufrichtige Entdeckung und Beschreibung
einer der größten, obwohl großenteils unbekannten Leibes- und
Gemütsplage‹ macht deutlich, dass es Bernd nicht mehr um eine
religiös-geistliche Verortung seiner selbst geht, wiewohl gesagt wird,
dass die in Frage stehende Leibes- und Gemütsplage von Gott
verhängt sei, sondern dass er ein gleichsam wissenschaftliches In-

teresse auf sich selbst richtet. Die ›Leibes- und Gemüths-Plage‹,
die Bernds Lebensbeschreibung aufzudecken unternimmt, ist die
Melancholie, die im 18. Jahrhundert zu einer Art Modekrankheit
wurde. Seit der Antike galt sie als Ausweis von Genialität, bezeichnet aber immer auch den gefährdeten Menschen. Die psychisch-
seelische **Befindlichkeit des Melancholikers** wurde auf die körperliche Ursache eines aus dem Gleichgewicht geratenen und deshalb
zu einem Überfluss der schwarzen Galle führenden Verhältnisses
der Körpersäfte zurückgeführt. Das 18. Jahrhundert wird häufig
als das **Jahrhundert der Anthropologie** bezeichnet, das ein neues
naturwissenschaftliches Interesse am Menschen fand und ihn als
eine Einheit von Körper und Seele ansah. Der Mensch als Got-
teskind tritt also nicht mehr nur als seelisches Wesen ins Licht der
philosophischen und theologischen Aufmerksamkeit, sondern auch
in seiner Körperlichkeit. Der Schluss des Titels, der den Adressa-
tenkreis benennt, zeigt, dass der Autor sowohl als Wissenschaftler
als auch als Seelsorger zu sprechen gedenkt.

Ein Schlüsselbegriff für Bernd ist die »eigene Erfahrung« (Bernd,
Eigene Lebens-Beschreibung, S. 5); schon ganz im aufklärerischen
Sinne und dem Prinzip des Nutzens folgend sieht er sich verpflichtet, sie an andere weiterzugeben. Man begnügt sich nicht mehr
mit dem Wissen, das aus Büchern stammt, sondern das Wissen
muss aus der **Erfahrung** gewonnen sein. Dahinter steht die auf den
englischen Philosophen John Locke (1632–1704) zurückgehende
philosophische Tradition des Empirismus, die sich gegen die von
René Descartes (1596–1659) vertretene Lehre der dem Menschen
angeborenen Ideen wandte. Als einzige Erfahrungsquellen galten
nunmehr die äußere Sinneswahrnehmung und die innere Selbstbeobachtung. Dabei hat sich bei Bernd die religiöse Anfechtung,
die im Mittelpunkt der pietistischen Autobiographik stand und die
auch den Theologen Bernd heimsucht, auf die Szene des Körpers
bzw. des **Leibe**s, wie es im anthropologischen Diskurs der Zeit
heißt, verlagert. Für die Herausbildung des anthropologischen
Denkens im 18. Jahrhundert stellt, so hat Helmut Pfotenhauer
geltend gemacht, gerade die Autobiographie eine ergiebige Materi-
albasis bereit (Pfotenhauer 1987). Ein zentrales anthropologisches
Theorem der Zeit ist die sog. »influxus«-Lehre, derzufolge der Körper die Seele und die Seele den Körper beeinflusst. Sie wird auch
in Bernds Selbstdarstellung vernehmbar, wo etwa das Sehen von
Gespenstern auf mangelhafte Transpiration zurückgeführt wird,
Durchfall ebenso sehr ein Thema ist wie Hämorrhoiden.

Doch spricht aus Bernds Autobiographie nicht nur ein **neues
Körperbewusstsein**, sondern ebenfalls ein **neues Öffentlichkeits-**

bewusstsein. Was sich in Eleonora Petersens Lebensbeschreibung ankündigt, verstärkt sich bei Bernd; nicht nur in den berichteten Szenen, sondern auch im aufgenommenen Dialog mit dem Leser wird deutlich, dass sich das Bewusstsein des autobiographischen Ichs im Blick der Öffentlichkeit konstituiert: das Ich wird sich in dem Maße seiner selbst bewusst, in dem es sich als dem Blick seiner Mitmenschen ausgesetzt imaginiert. Gleichermaßen fällt in Bernds Selbstdarstellung eine bemerkenswerte Engführung von Leben und Schreiben ins Auge. Im Schreiben durchlebt das autobiographische Ich sein gelebtes und durchlittenes Leben noch einmal. Das Leiden, von dem es berichtet, materialisiert sich in der Schrift und als Schrift. Schindler spricht im Blick auf Bernd vom »›Körper‹ als *Text*« (Schindler 1996, S. 287). Die Schmach der Selbstentblößung, die Bernd, aller an den Tag gelegten Offenheit zum Trotz, fürchtet, verschränkt sich im Medium der Schrift mit der sein Leben prägenden Schande des Amtsverlusts.

In formaler Hinsicht erinnert Adam Bernds Autobiographie mit ihrer Einteilung in Jahresabschnitte noch sehr an die älteren annalistischen Lebensberichte. Sein melancholisches Befinden gestaltet sich zur Hypochondrie, einer im 18. Jahrhundert das alte Melancholieschema beerbenden Spielart der Melancholie. Bernds ganzes Leben erscheint als eine Abfolge gefährlicher Situationen; jeder Erfolg wird zugleich wieder durch eine Niederlage zunichte gemacht. Unversehens überfallen ihn Angstzustände. So fürchtet er sich etwa davor, er könne eines Tages die Beherrschung verlieren und die Todsünde des Selbstmords begehen. Schuld an diesen Zuständen hat seine, so schreibt er selbst, lebhafte Imagination, die **Einbildungskraft**, die seit jeher zu den topischen Eigenschaften des Melancholikers gehört. Der pietistische Zwang zur Selbstbeobachtung verselbständigt sich bei Bernd und geht mit der melancholisch-hypochondrischen Einbildungskraft eine Verbindung ein, so dass er gar nicht anders kann als alle Gefahren und Katastrophen der Welt auf sich selbst zu beziehen. Bernds Autobiographie ist ein additives und zielloses Auf und Ab körperlicher und seelischer Befindlichkeiten. Während die pietistischen Autobiographien als Wegbeschreibungen vom Erreichen eines Ziels berichten, ist Adam Bernds Lebensbericht eine Abstiegsgeschichte. Seines Amtes und seiner Schüler ledig, bleibt ihm nur noch das Schreiben, und dieses Schreiben ersetzt ihm die fehlende Öffentlichkeit, das Leben selbst (vgl. Wagner-Egelhaaf 1994). So kann die Geschichte seines Lebens, der 1742 und 1745 noch zwei Fortsetzungen folgen, auch keinen organischen Abschluss finden.

Auch im Falle von **Johann Gottfried Herders** (1744–1803) tagebuchartigem *Journal meiner Reise im Jahr 1769*, das erst 1846 erschien, hat die neuere Forschung auf die konstitutive **Medialität der Schrift** hingewiesen. Dem topischen Schema der Engführung von Leben und Reisen folgend (vgl. Christen 1999) verbindet Herder, der für die Programmatik des Autobiographischen wegweisend wurde (vgl. S. 18), die Ausarbeitung eines anthropologisch fundierten Bildungsgedankens mit dem Versuch der Selbstanalyse. Dabei erweisen sich der fragmentarische Schreibstil sowie das Bewusstsein, dass sich das Ich erst im Blick des Anderen fassbar werde, als im Widerspruch mit dem vorgetragenen genetischen Entwicklungskonzept stehend. »Die autobiographische Schrift ist der paradoxe Ort einer Selbstverfehlung, die das Ich konstituiert. Sie ist das Monument der stets nur fragmentarischen (Selbst-)Gegenwart des Subjekts – ein ›Torso‹, der zu totalisierender, ›lebendiger‹ (Selbst-)Lektüre und somit zum Weiterschreiben antreibt« (Moser 1996, S. 56).

Wie Bernds *Eigene Lebens-Beschreibung* ist auch **Johann Heinrich Jung-Stilling**s (1740–1817) Lebensdarstellung nicht ohne den pietistischen Hintergrund denkbar. Im Fürstentum Nassau-Siegen geboren, entstammte Jung-Stilling einer dem schwärmerischen Pietismus angehörenden Familie. Nach einer Schneiderlehre war er als Lehrer tätig, wandte sich dann der Medizin zu und wurde schließlich Professor für Nationalökonomie zunächst in Kaiserslautern, später in Marburg. Am Ende seines Lebens konnte er sich im Dienste des Kurfürsten von Baden ganz der Schriftstellerei widmen. Der erste Band seiner Lebensgeschichte erschien 1777 unter dem Titel *Henrich Stillings Jugend. Eine wahrhafte Geschichte*, 1778 wurden ein zweiter und ein dritter Band veröffentlicht (*Henrich Stillings Jünglings-Jahre* und *Henrich Stillings Wanderschaft*); weitere Bände folgten 1789, 1804 und 1817. Die Forschung konzentriert sich im Wesentlichen auf den ersten Band, da er durch einen neuen autobiographischen Gestus auf sich aufmerksam macht, während die späteren Bände einem eher einförmigen chronikalischen Prinzip verpflichtet sind. Jung-Stilling präsentiert sein alter ego in der 3. Person und in der Form einer romanesken Erzählung, die einer wohlkalkulierten literarischen Dramaturgie folgt und beispielsweise landschaftliche Szenen und Figurenauftritte sorgsam aufeinander abstimmt.

Während seines Medizinstudiums in Straßburg war Jung-Stilling in den Kreis der jungen Stürmer und Dränger geraten, dem auch Goethe, Lenz und Herder angehörten. In ihrer antizivilisatorischen und gesellschaftskritischen Einstellung sahen seine Mitglieder in Jung-Stilling aufgrund seiner ländlichen Herkunft die Verkörperung einer unschuldigen, paradiesischen Natur. Auch

war es Goethe, der bei einem späteren Besuch bei Jung-Stilling in
Elberfeld das Manuskript der Jugendgeschichte einfach mitnahm
und zum Druck beförderte. Wenn Jung-Stilling nun in seiner
Kindheitsgeschichte Einblicke in das ländlich-bäuerliche Milieu
seiner Herkunft gibt und dabei ein regelrechtes Idyll einfacher,
gerader Menschen in einer bodenständigen Umgebung zeichnet,
scheint er auf genau diese sentimentalische Zuschreibung der
Straßburger Freunde zu reagieren. Die **empfindsame Darstellung
der Natur** und der zwischenmenschlichen Beziehungen entspricht
dem literarischen Geschmack der Zeit, und tatsächlich integriert
Jung-Stilling seinem Text auch Balladenstrophen, die alle Elemente
der in den siebziger Jahren des 18. Jahrhunderts so populären
Schauerballade aufweisen: die Verschränkung von Liebe und Tod
sowie das Moment des Unheimlichen und Übernatürlichen. So
sind auch die idyllischen Szenen von einem ebenfalls dem Stil der
Zeit entsprechenden melancholischen Ton durchzogen.

Die **Genealogie** spielt in Jung-Stillings Lebensbericht eine
überaus wichtige Rolle. Zunächst wird die Geschichte der Eltern
erzählt; Gegenstand der Schilderung ist beispielsweise auch deren
Hochzeit, die noch nicht in den autobiographischen Erfahrungs-
bereich des Protagonisten fällt. Nach dem frühen Tod der Mutter,
die einen Hang zum Unheimlichen hat und selbst einer Schauerballade entstiegen zu sein scheint, lebt das Kind in einer engen
Symbiose mit dem Vater. Dieser lässt ihm aus überzärtlicher Liebe
eine harte Erziehung zukommen, die einen starken Leidensdruck
produziert. Im Psychogramm des weichherzigen, verstärkt unter
pietistischen Einfluss geratenden Vaters und in der Zeichnung der
problematischen Vater-Sohn-Beziehung spiegelt sich ein deutliches
psychologisches Problembewusstsein. Der kleine Jung-Stilling, der
mit seinem Vater von der Außenwelt abgeschlossen lebt, ist nur
auf seine (bereits bei Adam Bernd als anthropologisch-psychologisches Krisenmoment erkannte) Einbildungskraft und die Lektüre
verwiesen. Zwei Bücher, die er in die Hand bekommt, werden
für ihn besonders wichtig: Gottfried Arnolds *Leben der Altväter*,
eine pietistische Sammlung vorbildlicher Lebensläufe, und Reitz'
Historie der Wiedergebohrnen. Frühzeitig prägt sich dem Kind also
die pietistische Lebenstopik ein.

Die weitläufig berichtete Vorgeschichte der Eltern läuft gleichsam
final auf den autobiographischen Protagonisten zu, von dem in einer
an das Vorbild des zwölfjährigen Jesus im Tempel (Luk. 2, 41ff.)
erinnernden Szene berichtet wird, wie er bereits als Kind den Pastor
ob seiner Bibelkenntnis und seines reifen Verstandes in Erstaunen
versetzte, so dass dieser Heinrichs Vater prophezeit: »Euer Kind wird

alle seine Voreltern übertreffen; fahret fort, ihn wohl unter der Rute zu halten; der Junge wird ein großer Mann in der Welt‹« (Jung-Stilling, *Jugend*, S. 57). Immer wieder wird die **Vorsehung** beschworen und auf diese Weise der Jung-Stillingschen Lebensgeschichte eine teleologische Struktur verliehen, die, obzwar auf pietistischem Grunde erwachsen, keinen geistlichen Weg beschreibt, sondern eine weltliche Erfolgsgeschichte erzählen will. Hans Esselborn hat in einem auf systemtheoretischer Grundlage argumentierenden Aufsatz am Beispiel von Jung-Stillings Lebensgeschichte gezeigt, wie im 18. Jahrhundert die Autobiographie zu einem **Mittel der Autopoesis des Individuums** wurde. Das Individuum versucht, sich durch Selbstbeobachtung und Selbstbeschreibung in der Unterscheidung von anderen zu konstituieren. So ist es tatsächlich bezeichnend, dass der erste Band von Jung-Stillings Autobiographie bereits erschien, als ihr Verfasser erst siebenunddreißig war, auch dass er, der ursprünglich nur Jung hieß, den Namen seines autobiographischen alter ego (nach: die ›Stillen‹, d.h. die Pietisten) seinem eigenen Namen anfügte und dass er offensichtlich seine Lebensgeschichte als eine Art Referenz beim Aufbau seiner Karriere einsetzte. »Die gesamte Lebensbeschreibung kann somit als erschriebene Biographie, als nachträgliche Produktion der eigenen Individualität und Karriere verstanden werden« (Esselborn 1996, S. 198).

Anton Reiser. Ein psychologischer Roman, so hat **Karl Philipp Moritz** (1756–1793) jenes zwischen 1785 und 1790 in vier Teilen erschienene Buch genannt, das als Autobiographie, als Bildungsroman, als Antibildungsroman, als psychologische Fallgeschichte und als Beispiel eines anthropologischen Romans in die Literaturgeschichte eingegangen ist. Moritz' menschenkundliches Engagement dokumentiert die Tatsache, dass er in den Jahren von 1783 bis 1793 eine Zeitschrift mit dem Titel *Gnothi sauton oder Magazin zur Erfahrungsseelenkunde* herausgab. (Mitherausgeber waren zeitweise Karl Friedrich Pockels und Salomon Maimon, dessen *Lebensgeschichte von ihm selbst erzählt* unter der Herausgeberschaft von Moritz 1792/93 erschien.) Das *Magazin* gilt als erste psychologische Zeitschrift in Deutschland. Ihr Programm kündigt der Titel an: ›Erkenne dich selbst‹ (gr. ›gnothi sauton‹) – der Begriff **›Erfahrungsseelenkunde‹** weist ferner darauf hin, dass das in Frage stehende Wissen um die menschliche Seele und Selbsterkenntnis entsprechend dem bereits im Zusammenhang mit Adam Bernds Lebensbeschreibung angesprochenen empiristischen Denken der Zeit aus der **Erfahrung** stammen sollte.

Das *Magazin zur Erfahrungsseelenkunde* enthält also im Wesentlichen Erfahrungsberichte, immer wieder aber auch resümierende

Artikel, die versuchen, das in den Erfahrungsberichten Dargestellte
zu deuten oder in übergeordnete Zusammenhänge zu stellen. Moritz
und seine Mitherausgeber waren zunächst davon ausgegangen, sie
müssten nur genügend Material sammeln, damit sich die Erkenntnis gleichsam von selbst einfinde. Sie versuchten daher, sich auf
den vermeintlich neutralen Standpunkt des Beobachters zu stellen.
Abgedruckt wurden insbesondere zahlreiche Ausschnitte aus Selbstdarstellungen (u.a. etwa auch aus Jung-Stillings Autobiographie
sowie aus dem *Anton Reiser* selbst), Berichte von Melancholikern,
Hypochondern, Träumern, Geistersehern und Selbstmördern. Erst
im Lauf der Zeit stellt sich bei den Herausgebern das Bewusstsein
ein, dass das Sammeln von Daten und Fakten allein noch nicht
zu anthropologischer Erkenntnis führe. Gleichermaßen wird auch
das anfänglich hochgehaltene **Prinzip der Selbstbeobachtung** kritischer gesehen, insofern als sich die Erkenntnis durchsetzt, dass
der Selbstbeobachter vor sich selbst posiert und eine Rolle spielt.
Bereits Immanuel Kant hatte in seiner *Anthropologie* ein harsches
Urteil über die in der zweiten Hälfte des 18. Jahrhunderts verbreitete Manie der Selbstbeobachtung gesprochen. Selbstbeobachtung
sei als Funktion der dichtenden Einbildungskraft eine Krankheit
des Gemüts und führe ins Irrenhaus. Kritischer geworden, schreibt
auch Moritz im 7. Band des Magazins, gerade der Vorsatz, wahr
sein zu wollen, stelle den höchsten Grad der **Selbsttäuschung** dar,
weil die unverstellte Wahrheit keinen Vorsatz nötig habe. So werde
*»der Wunsch des Wahren selbst zur Lüge, der Haß vor der Verstellung
selbst zur Verstellung, und die Furcht vor der Selbsttäuschung selbst
zur Täuschung«* (Moritz, *Magazin zur Erfahrungsseelenkunde*, Bd.
VII, S. 225). Unter der Hand verändert sich die Perspektive des
Erfahrungsseelenkundlers, für den Tagebücher und Selbstzeugnisse
nun nicht mehr getreue Abbildungen der Seele sind, sondern Dokumente des menschlichen Hangs zur Selbsttäuschung.

Auch der »psychologische Roman« *Anton Reiser* ist Teil des er-
fahrungsseelenkundlichen Projekts. Am Beispiel der eigenen Kind-
heits- und Jugendgeschichte versucht Moritz, Gesetzmäßigkeiten
der jugendlichen **Seelenentwicklung** unter dem Einfluss widriger
Außenbedingungen aufzuzeigen. Erzählt wird die Geschichte einer
unglücklichen Kindheit. Anton Reiser wächst in einem von Zwietracht geprägten Elternhaus auf, in dem er weder an Vater noch
an Mutter einen Halt findet. Auch hier spielt der Pietismus wieder
eine (unglückliche) Rolle: Antons Vater ist nämlich Quietist und
Anhänger der Madame Guyon, auf deren Autobiographie Moritz
im 7. Bd. des *Magazins zur Erfahrungsseelenkunde* hinweist, und
macht seinem Sohn mit den strengen geistlichen Anforderungen,

die er an ihn stellt, das Leben schwer. Anton flüchtet sich in die **Lektüre**, die seine Einbildungskraft anregt und es ihm erlaubt, sich im Geiste ein besseres, glanzvolleres Leben zurechtzulegen. Ein stabiles Verhältnis zur Außenwelt kann er auf diese Weise nicht aufbauen und entsprechend unerfreulich sind seine Begegnungen mit ihr. Anton Reiser wird zum Melancholiker, der Lust an seinem eigenen Leid empfindet und sich in bis zum Selbstmordversuch führenden Zerstörungsphantasien gefällt.

Die Analyse der psychologischen Mechanismen seiner Hauptfigur sowie der Wechselwirkungen mit dem familiären und sozialen Umfeld stellt tatsächlich etwas grundsätzlich Neues nicht nur in der Geschichte der Autobiographie, sondern auch in derjenigen des Romans dar. Anton entwickelt eine psychologische Struktur, die sein Selbstbild über den auf ihn gerichteten imaginierten Blick anderer aufbaut. Daher strebt er nach Erfolg und Anerkennung in den Augen seiner Mitmenschen, in der Schule und auf dem **Theater**, dem alsbald seine ganze Leidenschaft und Zukunftshoffnung gilt. Er erträumt sich eine große Schauspielerkarriere, führt aber unterdessen bereits in seinem wirklichen Leben eine **theatralische Existenz**, indem er vor allem sich selbst etwas vormacht. Doch ist sein Leben von einem ständigen Auf und Ab gekennzeichnet; kaum scheint ihm einmal etwas zu gelingen, trifft ihn bereits wieder der nächste Tiefschlag und wirft ihn in die **Melancholie** zurück.

Eine Wendung scheint sich abzuzeichnen, als Anton beginnt, ein **Tagebuch** zu führen, in dem er sein Leben protokolliert und sich selbst Rechenschaft über seine Ziele und das, was er erreicht hat, zu geben versucht. In autobiographiesystematischer Hinsicht ist es bemerkenswert, dass innerhalb der Autobiographie eine zweite Form autobiographischer Selbstreflexion zur Darstellung und in die Reflexion kommt. *Anton Reiser* erzählt somit nicht nur die Geschichte einer Kindheit und Jugend, sondern thematisiert gleichermaßen die Bedingungen und Möglichkeiten menschlicher **Identitätsbildung mittels Selbstthematisierung**. Eine wichtige Rolle kommt dabei der Organisation der Erinnerung zu, der es Moritz zufolge gelingen muss, ein zusammenhängendes **Lebensganzes** herzustellen. Freilich sind Antons Erinnerungen zunächst eher unzusammenhängend, »zerstückt«, wie es im Text mehrfach heißt, und nur in herausgehobenen Augenblicken gelangt er zur Erkenntnis eines Zusammenhangs, der freilich sogleich immer wieder in Frage gestellt wird: »Am Ende seiner Untersuchungen dünkte ihm sein eignes Dasein, eine bloße Täuschung, eine abstrakte Idee – ein Zusammenfassen der Ähnlichkeiten, die jeder folgende Moment in seinem Leben mit dem entschwundenen hatte« (Moritz, *Anton*

Reiser, S. 233). Mithilfe symbolischer Bilder (vgl. auch Pfotenhauer 1987, S. 107ff.) versucht Anton Reiser, sich sein Leben zu veranschaulichen. Von besonderer Bedeutung dabei ist die Figur des Kreises, die am Ende tatsächlich zum Sinnbild für die Zirkelhaftigkeit seines Daseins wird. Wenn im dritten Buch außerdem davon die Rede ist, dass Anton Reiser bereits im Alter von neun Jahren zusammen mit einem Mitschüler den Plan fasste, gemeinsam ein Buch zu schreiben, das ihre Lebensgeschichten enthalten sollte, wird offenkundig, dass die Problematik der autobiographischen Selbstvergegenwärtigung das Grundmotiv von Moritz' psychologischem Roman darstellt.

Genau hier erweist sich die Hybridität der Romankonzeption: Autobiographie auf der einen, anthropologisch-psychologisches Fallbeispiel auf der anderen Seite. Wie schon im *Magazin zur Erfahrungsseelenkunde* deutlich wurde, lassen sich Subjekt und Objekt der Beobachtung nicht voneinander trennen. Und so zeigt sich auch im *Anton Reiser* zunehmend, dass die Figur Anton Reiser kein von ihrem anthropologischen Erzähler unabhängiges Dasein führt, das dieser lediglich darzustellen und zu analysieren hätte. Vielmehr erweist sich Anton Reiser als Figur im rhetorischen Sinne, d.h. als sprachlich-narrative Figuration und Funktion des psychologisch-anthropologischen Analyseprojekts selbst, über die dieses seine eigenen Möglichkeiten und Bedingungen verhandelt. Es ist bezeichnend, dass der Erzähler die gleichen Probleme wie seine Figur Anton Reiser hat und mit der **Schwierigkeit** kämpft, **aus den berichteten Einzelheiten ein Ganzes herzustellen**. Äußert er im Vorspann zum zweiten Buch noch die Hoffnung, »das Mißtönende« werde »sich unvermerkt in Harmonie und Wohlklang« auflösen (S. 107), so ist am Ende des Romans von diesem Optimismus nicht mehr viel zu spüren. »Es kommt darauf an, wie diese Widersprüche sich lösen werden!« (S. 332) ist am Ende der Einleitung zum vierten Teil zu lesen, doch löst sich auch in diesem letzten Teil nichts und der Erzähler verlässt seine Figur am Ende des Romans als wieder einmal gescheitert und auf sich selbst zurückgeworfen. »Die Modernität des ›Anton Reiser‹ ist vor allem darin zu sehen, daß der Held der erzählten Lebensgeschichte seinen individuellen Mittel- bzw. ›Beruhigungspunkt‹ auch am Ende der erzählten Geschichte nicht findet«, schreibt Birgit Nübel (1994, S. 239f.). Die autobiographische Virulenz des *Anton Reiser* ist auch psychologisch interpretiert worden: Der Erzähler versucht (freilich mit zweifelhaftem Erfolg), sich über sein autobiographisches alter ego zu erheben; er distanziert und opfert sein früheres Ich in der grammatischen Form der 3. Person, um sich als souveränen Beobachter und Wissenschaftler etablieren und damit retten zu können (vgl. Vanoosthuyse 1995, S. 24f.).

Ulrich Bräkers (1735–1798) 1789 erschienene Autobiographie *Lebensgeschichte und Natürliche Ebentheuer des Armen Mannes im Tockenburg* erzählt vom Weg eines Schweizer Kleinbauernsohns über den preußischen Soldatendienst zum Schreiben und zur Literatur. Sie erscheint als der etwas naive Lebensbericht eines unverbildeten Naturkindes und wurde auch lange Zeit so rezipiert. Es gilt freilich in Rechnung zu stellen, dass das Erscheinen des Textes in die Zeit des Sturm und Drang fällt, die Natürlichkeit zur obersten Maxime und zum Ausweis des Genies erhoben hatte. So gibt sich auch der Stil der aus zahlreichen kurzen Abschnitten zusammengefügten Darstellung ›natürlich‹: Mundartliches wird aufgenommen, eine Rhetorik der Unregelmäßigkeit und der Spontaneität kultiviert, gesprochene Sprache nachgeahmt.

Die dem Text vorausgestellte »Vorrede des Verfassers« kann als Kabinettstück autobiographischer Begründungstopik gelesen werden, versammelt sie doch ein ganzes Ensemble von Argumenten zur Rechtfertigung der autobiographischen Niederschrift. Der **Rechtfertigungsgestus** scheint mit der Autobiographie unauflöslich verbunden: Diente die Autobiographie ihren Verfassern oder Verfasserinnen seit alters dazu, Rechenschaft über ihr Leben und Tun abzulegen, rechtfertigt sich Bräker bezeichnenderweise dafür, dass er, der einfache Sohn aus dem Volk, überhaupt auf die Idee kommt, sein Leben schriftlich festzuhalten. Er ist sich sehr wohl bewusst, dass ihm dies als Eitelkeit ausgelegt werden kann. Als Gründe für sein Schreiben nennt er »Schreibsucht«, Gotteslob, Nützlichkeit für seine Kinder. Spielt im angeführten Lob Gottes und in der, wie bei Jung-Stilling, immer wieder in Anspruch genommenen Vorsehung zwar der im Text gleichfalls dargestellte pietistische Hintergrund von Bräkers kindlicher Sozialisation eine Rolle, hat der autobiographische Erzähler mit pietistischer Sündenkoketterie gleichwohl nichts mehr im Sinn: »[...] wem wurd's frommen«, schreibt er, »wenn ich alle meine Schulden herzählen wollte – da ich hoffe, mein barmherziger Vater und mein göttlicher Erlöser haben sie, meiner ernstlichen Reue wegen, huldreich durchgestrichen« (Bräker, *Lebensgeschichte und Natürliche Ebentheuer*, S. 10).

Das am augenfälligsten in den Vordergrund tretende Argument aber ist dasjenige der »**Schreiblust**«. Bräker spricht von der »unschuldige[n] Freude und außerordentlich[en] Lust, so wieder einmal [s]ein Leben zu durchgehen«, von der »Wonne« (S. 9), mit der er – im Medium der Schrift – in die Tage seiner Jugend zurückkehrt. Sein Schreiben, das er als »Gickelgackel«, »Wirrwarr« (S. 193), »Geschreibe« und »kuderwelsche[s] Ding« (S. 194) bezeichnet, wird zum vordringlichen Gegenstand seiner Selbstthematisierung. Sein im Lauf der beschriebenen Lebensgeschichte zunehmender Hang zum Lesen und Schreiben entfremdet ihn seinem Beruf und seiner sozialen und familiären Umwelt, so dass sich das im Text zutage tretende Bewusstsein seiner Besonderheit auf die Tatsache seines Schreibens begründet. Sie ist es, um derentwillen er Anfeindungen, nicht zuletzt von Seiten seiner Frau, erdulden muss, wie vormals die pietistischen Gottsucher um *ihres* Separatismus willen der Verfolgung ausgesetzt waren. Die ›Lust am Text‹ (Roland Barthes) ist der Rhetorik von Bräkers *Lebensgeschichte* sichtbar eingeschrieben: Sie zeigt sich beispielsweise in dem reflexiven Gestus, mit dem sich die Rede des Autobiographen häufig unterbricht und auf sich selbst zurückwendet: »Ich mag nicht schwören – und schwöre nicht –, aber das waren gewiß nicht nur die seligsten, sondern – auch die schuldlosesten Nächte meines Lebens! – Und doch – ich darf's noch einmal nicht verbergen –, aber Ännchens Ruf war nicht der beste« (S. 71). Die Freude an der sprachlichen Gestaltung kommt aber auch in der das Beschriebene ironisch kommentierenden Formulierung der Überschriften zum Ausdruck (»Allerlei, wie's so kömmt«, »Wie? Schon Grillen im Kopf«, »So geht's«, »Itzt noch vom Schätzle«, »O die Mütter, die Mütter«, »Hin und her, her und hin«, »s' gibt ander Wetter!«, »Und da –«, »Also?« etc.).

Offenkundig ist auch, in welchem Maße der scheinbar ›naive‹ Bräker sich an und mit anderen Autobiographen der Zeit misst: So kommt er ebenso sehr auf Jung-Stilling zu sprechen (»›Aber, Himmel! welch ein Kontrast! Stilling und ich!‹ dacht' ich. ›Nein, daran ist nicht zu gedenken. Ich dürfte nicht in Stillings Schatten stehn.‹ Freilich hätt' ich mich oft gerne so gut und fromm schildern mögen, wie dieser edle Mann es war. Aber konnt' ich es, ohne zu lügen?« [S. 194f.]) wie auf Rousseau (»Freilich Geständnisse, wie Rousseau seine, enthält meine Geschichte auch nicht und sollte auch keine solchen enthalten« [S. 195]). Wenn er denn doch noch in einem eigenen Kapitel seine »Geständnisse« nachliefert, in denen er sich genregemäß zum Weiberhelden stilisiert (»Das schöne Geschlecht war freilich von jeher meine Lieblingssache« [S. 212]), kann man zwar die mehrmaligen Neuansätze zur Erzählung des Lebens auf Bräkers »fehlende[s] Bewußtsein von Karriere und Individualität« (Esselborn 1996, S. 202) zurückführen, mit gleichem Recht lässt sich indessen behaupten, Bräker spiele verschiedene **Möglichkeiten der Selbstdarstellung** experimentierend durch. In diesem Sinne ist auch der dem Text angefügte Dialog »Peter und

Paul« zu lesen, der den ›ungläubigen‹ Peter ein kritisches, im Ton der Anklage gehaltenes Porträt Bräkers zeichnen lässt, während der ›bekehrte‹ Paulus eine Apologie vorträgt. In dem Maße, in dem Bräker ein negatives und ein positives Bild seiner selbst argumentativ gegeneinander antreten lässt, wird aus der Bezugsperson ihres Streits einmal mehr eine ›kulturheroische‹ Postfiguration Christi (vgl. Goldmann 1994).

Jean-Jacques Rousseaus (1712–1778) *Confessions*, an denen der Autor seit 1770 arbeitete, erschienen postum 1782 und 1789. Roland Galle hat Rousseaus Bekenntnisse als Reflex des Zusammenbruchs überkommener Institutionen und Sicherungen interpretiert und in der Internalisierung der Funktionen, die bislang von den Institutionen Stand, Religion und Familie wahrgenommen wurden, ihre subjektgeschichtliche und sozialpsychologische Bedeutung gesehen (vgl. Galle 1981). Die Zwiespältigkeit des subjektiven Selbstentwurfs kommt paradigmatisch in dem von Rousseau dem Genfer Manuskript nachträglich vorangestellten, nur zum Teil erhaltenen Vorwort zum Ausdruck:

»Dies ist das einzige Bild eines Menschen, genau nach der Natur und in seiner ganzen Wahrheit gemalt, das es gibt und wahrscheinlich je geben wird. Wer Sie auch sind, den mein Schicksal oder mein Vertrauen zum Schiedsrichter über das Geschick dieses Heftes gemacht hat, ich beschwöre Sie bei meinem Unglück, bei Ihrem Innersten und im Namen der ganzen menschlichen Art; zerstören Sie nicht ein einzigartiges und nützliches Werk, das als erstes Vergleichsstück beim Studium des Menschen dienen kann, einem Studium, welches erst beginnen muß, und entziehen Sie nicht der Ehre meines Andenkens das einzige zuverlässige Denkmal meines Charakters, das von meinen Feinden nicht entstellt worden ist. Sollten Sie gar selbst einer jener unversöhnlichen Feinde sein, so hören Sie auf, auch noch ein Feind meiner Asche zu sein und tragen Sie Ihre grausame Ungerechtigkeit nicht bis in eine Zeit, da Sie und ich nicht mehr sein werden. So werden Sie sich wenigstens einmal das edle Zeugnis ausstellen können, großmütig und gut gewesen zu sein, als Sie boshaft und rachsüchtig sein konnten: Wenn denn überhaupt ein Unrecht, das an einem Menschen begangen wird, der nie welches beging oder begehen wollte, den Namen Rache tragen kann.« (Rousseau, *Bekenntnisse*, S. 7)

Der im ersten Satz artikulierte Anspruch erscheint maßlos und von einem übersteigerten Selbstbewusstsein getragen: das einzige Bild eines Menschen, genau nach der Natur und seiner ganzen Wahrheit gemäß, das es gibt und je geben wird, soll gezeichnet werden. ›**Natur**‹ und ›**Wahrheit**‹ sind also die Schlüsselbegriffe. Auch klingt das anthropologische Erkenntnisinteresse eines Moritz an, wenn vom »Studium der Menschen« die Rede ist, gleichwohl wird deutlich, dass der individuelle Charakter des Schreibenden vor dem allgemein menschenkundlichen Interesse steht (vgl. Pfotenhauer 1987, S. 35f.). Mit der dominant zum Einsatz kommenden Kategorie der Wahrheit knüpft Rousseau an den Zentralbegriff jenes Vorgängertextes an, auf den auch bereits der Titel seiner eigenen Lebensbeschreibung anspielt, die *Confessiones* des Augustinus. Freilich ist bei Augustinus, wenn er sich auf die Wahrheit beruft, die Wahrheit Gottes gemeint, auf die er zuschreibt und die zum Ziel seines Lebens wird. Bei Rousseau indessen geht es um die Wahrheit des Menschen, genauer: um die Wahrheit des Menschen Jean-Jacques Rousseau. Während Augustinus in den *Confessiones* einen Dialog mit Gott führt, wendet sich Rousseau an den **Leser** als Garanten seiner, Rousseaus, offenbar bedrängten autobiographischen Wahrheit. Es ist ihm also darum zu tun, sein Ansehen, das, wie er vor allem im zweiten Teil der *Confessions* beschreibt, von seinen Feinden beschädigt worden ist, für das Gedächtnis der Nachwelt zu retten. Die autobiographische Schrift wird so zum konstitutiven Element des Selbstbezugs. Dabei hat sich die autobiographietypische **Topik der Verfolgung** bei Rousseau in einen regelrechten Verfolgungswahn verwandelt. Dies geht sogar so weit, dass der Leser, dem sich das autobiographische Ich offenbart, unversehens in die Position jener anonymen Macht der Feinde gerät, das feindliche Gegenüber mithin zum konstitutiven Moment der autobiographischen Selbstauseinandersetzung wird.

Wie sehr die *Confessions* von der alten, seit den ägyptischen Selbstdarstellungen zu beobachtenden Funktion der **Rechenschaftsablegung** geprägt sind, wird am Anfang des ersten Buchs deutlich, wo Rousseau ein Szenario entwirft, das ihn zeigt, wie er mit seinem Buch in der Hand am Tag des Jüngsten Gerichts mit den folgenden Worten vor den obersten Richter tritt:

>»Sieh, so handelte ich, so dachte ich, so war ich! Ich habe das Gute und das Böse mit dem gleichen Freimut erzählt. Ich habe nichts Schlimmes verschwiegen, nichts Gutes hinzugefügt, und wenn es mir manchmal begegnete, daß ich einen bedeutungslosen Zierat verwandte, so geschah es nur, um eine Lücke zu füllen, die mir mangelnde Erinnerung verursachte. [...]«« (Rousseau, *Bekenntnisse*, S. 9)

Rousseau tritt allerdings nicht wie seine Vorgänger vor den Weltenrichter, um sein Leben und seine Taten zu rechtfertigen, sondern er tritt mit seinem Buch, den *Confessions*, in der Hand vor ihn und rechtfertigt die Art und Weise, in der er es geschrieben hat. Hier wird zum einen offenkundig, dass die Abfassung der Autobiographie für Rousseau selbst ein wichtiger autobiographischer

Akt ist, zum anderen, dass der Rückblick auf das Leben und das auf ihn gegründete Selbstbild unauflöslich mit der **Medialität der autobiographischen Schrift** verbunden sind. Die Anrede an den Weltenrichter mündet in die Bitte, er möge Rousseaus Mitmenschen um ihn versammeln, damit sie seine Bekenntnisse hören, »über [s]eine Nichtswürdigkeit seufzen und über [s]eine Nöte erröten.« Hier tritt abermals zutage, dass es die Mitmenschen sind und damit die Leser, die für Rousseau die entscheidende Instanz darstellen. Von ihnen will er gelesen werden, er ist gleichsam selbst das Buch.

Rousseaus autobiographisches Selbstbewusstsein gründet sich nicht nur auf die Behauptung seiner Andersheit, sondern auf die Tatsache der Enthüllung seiner, wie er sagt, »Nichtswürdigkeit«. Dieser **Enthüllungsgestus** prägt die gesamte Autobiographie. Dazu gehört etwa auch das Eingeständnis, bei einer körperlichen Züchtigung, die er in jungen Jahren von einem Kindermädchen erhalten hat, sexuelle Regungen empfunden zu haben, ein Gegenstandsbereich, der bei anderen, zeitgenössischen und auch älteren, Autobiographen weitgehend ausgespart wird. So teilt er auch seine erotischen Phantasien mit, die Befriedigung etwa, die er bei der Vorstellung empfindet, zu »Füßen einer herrischen Geliebten zu liegen, ihren Befehlen zu gehorchen, sie um Verzeihung bitten zu müssen« (S. 21), eine Szene, die sich im Verlauf seiner Geschichte denn auch realisiert. Zu den ›Bekenntnissen‹ im eigentlichen Sinne gehört beispielsweise auch das Eingeständnis, während seiner Zeit als Lakai in Turin einmal einer jungen Dienerin einen Diebstahl angehängt zu haben, den er selbst begangen hat und für den sie mit dem Verlust ihrer Stelle büßen musste.

Rousseaus selbstbewusst vorgetragene Überzeugung, ein einzigartiger Charakter zu sein, schließt eine differenzierte und kritische Selbstcharakteristik keineswegs aus. Ganz im Gegenteil: Gerade seine Fehler und Schwächen, die Abgründigkeiten seiner Persönlichkeitsstruktur scheinen für ihn selbst die Unverwechselbarkeit seines Wesens zu begründen. So diagnostiziert er sich eine Langsamkeit des Denkens, die sich mit einer Lebhaftigkeit des Gefühls verbinde; sein Geist und sein Herz, so formuliert er, scheinen nicht demselben Wesen anzugehören. Aus dieser Zwiespältigkeit resultieren Schwierigkeiten bei der Arbeit des Schreibens; sie ist aber auch der Grund für Probleme im gesellschaftlichen Umgang. Es fehle ihm die Fähigkeit zur geistreichen Konversation, nur schreibenderweise gelinge es ihm, sich mitzuteilen und seinem Scharfsinn Ausdruck zu verleihen. Auf diese Weise entstehe ein falsches Bild von ihm, werde er auch von klugen Leuten für einen Dummkopf gehalten,

der er mitnichten sei. Diese **Nichtübereinstimmung von Außen-
und Innenwahrnehmung** wird zu einem das autobiographische Ich
überaus beunruhigenden Tatbestand und damit zu einem zentralen
Motiv seines Schreibens.

So sehr die autobiographische Schrift zum Kompensationsme-
dium für das Unvermögen wird, im mündlichen Umgang seine
Wahrheit zu offenbaren, so unmissverständlich gibt Rousseau zu
verstehen, dass sich die **Eigentümlichkeit seines Charakters** jeder
Beschreibung entziehe. Eben hier eröffnet sich die für Rousseaus
Unternehmen der Selbstrepräsentation fundamentale systematische
Crux: das kritische Verhältnis von Wahrheit und Repräsentation.
Die repräsentierende Sprache, so virtuos er sie handhabt, ist seinem eigenen Bekunden nach nicht in der Lage, die verwirrende
Komplexität seiner Gefühle darzustellen, gleichwohl ist es aber
nur diese so unzureichende Sprache, die von der Existenz seiner
inneren Gefühlswelt überhaupt Kunde zu geben vermag. So kreist
Rousseaus Schrift um jenen immer entzogenen Punkt, an dem Au-
ßen- und Innenwahrnehmung, Repräsentation und Repräsentiertes
idealiter zusammenfallen könnten (vgl. Vance 1973).

Eine Ergänzung zu den *Confessions* stellen die 1782 erschienenen *Rêveries du promeneur solitaire* (*Träumereien eines einsamen
Spaziergängers*) dar, die als ›para-autobiographisch‹ bezeichnet
worden sind (vgl. Lecarme/Lecarme-Tabone 1997, S. 155). Auf
zehn ›Spaziergängen‹ wird in der Form des Selbstgesprächs eine
Vielzahl von Themen angesprochen, die sich vor allem mit moralischen, gesellschaftlichen und psychologischen Fragen befassen.
Der ›promeneur‹ Rousseau sieht sich als von der Gesellschaft Zu-
rückgestoßenen, der zu Traum und ›sentiment‹ Zuflucht nimmt
– ganz anders übrigens als die *Memoirs of the Life and Writings of
Benjamin Franklin* (frz. Erstausgabe 1791), dessen Autor als einer
der Führer der amerikanischen Unabhängigkeitsbewegung und
Gouverneur von Pennsylvania versuchte, den künftigen Generationen Amerikas in seiner Autobiographie ein wirklichkeitszuge-
wandtes Vorbild sowie aufklärerisch-puritanische Lebensmaximen
vor Augen zu stellen.

5. 19. Jahrhundert: Ich-Geschichte/n

Ein neues Konzept des Autobiographischen, das gleichwohl seine
Traditionsbezüge erkennen lässt, ist am Anfang des neuen Jahrhunderts mit **Johann Wolfgang von Goethe**s (1749–1832) *Dichtung*

und Wahrheit eröffnet. Über Goethes Autobiographie hat Wilhelm Dilthey in den Fortsetzungsentwürfen zu seinem 1910 erschienenen hermeneutischen Grundlagenwerk *Der Aufbau der geschichtlichen Welt in den Geisteswissenschaften* (vgl. Kap. II.1) geschrieben:

»In Dichtung und Wahrheit verhält sich ein Mensch universalhistorisch zu seiner eigenen Existenz. Er sieht sich durchaus im Zusammenhang mit der literarischen Bewegung seiner Epoche. Er hat das ruhige, stolze Gefühl seiner Stellung in derselben. So ist dem Greis, der zurückschaut, jeder Moment seiner Existenz in doppeltem Sinn bedeutend: als genossene Lebensfülle und als in den Zusammenhang des Lebens hineinwirkende Kraft. Er fühlt jede Gegenwart, die in Leipzig, in Straßburg, in Frankfurt als erfüllt und bestimmt von Vergangenem, als sich ausstreckend zur Gestaltung der Zukunft – das heißt aber als Entwicklung.« (Dilthey 1981, S. 245)

Dieses Bild des in stolzer Gelassenheit und unantastbarer Souveränität auf sein Leben zurückblickenden klassischen Greises hat lange Zeit die Rezeption von *Dichtung und Wahrheit* bestimmt und das Buch seinerseits zum Klassiker der Autobiographie werden lassen. Bis in die sechziger Jahre des 20. Jahrhunderts hinein erschien *Dichtung und Wahrheit* als Zeugnis der bedeutungsvollen Selbstgegenwärtigkeit eines mit sich identischen und zugleich über sich hinausweisenden Geistes. 1965 hat Walter Muschg der deutschen Goethe-Forschung vorgeworfen, Mythologie statt Wissenschaft zu betreiben und Äußerungen Goethes als Offenbarungen zu behandeln. Muschg verwies auf die Inkonsequenzen in Goethes Leben und wertete *Dichtung und Wahrheit* als Versuch, das Unzusammenhängende und Heterogene zu einer identitätsbegründenden Einheit zusammenzuschließen. Diesen Faden nahm Hans Mayer in seinem 1973 erschienenen Buch *Goethe. Ein Versuch über den Erfolg* auf, indem er geltend machte, dass Goethe im Grunde nur mit seinen Jugendwerken, dem *Werther* und dem *Götz*, Erfolg gehabt habe, nicht aber mit den Werken der klassischen Periode, die erst bei späteren Generationen Wertschätzung fanden. Die neuere Forschung hat sich dieser Lesart angeschlossen, insbesondere Klaus-Detlef Müller in seinem Buch *Autobiographie und Roman. Studien zur literarischen Autobiographie der Goethezeit* von 1976, das einen ausführlichen Bericht über die vorausgegangene Forschung zu Goethes Autobiographie enthält. *Dichtung und Wahrheit* erscheint in dieser Sicht als der **Versuch einer Lebensbilanz** aus der Erfahrung des Unzufriedenen, sich seiner Fehler und Misserfolge Bewussten, als Unterfangen, die Diskrepanz zwischen dem tatsächlich Erreichten und dem idealiter Erreichbaren zu bearbeiten.

Der Titel *Dichtung und Wahrheit* (eigentl. *Aus meinem Leben. Dichtung und Wahrheit*) ist programmatisch, wobei das ausdrückliche Bekenntnis zur ›Dichtung‹ in einer Autobiographie auf den ersten Blick irritierend erscheinen mag. Die beiden Schlüsselbegriffe des Titels sind indessen eng aufeinander bezogen; das mit ›Dichtung‹ Gemeinte ist nicht ohne den Gegenbegriff der ›**Wahrheit**‹ zu verstehen, mit dessen Hervorhebung Goethe durchaus an seine Vorgänger Augustinus und Rousseau anschließt. Tatsächlich hat Goethe im Hinblick auf *Dichtung und Wahrheit* auch von seinen ›Konfessionen‹ oder seinen ›Bekenntnissen‹ gesprochen. Wird die Wahrheit Gottes, die in Augustins *Confessiones* den Ziel- und Angelpunkt der autobiographischen Selbstverortung bildet, in den *Confessions* Rousseaus zur Wahrheit des Menschen Jean-Jacques Rousseau, so liegt bei Goethe ein wechselseitig aufeinander bezogenes Verhältnis von Dichtung und Wahrheit vor. Dem Vorschlag von Erich Trunz, als ›Dichtung‹ das zu betrachten, was in der Autobiographie Deutung sei, als ›Wahrheit‹ hingegen die chronologischen Daten und Fakten, liegt eine zweifelhafte Unterscheidung zugrunde, insofern als Faktisches nicht ungedeutet in den autobiographischen Text eingehen kann. Klaus-Detlef Müller hat denn auch das Moment der ›Dichtung‹ in jenem deutenden Zusammenhang gesehen, den die autobiographische Erzählung zwischen den sog. Fakten des berichteten Lebens herstellt. ›Wahrheit‹ hingegen meine nicht, so Müller, die faktische Wirklichkeit, sondern den Wahrheitsgehalt von Lebensereignissen im Sinne einer ihnen zukommenden höheren Wahrheit. Um diese Wahrheit zu erkennen, bedarf es der Dichtung, die das Einzelne in einen Zusammenhang rückt und deutet. ›Dichtung‹ und ›Wahrheit‹ sind auf diese Weise unmittelbar aufeinander bezogen, sie ergänzen und bestimmen sich wechselseitig, weil sie beide in einem übertragenen Sinn verwendet werden. Dabei bewegen sie sich gewissermaßen aufeinander zu: Die ›Dichtung‹ treibt die ›Wahrheit‹ hervor, die ›Wahrheit‹ wird nur als ›Dichtung‹ fassbar.

In diesem Zusammenhang seien noch einmal jene bereits in der Einführung dieses Buches zitierten Zeilen angeführt, die Eckermann in den *Gesprächen mit Goethe* für den 30. 3. 1831 notierte:

»Es sind lauter Resultate meines Lebens, [...] und die erzählten einzelnen Fakta dienen bloß, um eine allgemeine Beobachtung, eine höhere Wahrheit zu bestätigen [...]. Ich dächte [...], es steckten darin einige Symbole des Menschenlebens. Ich nannte das Buch ›Wahrheit und Dichtung‹, weil es sich durch höhere Tendenzen aus der Region einer niedern Realität erhebt. [...] Aber die Deutschen wissen nicht leicht, wie sie etwas Ungewohntes zu nehmen haben, und das Höhere geht oft an ihnen vorüber, ohne daß sie es gewahr werden. Ein Faktum unseres Lebens gilt nicht, insofern es wahr ist, sondern insofern es etwas zu bedeuten hatte.«

Es geht also nicht um die Fakten, sondern um die Resultate des Lebens, die freilich erst nachträglich festgestellt werden können. In diesem resultatorientierten ›Rück‹blick auf das eigene Leben wird jene geschichtlich orientierte Einstellung vernehmbar, die für die Autobiographik des 19. Jahrhunderts kennzeichnend wird und die das individuelle Leben als ein Datum im **Verlauf der Geschichte** fasst und seinem geschichtlichen Wert entsprechend beurteilt. In den Resultaten des Lebens manifestiert sich seine Bedeutung; freilich wird sie nicht in der niederen Realität der Fakten fassbar, sondern in einer höheren, einer symbolischen Realität. Goethe ist also der Meinung, in seinem individuellen komme das allgemeine Menschenleben zum Ausdruck. Der ebenfalls bereits angeführte Brief, den Goethe im Dezember 1829 an König Ludwig von Bayern schrieb, bringt das autobiographische Programm auf den Punkt:

»Was den freilich einigermaßen paradoxen Titel der Vertraulichkeiten aus meinem Leben Wahrheit und Dichtung betrifft, so ward derselbige durch die Erfahrung veranlaßt, daß das Publikum immer an der Wahrhaftigkeit solcher biographischen Versuche einigen Zweifel hege. Diesem zu begegnen, bekannte ich mich zu einer Art von Fiktion, gewissermaßen ohne Not, durch einen gewissen Widerspruchs-Geist getrieben, denn es war mein ernstestes Bestreben das eigentliche Grundwahre, das, insofern ich es einsah, in meinem Leben obgewaltet hatte, möglichst darzustellen und auszudrücken. Wenn aber ein solches in späteren Jahren nicht möglich ist, ohne die Rückerinnerung und also die Einbildungskraft wirken zu lassen, und man also immer in den Fall kommt gewissermaßen das dichterische Vermögen auszuüben, so ist es klar daß man mehr die Resultate und, wie wir uns das Vergangene jetzt denken, als die Einzelheiten, wie sie sich damals ereigneten, aufstellen und hervorheben werde. Bringt ja selbst die gemeinste Chronik notwendig etwas von dem Geiste der Zeit mit, in der sie geschrieben wurde.«

Die oben genannte ›höhere Wahrheit‹ erscheint hier als ›das Grundwahre‹, zu dessen Rekonstruktion sich Erinnerung und Einbildungskraft zum dichterischen Vermögen vereinigen. Mit dem sich im letzten Satz der zitierten Passage artikulierenden historistischen Interesse verbindet sich – und auch dies wird für die Zukunft des Autobiographischen im 19. Jahrhundert wichtig – eine erhöhte Aufmerksamkeit auf den konstruktiven Prozess der Erinnerung, der freilich auch bereits bei Moritz und Rousseau thematisiert worden war.

Dichtung und Wahrheit besteht aus vier Teilen. Der erste Teil erschien 1811, der zweite 1812 und Teil drei im Jahr 1814. Der vierte Teil hat eine längere Entstehungsgeschichte: 1816 konzipiert, wurde er erst 1831 ausgeführt und schließlich nach Goethes Tod 1833 von Eckermann herausgegeben. *Dichtung und Wahrheit* ist also ein Alterswerk; als der erste Teil erschien, war sein Autor 62 Jahre alt. Geschildert werden lediglich die ersten 26 Jahre von Goethes Leben bis zu seiner Übersiedlung nach Weimar im Jahr 1775. Doch ist *Dichtung und Wahrheit* nicht Goethes einzige autobiographische Schrift. Bereits 1816 und 1817 waren der erste und der zweite Teil der von 1786 bis 1788 unternommenen *Italienischen Reise* (vgl. dazu Christen 1999, S. 112–153; Kuhn 1997/98), ebenfalls unter dem Obertitel *Aus meinem Leben*, erschienen. Vollständig publiziert wurde die *Italienische Reise* allerdings erst 1829 in den Bänden 27 bis 29 der Ausgabe letzter Hand. Zu nennen sind weiter die *Campagne in Frankreich 1792* und die *Belagerung von Mainz*, die beide 1822 unter dem Titel *Aus meinem Leben. Von Goethe. Zweiter Abtheilung Fünfter Theil* veröffentlicht wurden; erst in der Ausgabe letzter Hand wurden sie mit eigenen Titeln versehen. Hinzunehmen kann man die *Briefe aus der Schweiz*, deren erster Teil eine Novelle in Briefform ist und ein Erlebnis Werthers vor seiner Begegnung mit Lotte beschreibt; die Erzählung blieb unvollendet und erschien als Fragment 1808 in der ersten Cottaschen Werkausgabe. Die zweite Abteilung besteht aus einem Bericht über Goethes Schweizer Reise von 1779, der 1796 in den *Horen* erschien und im Wesentlichen auf Originalbriefe Goethes zurückgeht.

Goethes autobiographisches Projekt ist also umfassend und steht in einem engen Bezug zu seinem literarischen Werk, von dem er bezeichnenderweise in *Dichtung und Wahrheit* schreibt, es stelle »Bruchstücke einer großen Konfession« (Goethe, *Dichtung und Wahrheit*, S. 310) dar. Das Erscheinen der ersten Gesamtausgabe seiner Werke führte Goethe, eigenem Bekunden zufolge, das Zufällige, Uneinheitliche und Fragmentarische seines Werks vor Augen, und ganz ähnlich heißt es in dem fiktiven »Brief eines Freundes«, der am Anfang von *Dichtung und Wahrheit* wiedergegeben wird und Goethe die Möglichkeit der Selbstrechtfertigung für die Abfassung seiner Autobiographie gibt, die weite zeitliche Erstreckung und das Unzusammenhängende seiner Schriften hätten in den Freunden des Autors den Wunsch nach einer Zusammenhang stiftenden Darstellung der hinter den Schriften stehenden »Lebens- und Gemütszustände« (Goethe, *Dichtung und Wahrheit*, S. 12) hervorgerufen. Der Topos von den Freunden, denen zuliebe

der Autobiograph sein Leben niedergeschrieben habe, findet sich
beispielsweise auch in Johann Gottfried Seumes (1763–1810) frag-
mentarischer Autobiographie *Mein Leben* (geschrieben 1809/10,
veröffentlicht 1813), die, ungleich weniger ambitioniert als Goethes Selbstdarstellung, sich mit einem im Wesentlichen auf das
Faktische beschränkenden Lebensabriss begnügt.

Goethe legt dem fiktiven Freund einen Schlüsselbegriff, den
der ›Bildung‹, in den Mund: Die Freunde wünschen sich, so heißt
es im Text, an der Lebensbeschreibung ihres Autors ebenso sehr
zu bilden wie sie sich bereits »früher mit und an dem Künstler
gebildet« hätten. Der Bildungsgedanke, der sich aufgrund der für
den sog. ›Bildungsroman‹ als prototypisch erachteten *Wilhelm
Meister*-Romane in der Literaturwissenschaft mit dem Namen
Goethe verbindet, durchzieht zusammen mit dem gleichfalls zentralen Konzept der Entwicklung auch *Dichtung und Wahrheit*. Die
Konzepte von **Bildung und Entwicklung** (vgl. u.a. Satonski 1982)
sind entelechisch verfasst, d.h. das zu bildende Individuum entwickelt sich auf ein bestimmtes Ziel hin, das es bereits in sich trägt.
Das Modell spiegelt sich in den oft zitierten Zeilen von Goethes
Bestimmung des Autobiographischen:

»Denn dieses scheint die Hauptaufgabe der Biographie zu sein, den Menschen in seinen Zeitverhältnissen darzustellen, und zu zeigen, in wiefern
ihm das Ganze widerstrebt, in wiefern es ihn begünstigt, wie er sich eine
Welt- und Menschenansicht daraus gebildet, und wie er sie, wenn er
Künstler, Dichter, Schriftsteller ist, wieder nach außen abgespiegelt. Hiezu
wird aber ein kaum Erreichbares gefordert, daß nämlich das Individuum
sich und sein Jahrhundert kenne, sich, in wiefern es unter allen Umständen
dasselbe geblieben, das Jahrhundert, als welches sowohl den willigen als
unwilligen mit sich fortreißt, bestimmt und bildet, dergestalt, daß man
wohl sagen kann, ein Jeder, nur zehn Jahre früher oder später geboren,
dürfte, was seine eigene Bildung und die Wirkung nach außen betrifft,
ein ganz anderer geworden sein.« (S. 13f.)

Auch hier findet die Historizität des im Strömungsfeld seiner ›Zeit-
verhältnisse‹ betrachteten Individuums Ausdruck. Das Individuum
empfängt von seiner Zeit, wird von ihr gebildet, strahlt aber auch
an sie ab. Es verändert sich, bleibt sich jedoch auch gleich. Das
Gleichbleibende verdankt sich der Entelechie, dem angeborenen
Entwicklungsplan, der, folgt man Goethes anthropologischen An-
schauungen, zeitbedingt unterschiedliche Ausprägungen erfahren
kann (vgl. Stern 1984). Festzuhalten ist außerdem, dass Goethe im
Vergleich zu älteren Autobiographen ungleich programmatischer
ist; zwar finden sich in vorausgegangenen Selbstdarstellungen immer wieder Rechtfertigungen der konkreten autobiographischen

Niederschrift selbst, d.h. Darlegungen, weshalb der Verfasser es sich erlaubt, sein Leben zu schildern, doch eine so explizite **Reflexion der autobiographischen Verfahrensweise** bzw. die Tatsache, dass jemand so ausdrücklich im Bewusstsein einer Darstellungsmethode schreibt, ist neu.

Jeder der vier Teile von *Dichtung und Wahrheit* enthält fünf Bücher; Goethe gibt seiner Autobiographie also eine symmetrische Struktur. Berühmt geworden ist der Anfang des ersten Buchs, der Goethes Geburt folgendermaßen beschreibt:

»Am 28. August 1749, Mittags mit dem Glockenschlage zwölf, kam ich in *Frankfurt am Main* auf die Welt. Die Konstellation war glücklich; die Sonne stand im Zeichen der Jungfrau, und kulminierte für den Tag; Jupiter und Venus blickten sie freundlich an, Merkur nicht widerwärtig; Saturn und Mars verhielten sich gleichgültig: nur der Mond, der so eben voll ward, übte die Kraft seines Gegenscheins um so mehr, als zugleich seine Planetenstunde eingetreten war. Er widersetzte sich daher meiner Geburt, die nicht eher erfolgen konnte, als bis diese Stunde vorübergegangen.« (S. 15)

Goethes Lebensbericht setzt mit einem symbolisch gesetzten, in der Biographik und Autobiographik bereits topischen Motiv, der astrologischen Nativitätskonstellation, ein wie sie etwa im zweiten Abschnitt von Cardanos *De propria Vita* (vgl. Kap. III.3) vorgeprägt ist. Die fünf Bücher des ersten Teils schildern im Weiteren das Frankfurter Elternhaus und die Familie sowie die ersten Bildungseinflüsse auf das Kind Goethe. Ein Höhepunkt des ersten Teils ist die Darstellung der Kaiserkrönung Josephs II. 1765 im fünften Buch. Diese Ereignisschilderung aus der politischen Geschichte wird mit der Erzählung einer (erfundenen) ersten privaten Liebesgeschichte verbunden (vgl. dazu Remak 1996, S. 56–101). Allerdings wird das autobiographische Ich über den Kreis unstandesgemäßer junger Leute, dem auch die Jugendfreundin angehört, mit betrügerischen Machenschaften in Verbindung gebracht, worauf ein elterliches Umgangsverbot der Beziehung ein Ende bereitet. Dieses fünfte Buch gilt der Forschung als beispielhaft für Goethes Technik der historischen Darstellung (vgl., auch zum Folgenden, Müller 1976, S. 318ff.). Goethe hatte die in Frankfurt stattfindende Kaiserkrönung als Sechzehnjähriger miterlebt. Sie war zu der Zeit, als Goethe *Dichtung und Wahrheit* schrieb, längst ein historisches Ereignis geworden, mehr noch: ein historisches Ereignis, das sich nach der Auflösung des Heiligen Römischen Reiches deutscher Nation im Jahr 1806 überlebt hatte. Und als solches stellt Goethe das Ereignis auch dar, indem er etwa die Diskrepanz zwischen dem wie verkleidet wirkenden jungen König und seiner überkommenen zeremoniellen Ausstattung schildert, so dass durch die Art und Weise der Darstellung der historische Akt als ahistorisches Maskenspiel erscheint.

Gleichermaßen zutage tritt die **subjektive Darstellungsperspektive**, die nicht versucht, die Ereignisse als solche wiederzugeben, sondern immer deutlich macht, dass sie in der Wahrnehmungsperspektive eines Betrachters erscheinen: »Das Auge war schon ermüdet«, heißt es beispielsweise,

»[...] durch die Menge der reichgekleideten Dienerschaft und der übrigen Behörden, durch den stattlich einher wandelnden Adel; und als nunmehr die Wahlbotschafter, die Erbämter und zuletzt unter dem reichgestickten, von zwölf Schöffen und Ratsherrn getragenen Baldachin, der Kaiser in romantischer Kleidung, zur Linken, etwas hinter ihm, sein Sohn in spanischer Tracht, langsam auf prächtig geschmückten Pferden einherschwebten, war das Auge nicht mehr sich selbst genug. Man hätte gewünscht durch eine Zauberformel die Erscheinung nur einen Augenblick zu fesseln; aber die Herrlichkeit zog unaufhaltsam vorbei, und den kaum verlassenen Raum erfüllte sogleich wieder das hereinwogende Volk.« (Goethe, *Dichtung und Wahrheit*, S. 219f.)

Die Tatsache, dass die Krönungsfeierlichkeiten gleichsam mit den Augen des jungen Mannes, der sie seiner Freundin zeigen möchte, gesehen sind, macht die subjektive Funktionalisierung der historischen Geschehnisse deutlich.

Im Mittelpunkt des zweiten Teils steht die Studienzeit in Leipzig und Straßburg. Der junge Goethe, der auf Wunsch seines Vaters Jura studiert, obwohl ihn Kunst und Literatur viel stärker anziehen, fängt nun selbst an zu dichten und ausgehend von bzw. im Hinblick auf die eigene Produktion wird im siebten Buch ein Überblick über die Entwicklung der deutschen Literatur gegeben. Dieses siebte Buch des zweiten Teils von *Dichtung und Wahrheit* ist wiederholt als die **erste deutsche Literaturgeschichte** bezeichnet worden. Allerdings ist auch hier zu sehen, dass dieses Buch Funktion und Bedeutung in seiner Eigenschaft erst »als dichterische Vergegenwärtigung der Grundlagen seiner [Goethes] eigenen literarischen Produktion« (Witte 1978, S. 387) gewinnt. Auch im zweiten Teil gibt es eine Liebesgeschichte; Goethe stellt im Modus einer romanhaft gehaltenen Erzählung das sog. Sesenheim-Erlebnis dar, die Beziehung zu der elsässer Pfarrerstochter Friederike Brion, eine Geschichte, die im dritten Teil von *Dichtung und Wahrheit* ihre Fortsetzung findet.

Der dritte Teil berichtet von der Trennung von Friederike und Goethes Aufnahme seiner Tätigkeit am Reichskammergericht in Wetzlar, einer neuen Liebe, derjenigen zu Charlotte Buff, den ers-

ten dichterischen Erfolgen. Außerdem werden weitere Bildungseinflüsse sowie Fragen der Religion verhandelt. Daneben finden
sich **Porträts** bemerkenswerter Zeitgenossen, mit denen Goethe in
intellektuellem Austausch stand, z. B. Lenz, Klinger, Lavater u.a.

In der Vorrede zum vierten Teil, die offensichtlich nach der
langen Zeit zwischen der Abfassung des dritten und der Ausarbeitung des vierten Teils notwendig geworden war, spricht der
Autobiograph gleichsam als Redaktor seiner selbst, der sein autobiographisches Material ordnen und strukturieren muss und seinen Lesern verspricht, die »Hauptfäden« des bisher Dargestellten
»nach und nach wieder aufzunehmen« (S. 727). Das autobiographische Ich ist, könnte man pointiert formulieren, dem Autobiographen historisch geworden. Das vierte Buch teilt weitere Bildungseinflüsse mit (u.a. die für Goethe wichtige Bekanntschaft
mit der Philosophie des Baruch Spinoza), wartet einmal mehr
mit der Geschichte einer Liebe, derjenigen zu Lili Schönemann,
auf, zeichnet weitere Porträts, etwa das Heinrich Jung-Stillings,
dessen Jugendgeschichte Goethe wie erwähnt (vgl. Kap. III.4)
zum Druck befördert hatte. Daneben werden eine ganze Reihe
weiterer Themen aus Politik, Gesellschaft, Kunst und Philosophie
behandelt. Auf diese Weise soll das Programm, Individuum und
(geistige) Umwelt in einer Wechselbeziehung darzustellen, eingelöst
werden. Auffallend ist nichtsdestoweniger, dass die Darstellung
zunehmend abschnitthafter wird; Goethe schaltet Gedichte aus
der eigenen Produktion, aber auch andere Materialien ein, etwa
die von Lavater angefertigten physiognomischen Beschreibungen
der Brüder Stolberg. Das dem *Egmont* entnommene symbolische
Schlusszitat, das »die Sonnenpferde der Zeit mit unsers Schicksals
leichtem Wagen« (S. 852) durchgehen lässt, erscheint vor diesem
Hintergrund und in Erinnerung an die symbolische Geburt am
Anfang von *Dichtung und Wahrheit* als künstlerischer Handgriff,
um die unüberschaubar gewordene Vielfalt abschließend in ein
Sinnbild von (im wahrsten Sinne des Wortes) ›höherer‹ ›Wahrheit‹
zu überführen (über *Dichtung und Wahrheit* als kombinatorische
Konstellation aus einer den Text bestimmenden Heterogenität und
einer durch die Textpraxis selbst marginalisierten Einheitsmaxime
(vgl. v. Graevenitz 1989, S. 25ff.).

Zweifellos hat Goethes autobiographische Selbstdarstellung für
das 19. Jahrhundert (und bis ins 20. Jahrhundert hinein) eine maßgebliche Vorbildfunktion. Allerdings gab es nicht nur Selbstbiographien, die sich an Goethe orientierten, sondern auch solche, die
von einer kritischen, teilweise **parodistischen Auseinandersetzung**
mit dem durch den beginnenden Goethe-Kult zum Dichterfürsten

werdenden ›Klassiker‹ gekennzeichnet sind. Zu nennen ist etwa **Jean Pauls** (1763–1825) *Selberlebensbeschreibung*, die 1826 postum erschien. Die Geburt des autobiographischen alter ego wird hier folgendermaßen beschrieben:

»Es war im Jahr 1763, wo der Hubertsburger Friede zur Welt kam und gegenwärtiger Professor der Geschichte von sich; – und zwar in dem Monate, wo mit ihm noch die gelbe und graue Bachstelze, das Rotkehlchen, der Kranich, der Rohrammer und mehre Schnepfen und Sumpfvögel anlangten, nämlich im März; – und zwar an dem Monattage, wo, falls Blüten auf seine Wiege zu streuen waren, gerade dazu das Scharbock- oder Löffelkraut und die Zitterpappel in Blüte traten, desgleichen der Ackerehrenpreis oder Hühnerbißdarm, nämlich am 21ten März; – und zwar in der frühesten frischesten Tagzeit, nämlich am Morgen um 1 1/2 Uhr; was aber alles krönt, war, daß der Anfang seines Lebens zugleich der des damaligen Lenzes war.« (Jean Paul, *Selberlebensbeschreibung*, S. 1039)

Dem lässt sich ein vermutlich 1831/32 entstandenes Novellenfragment von **Joseph von Eichendorff** (1788–1857) zur Seite stellen, in dem es heißt:

»Die Konstellation war überaus günstig. Jupiter und Venus blinkten freundlich auf die weißen Dächer, der Mond stand im Zeichen der Jungfrau und mußte jeden Augenblick kulminieren. [...] da wurde ich in der Stube neben dem Tafelzimmer geboren. Mein Vater, da er einen Kinderschrei hörte, blickte erschrocken nach dem Himmel: der Mond hatte so eben kulminiert! um ein Haar wäre ich zur glücklichen Stunde geboren worden, ich kam grade nur um anderthalb Minuten zu spät, und zwar in der Konfusion mit den Füßen zuerst [...].« (Eichendorff, ‹Kapitel von meiner Geburt›, S. 351f.)

Beide Autoren zitieren die symbolische Geburtsszene aus *Dichtung und Wahrheit* und kommentieren sie auf ihre Weise: Jean Paul, indem er den Erzählfluss unterbricht und die biographische Information mit einem arabesk-grotesken »Flora- und Faunagewinde« (Knauer 1997, S. 189) verziert, Eichendorff durch direkte Übernahmen, die er aber doch verschiebt und gleichsam in neue ›Konstellationen‹ bringt. In beiden Fällen erscheint die goethesche Vorlage durch Verzeichnung und Verzerrung wichtigtuerisch, hohl und absurd; Jean Paul und Eichendorff plündern Goethes Text wie einen Steinbruch und erweisen dessen Sprachbruchstücke als verfügbares und rekombinierbares poetisches Material. Indem Jean Paul den autobiographischen Sprecher zum Geschichtsprofessor macht, der sein Leben in einer Folge von Geschichtsvorlesungen abhandelt, ironisiert er nicht nur Goethes, sondern ebenso den Historismus der Zeit.

Jean Paul und Eichendorff kontrapunktieren Goethes ichzentrierende Schreibweise durch dezentrierende Textverfahren. Dabei werden die erstmals von Michel de Montaigne zum Einsatz gebrachten Stilprinzipien der Digression und der Kombination des Heterogenen (vgl. v. Graevenitz 1989, S. 14ff.) aufgegriffen und spielerisch inszeniert. Beide Lebensbeschreibungen negieren die lineare Entwicklung des Lebens ebenso wie die mögliche Einheit von ›Dichtung‹ und ›Wahrheit‹. Ihr selbstreflexiver Charakter gibt vielmehr zu verstehen, »daß die **Differenz von Leben und Schrift**, von Wahrheit und Dichtung unaufhebbar ist« (Knauer 1997, S. 202).

Auch **Heinrich Heine** (1797–1856) gehört zu jenen Autoren, die sich zeitlebens mit dem zugleich bewunderten wie ob seiner literarischen Übermacht zum Widerspruch herausfordernden Goethe kritisch auseinander gesetzt haben. Sieht Heine in dem älteren Autor des *Faust* und des *Wilhelm Meister* den Repräsentanten der zu Ende gekommenen ›Kunstperiode‹, setzt er diesem gleichfalls die Unvereinbarkeit des Widersprüchlichen entgegen, jenen ›Riß‹, der durch Welt und Seele gehe. Heines gesamtes dichterisches Werk ist autobiographisch, insofern als es Informationen, Ereignisse, Personen, Probleme aus Heines Leben aufgreift und poetisch verarbeitet; es ist antiautobiographisch in dem Sinne, dass keinesfalls der Anspruch erhoben wird, eine objektive, gültige, zusammenhängende Lebensdarstellung seines Autors zu geben. Die Grenze von Poesie und Leben scheint für Heine nicht existent zu sein, und in einem kühnen Schwung setzt er Historisches und Phantastisches, ›Wahrheit‹ und Lüge nebeneinander. Der Ort von Heines »Ich« ist ein sprachlicher, ein innerliterarischer, der ebenso sehr von der sprachlichen Eigenbewegung wie von genreabhängigen Strukturen und Mustern bestimmt ist. In historischen Darstellungen der Autobiographie wird der Verfasser der *Reisebilder* (1826–1831) und des *Buchs der Lieder* (1827) denn auch nicht aufgeführt; gleichwohl ist zu sehen, dass die späte Werkbiographie ebenso *Geständnisse* (1854) wie *Memoiren* (1884) enthält. Ursprünglich als Vorwort zu *De L'Allemagne depuis Luther* (1834) geplant, dann aber doch selbständig veröffentlicht, nehmen die ohne Gliederung geschriebenen *Geständnisse* eine **ironisch distanzierte Selbstverortung** als letzter Romantiker, der gleichwohl die Epoche der modernen Lyrik eröffnet habe, vor. Außerdem enthalten sie eine Auseinandersetzung mit religiösen wie philosophisch-politischen Fragen. Zweifellos ist die Ironie der Grund, auf den diese Geständnisse gebaut sind. Gemeint ist nicht jene Ironie, die das Gegenteil von dem sagt, was sie meint, sondern eine romantische Ironie, die sich, indem sie sich selbst den Boden entzieht, erst einen Darstellungsraum eröffnet. Aus diesem Grund muss sich Heine kritisch mit der Tradition der Selbstdarstellung auseinandersetzen. Nachdem er sich einen Platz in der Geschichte der deutschen Romantik zugewiesen hat, schreibt er:

»Die Abfassung einer Selbstcharakteristik wäre nicht bloß eine sehr verfängliche, sondern sogar eine unmögliche Arbeit. Ich wäre ein eitler Geck, wenn ich hier das Gute, das ich von mir zu sagen wüßte, drall hervorhübe [was im Vorstehenden bereits geschehen ist! W.-E.], und ich wäre ein großer Narr, wenn ich die Gebrechen, deren ich mich vielleicht ebenfalls bewußt bin, vor aller Welt zur Schau stellte – Und dann, mit dem besten Willen der Treuherzigkeit kann kein Mensch über sich selbst die Wahrheit sagen. Auch ist dies niemandem bis jetzt gelungen, weder dem heiligen Augustin, dem frommen Bischof von Hippo, noch dem Genfer Jean Jacques Rousseau, und am allerwenigsten diesem letztern, der sich den Mann der Wahrheit und der Natur nannte, während er doch im Grunde viel verlogener und unnatürlicher war, als seine Zeitgenossen.« (Heine, *Geständnisse*, S. 447f.)

Es schließt sich eine längere Tirade gegen Rousseau an, den er gerade, was die Darstellung seiner Fehler und Vergehen betrifft, der Lüge bezichtigt: »Sein Selbstporträt ist eine Lüge, bewundernswürdig ausgeführt, aber eine brillante Lüge« (S. 448). Die **Struktur der romantischen Ironie** ortet gerade im Bekenntnis äußerster Wahrheit, im Eingeständnis verwerflicher Vergehen, das Moment der Täuschung, und ganz offenkundig schafft sich Heine hier einen – instabilen – Rahmen für seine eigenen ›Geständnisse‹: Dem, was er zu sagen hat, ist von Anfang an der Wahrheitsanspruch entzogen – und erst unter diesen Bedingungen kann er es wagen zu sprechen. Die postum in der *Gartenlaube* erschienenen *Memoiren*, die ursprünglich die Gesamtausgabe von Heines Werken begleiten sollten und somit wie im Falle Goethes die Bezogenheit von Werk und Leben reflektieren, betreiben ein vergleichbares Maskenspiel. Heine zitiert die bekannte Topik autobiographischer Selbstdarstellung, die mithin zur sich selbst desavouierenden Manier zu erstarren droht. Ungeachtet dessen kann er nur in ihrem Schutz von sich sprechen:

»Alles Bedeutsame und Charakteristische ist hier treuherzig mitgeteilt, und die Wechselwirkung äußerer Begebenheiten und innerer Seelenereignisse offenbart Ihnen die Signatura meines Seins und Wesens. Die Hülle fällt ab von der Seele, und du kannst sie betrachten in ihrer schönen Nacktheit. Da sind keine Flecken, nur Wunden. Ach! und nur Wunden, welche die Hand der Freunde, nicht die der Feinde geschlagen hat!

Die Nacht ist stumm. Nur draußen klatscht der Regen auf die Dächer und ächzet wehmütig der Herbstwind.« (Heine, *Memoiren*, S. 556)

Die Koalition von ›Dichtung‹ und ›Wahrheit‹ setzt sich in **Gott-fried Keller**s (1819–1890) *Grünem Heinrich* (1854/55; 1879/80) fort, der wie Moritz' *Anton Reiser* sowohl der Geschichte des (Bildungs)Romans als auch derjenigen der Autobiographie ange-hört. Der Text liegt in zwei Fassungen vor, die mit der autobiogra-phischen Situation in je verschiedener Weise umgehen, in der Erst-fassung von 1854/55 und in der späteren Fassung von 1879/80. In seiner ersten wie in seiner zweiten Fassung ist der Text (wie Moritz' *Anton Reiser* und Goethes *Dichtung und Wahrheit*) in vier Bände untergliedert. Die erste Fassung erzählt von ihrem Protagonisten in der 3. Person. Beschrieben wird, wie Heinrich Lee Abschied von seiner Mutter und seiner Schweizer Heimatstadt nimmt, um sich in der Fremde zum Maler auszubilden. Das Vorbild der großen Stadt, in die er reist, ist München, wo Gottfried Keller als junger Mann selbst seine Malerkarriere hatte beginnen wollen. Am Ziel angekommen, mietet sich Heinrich ein Zimmer und, bevor er versucht, in seinem neuen Leben Fuß zu fassen, beginnt er, in einem mitgebrachten Manuskript zu lesen. Es handelt sich um seine bereits geschriebene »Jugendgeschichte«, eine fiktive Auto-biographie also, die gleichwohl die Lebensgeschichte des Autors zur Vorlage hat. Im Folgenden liest man nun die ganz im Gestus einer Autobiographie (»Mein Vater war ein Bauernsohn aus einem uralten Dorfe [...]« [Keller, *Der grüne Heinrich I*, S. 57]) abgefasste Jugendgeschichte des grünen Heinrich, die Erzählung vom frühen Tod des Vaters, der Begegnung mit den beiden Jugendfreundinnen Anna und Judith, des Verweises von der Schule bis hin zu den ersten jugendlichen Maler-Versuchen. Die Erzählung führt genau bis zu dem Punkt, an dem der Entschluss, die Heimat zu verlassen und in der Fremde die Ausbildung zum Maler fortzusetzen, gefasst ist. Dabei erstreckt sie sich über mehrere hundert Seiten, so dass sie insgesamt weit mehr als die Hälfte des Gesamttextes ausmacht. Sie endet im dritten Band des Romans, der von nun an wieder in der 3. Person weitererzählt. Geschildert wird Heinrichs Münchner Le-ben, die scheiternde Malerlaufbahn, wobei auch hier Kellers eige-ner misslungener Versuch, Kunstmaler zu werden, im Hintergrund steht. Erst Jahre später kehrt der erfolglose Heinrich nach Hause zurück. Seine Mutter ist soeben aus Kummer und Armut gestorben und ihm bleibt nur noch, ihr wenige Jahre später nachzusterben.

Das Konzept seines Romans erläutert Keller in einem Brief vom 4. März 1851 an den Literaturhistoriker Hermann Hettner:

»Ich habe [...] das gewagte Manöver gemacht, daß ich meine eigene Ju-gendgeschichte zum Inhalt des ersten Teiles machte, um dann darauf der weiteren Verlauf des Romanes zu gründen, und zwar so, wie er mir selbst auch hätte passieren können, wenn ich mich nicht zusammengenommen hätte. [...] Ich hatte nicht die Intention, aus eitler Subjektivität diese Jugendgeschichte einzufügen, *weil* sie die meinige ist, sondern *obgleich* sie es ist, und stellte mir dabei einfach die Aufgabe, mich selbst mir objektiv zu machen und ein Exempel zu statuieren.« (Keller, *Briefe*, S. 356f.)

Das Konzept, der autobiographischen Jugendgeschichte einen **fiktionalen Rahmen** zu geben, stellt eine neue Version des Verhältnisses von ›Dichtung und Wahrheit‹ dar und in dieser Goetheschen Tradition wurde der *Grüne Heinrich* denn auch gelesen. Doch arbeitete Keller seinen Roman nicht zuletzt aufgrund von Hettners Kritik noch einmal um. Die Einteilung in vier Bücher behielt er bei, doch nahm er nun Kapiteleinteilungen vor und versah jedes Kapitel mit einer Überschrift (z.B. »Lob des Herkommens«, »Vater und Mutter«, »Kindheit. Erste Theologie. Schulbänklein« etc.). Die wichtigste Änderung aber betrifft die Erzählperspektive; der Text erhielt nun durchgehend eine autobiographische Form und d.h. einen Ich-Erzähler. Der erzählerische Anfang der Jugendgeschichte wird nun zum Romananfang: »Mein Vater war ein Bauernsohn aus einem uralten Dorfe [...]« (Keller, *Der grüne Heinrich*, S. 13). Die neue Konzeption machte weitere konzeptionelle Änderungen notwendig. Da der Protagonist, der nun ein Autobiograph ist, nicht seinen eigenen Tod erzählen kann, darf er am Ende nicht mehr sterben. Bei der Heimkehr sieht er seine Mutter noch ein letztes Mal, bevor sie stirbt, und er selbst wird nun Amtsmann in einer benachbarten Gemeinde. Damit rettet er sich nach der gescheiterten Malerlaufbahn, ebenso wie sein Autor Gottfried Keller, der das ihm angebotene Amt des Züricher Stadtschreibers übernahm, in eine wenig glückliche, aber doch immerhin lebenserhaltende Schreiberexistenz. Eine gewisse Aufhellung von Heinrichs Tagen bringt die Wiederkehr Judiths, mit der er von nun an in einer freundschaftlichen Beziehung wechselseitigen Füreinanderdaseins bis zu ihrem Tod lebt. Die zweite Fassung des *Grünen Heinrich* schließt folgendermaßen:

»Ich hatte ihr einst zu ihrem großen Vergnügen das geschriebene Buch meiner Jugend geschenkt. Ihrem Willen gemäß habe ich es aus dem Nachlaß wieder erhalten und den andern Teil dazu gefügt, um noch einmal die alten grünen Pfade der Erinnerung zu wandeln.« (Keller, *Der grüne Heinrich II*, S. 862)

Die Keimzelle des Romans, die Jugendgeschichte, wird also hier noch einmal benannt und das autobiographische Ich weist darauf hin, dass es eine Fortsetzung verfasst habe, um noch einmal die

Erinnerung an das Geschehene aufleben zu lassen. Damit wird rückblickend **die autobiographische Schrift als Erinnerungsspur** gekennzeichnet. Einmal mehr treten Autobiographie und Erinnerung in einen strukturellen Funktionszusammenhang, dem sich die jüngere Forschung zum *Grünen Heinrich* denn auch explizit gewidmet hat. Konstatiert Sautermeister die Unvereinbarkeit von unbewusstem Gedächtnis und bewusster Erinnerung und damit eine dem Bildungskonzept zuwiderlaufende konstitutive Ich-Spaltung (vgl. Sautermeister 1995, S. 79), zeichnet Berndt die aus dem kulturellen Archiv gespeiste Topik der Erinnerung im *Grünen Heinrich* nach (vgl. Berndt 1999, S. 157–311). Tatsächlich muss die Erinnerung im historistischen 19. Jahrhundert, das einen Blick für den je spezifischen geschichtlichen Ort von Ereignissen entwickelt, zu einem systematischen Problem werden, stellt sich doch die grundsätzliche Frage, wie und auf welchen ›Pfaden‹ historische Vorgängigkeit nachträglich aufgesucht werden kann. Der Schluss des *Grünen Heinrich* reflektiert die Medialität der Erinnerung, indem er zu verstehen gibt, dass die ›Ereignisse‹ der autobiographischen Schrift nicht vorgeordnet sind, sondern der literarische Prozess der Erinnerung selbst das Ereignis darstellt. Von Keller stammt denn auch die aussagekräftige Formulierung, er habe bei der Abfassung des *Grünen Heinrich* »eine unbezwingliche Lust daran [gefunden], in der vorgerückten Tageszeit einen Lebensmorgen zu erfinden, den [er] nicht gelebt hatte, oder richtiger gesagt, die dürftigen Keime und Ansätze zu [s]einem Vergnügen poetisch auswachsen zu lassen« (Keller, Autobiographie, S. 21).

Kellers *Grüner Heinrich* ist ein sinnfälliges Beispiel für die im Theorieteil des vorliegenden Buches diskutierte Frage der grundsätzlich problematischen Unterscheidung von Autobiographie und Roman (vgl. Kap. II.4.2.3), die mit Goethes *Dichtung und Wahrheit* in eine autobiographische Programmatik notwendiger Aufeinanderbezogenheit von Fakt und Fiktion eingeht. Bezeichnenderweise zeitigt die Bearbeitung der zumeist als ›authentischer‹ angesehenen unregelmäßigen Erstfassung des *Grünen Heinrich* zum ›klassischen‹ Spätwerk die *Fiktion* einer in sich geschlossenen Autobiographie, die aber gerade deswegen ein besonders kunstfertiger realistischer Roman ist. Die, abgesehen von der eingelegten Jugendgeschichte, in der 3. Person erzählende Erstfassung des *Grünen Heinrich* bildet eine Reihe mit weiteren autobiographischen Romanen der Zeit, von denen vordringlich Friedrich Theodor Vischers (1807–1887) *Auch Einer. Eine Reisebekanntschaft* (1878) (vgl. dazu Oesterle 1982) oder Stendhals (1783–1842) *Vie de Henry Brulard* (entstanden 1835/36, ersch. 1890) zu nennen sind.

Motiv und Struktur der Erinnerung bestimmen auch den Zugang zu **Wilhelm von Kügelgen**s (1802–1867) einstmals in jedem bildungsbürgerlichen Bücherschrank zu findenden *Jugenderinnerungen eines alten Mannes*. Sie erschienen 1870, zeitlich also ziemlich genau zwischen der ersten und der zweiten Fassung des *Grünen Heinrich*. Der Titel rückt den Erinnerungscharakter des Dargestellten ebenso wie den strukturellen Bogen, der sich zwischen der Erzählposition des ›alten Mannes‹ und der erzählten ›Jugend‹ ausspannt, in den Blickpunkt der kritischen Aufmerksamkeit. Der Plural ›Erinnerungen‹ beschreibt eher eine Reihung einzelner Erinnerungsbilder denn einen entwicklungsgeschichtlichen Zusammenhang. Wilhelm von Kügelgen, der Sohn des aus dem Baltischen stammenden Porträtmalers Gerhard von Kügelgen, verbrachte seine Jugend vorwiegend in Dresden. Der Entschluss, wie sein Vater Maler zu werden, brachte ihm nicht den gewünschten Erfolg; er wurde gleichwohl Hofmaler und später Kammerherr und Berater des kranken Herzogs Alexander Carl von Anhalt-Bernburg. Fehlende berufliche Befriedigung und Todesfälle seiner Kinder werden für die depressive Gemütslage am Ende seines Lebens verantwortlich gemacht. Die dargestellte Kinder- und Jugendzeit, auf die sich von Kügelgen mit guten Gründen konzentriert haben mag, hat denn auch stark **idyllisch-verklärenden Charakter** und ist getragen von einem humorvoll-versöhnlichen Ton. Die zeitgenössische Realität, der von Kügelgen in seinen *Jugenderinnerungen* ausführlich Beachtung schenkt, ist die der napoleonischen Kriege, die auch in den *Lebenserinnerungen eines deutschen Malers* von Ludwig Richter (1803–1884), dort ungleich drastischer, dargestellt werden. Von Kügelgen beschreibt aus der Perspektive des Kindes und der kindlichen Wahrnehmung von Kanonendonner, Einmärschen und Kosakenbärten. Gerade die Darstellung einer spezifisch kindlichen Erlebnisperspektive, mithin die Anerkennung des Kindseins als eigenständige Lebensphase gelten als von Kügelgens besonderes Verdienst.

Wie die Spätfassung des *Grünen Heinrich* setzt sich das sieben Teile umfassende Buch aus einzelnen Kapiteln zusammen, die jeweils gesonderte Überschriften erhalten. Die Kapitelfolge der *Jugenderinnerungen* ist vergleichsweise kleinschrittig, so dass die Kapitel, die etwa lauten »Der Anfang«, »Das Harmsche Haus«, »Der Schreihals«, den Charakter kleiner idyllischer Szenen erhalten. Nicht zufällig leitet sich der Ausdruck ›Idyll‹ von gr. ›eidyllion‹ ›Bildchen‹ ab. **Anekdotisches** und **Episodisches** treten in den Vordergrund.

Das im Titel ausgesprochene autobiographische Programm des Sicherinnerns konvergiert mit der im Text selbst thematisier-

ten familiären und gewiss auch zeitbedingten **Erinnerungskultur.**
Erinnern und Gedenken spielen in der Familie eine große Rolle.
Berichtet wird z.B. von einer früh verstorbenen Schwester, deren
Gedächtnis so intensiv gepflegt wird, dass sie noch gelegentlich
Auftritte als Erscheinung hat. »Doch war ihr Gedächtnis nicht
mitbegraben und lebte namentlich in der Erinnerung der Mutter
so lebhaft fort, als sei sie nie gestorben«, heißt es im Text (S. 1).
Im darauf folgenden Kapitel ist die Rede davon, dass der Großva-
ter im Park des Hauses einen künstlichen Hügel mit einer steiner-
nen Urne errichten ließ, welche in einer Inschrift den Namen der
Verstorbenen trug. Dieser Platz wurde zu einem Gedächtnisplatz
der Familie. Auch teilt der autobiographische Erzähler mit, dass
er auf die Namen Wilhelm Georg Alexander getauft wurde und
letzteren Namen »zum Gedächtnis« (S. 2) des russischen Kaisers
Alexander erhielt. Solche fast beiläufigen Informationen dokumentieren, nicht zuletzt dadurch, dass der ›alte Mann‹ überhaupt
auf die vielen kleinen Akte des Erinnerns und des Gedenkens zu
sprechen kommt, den Stellenwert von Gedächtnisritualen, die das
Verhältnis des 19. Jahrhunderts zu **Geschichte** und **Vergangenheit**
prägen und in die sich nicht zuletzt auch das Erinnerungsprojekt
des ›alten Mannes‹ einschreibt.

Wo so ausdrücklich erinnert werden muss, scheint die Gefahr
des Vergessens bzw. das Bewusstsein von Nichtgegenwärtigkeit und
Verlust latent zu sein. Tatsächlich hat Catherine Clarke Fraser, die
in ihrer Dissertation zeigt, in welcher Weise die Künstlerautobio-
graphien von Ludwig Richter, Ernst Rietschel und Wilhelm von
Kügelgen im Windschatten von Goethes *Dichtung und Wahrheit*
stehen, den Finger darauf gelegt, in welchem Maße von Kügelgens
Jugenderinnerungen vom **Motiv des Todes** durchzogen sind (vgl.
Clarke Fraser 1984, S. 111–143). Nicht nur endet die Erzählung
genau an jenem vom autobiographischen Ich als traumatisch erfahrenen Raubmord an dem über alles geliebten Vater, als der junge
von Kügelgen gerade achtzehn Jahre alt ist, auch in der Erzählung
der Kindheit und Jugend scheinen immer wieder Todesmomente
auf, sei es, dass der kleine Wilhelm im Gesicht des vorüberziehen-
den Napoleon ›ein Leichenfeld‹ (S. 118) wahrnimmt oder dass
er mit dem Vater an der Leiche einer mit der Familie bekannten
Dame zu stehen kommt:

»Die Leute sagten, es wäre eine schöne Leiche; ich aber starrte sie schau-
dernd an. Aus diesen einst so freundlichen Zügen grinste jetzt der kalte
Hohn des Todes mit scheußlichem Triumph. Mir war's zumute, als wenn
mein eigenes Leben stockte, als sei überhaupt alles Leben nur Lug und Trug,
der Tod die einzige Wahrheit.« (v. Kügelgen, *Jugenderinnerungen*, S. 286)

Auch die vielfach beschriebenen Phänomene kindlicher Täuschung oder Halluzination, die neben der vereinbarten eine andere, zumeist unheimliche Wirklichkeit erkennen lassen, sind in diesem Zusammenhang zu beurteilen. Zweifellos kann man sie auf das Konto eines sich entwickelnden kinderpsychologischen Verständnisses schreiben, allerdings machen sie auch deutlich, dass die idyllische Vergangenheitswelt, die von Kügelgen beschreibt, ihre unheimliche Gegenseite hat. Zudem trägt Vergangenheitsverklärung immer einen Gegenwartsindex, und d.h. dass die idyllische Konstruktion da ihre Nahtstellen aufweist, wo ein sich nicht harmonisch-erfüllendes Leben einen ›Lebensmorgen‹ fixiert, der sich nur aus der historischen und als historische Distanz vergegenwärtigen kann. So offenbart das Geschichtsdenken des 19. Jahrhunderts mit seinen Ritualen des Erinnerns und Gedenkens, denen die Aufgabe zukommt, das Vergangene an seinen Platz zu stellen und zugleich ein stabiles Verhältnis der Gegenwart zur Vergangenheit zu etablieren, zunehmend die Bruchstellen seiner selbst, Bruchstellen, die den Einzug dezidiert moderner autobiographischer Konzepte vorbereiten.

In den beiden autobiographischen Büchern *Meine Kinderjahre* (1893) und *Von Zwanzig bis Dreißig* (1895) von **Theodor Fontane** (1819–1898) radikalisieren sich die aufgezeigten Tendenzen. Sie lassen sich als Dokumente des Übergangs von der autobiographischen Tradition des 19. Jahrhunderts zu modernen Darstellungsformen der Selbstthematisierung lesen. Sah Conrad Wandrey 1919 in Fontanes autobiographischen Schriften ein »Charakteristikum des höchsten Alters und der sinkenden Kraft«, bezeichnete sie Moritz Heimann 1898 in der *Neuen Deutschen Rundschau*, den sich vollziehenden autobiographischen Paradigmenwechsel erkennend, als »eine lyrische Art der Autobiographie« und sprach überdies von Fontanes »spazierenschreibende[r] Art« (zit. n. Fontane 1982/1, S. XII). Im Gegensatz zu Wilhelm von Kügelgen ist Fontane als Autobiograph sehr programmatisch; er stellt seinen autobiographischen Büchern Vorwörter voran, in denen er sein selbstbiographisches Schreiben reflektiert. Im Vorwort zu *Meine Kinderjahre* kommt er selbst auf seine Vorliebe für Anekdotisches und eine raumgreifende Kleinmalerei zu sprechen, die ihn gezwungen habe, sich auf einen bestimmten Abschnitt seines Lebens zu beschränken.

Die **Anekdote**, die bereits in den *Jugenderinnerungen eines alten Mannes* als stilistisches Merkmal festzustellen ist, steht durchaus in einem historischen und systematischen Zusammenhang mit der Technik des Autobiographischen. Im Sinne eines kleinen Geschichtchens wird sie erstmals in der französischen Memoirenliteratur des 17. und 18. Jahrhunderts verwendet. Die Anekdote ist eine epische Kleinform, die in einer überraschenden Wendung, der Pointe, kulminiert und einen Moment festhält, in dem sich menschliche Charakterzüge offenbaren oder die besondere Bedeutung einer menschlichen Begegnung enthüllt. Der Begriff geht zurück auf das gr. ›anékdota‹ und bedeutet wörtlich ›nicht Herausgegebenes, nicht Veröffentlichtes‹. Wenn Fontane das Anekdotische und das Kleine, das Detail, zu Leitprinzipien seiner Autobiographik erklärt, so verfolgt er damit ein dem traditionellen Verständnis selbstbiographischer Darstellung gegenläufiges Konzept: Es soll gewissermaßen das bislang Ungehörte, das Überhörte, aber damit vielleicht auch das Unerhörte zu Gehör gebracht werden.

Es geht bei Fontane also nicht mehr um den großen Zusammenhang, das Ganze oder um das Allgemeine. Ihm setzt er in aller Bescheidenheit, aber doch selbstbewusst das Einzelne, die Anekdote, das Kleine entgegen. Mit der Aufmerksamkeit auf das Kleinscheinende hatte zwar schon Karl Philipp Moritz in der Begründung seines *Anton Reiser* argumentiert, gleichwohl allerdings in der Hoffnung, es möge sich am Ende der Zusammenhang darstellen. Von einem solchen Anspruch ist bei Fontane nicht mehr die Rede. Im Vorwort der *Kinderjahre* heißt es:

»Alles ist nach dem Leben gezeichnet. Wenn ich trotzdem, vorsichtigerweise, meinem Buche den Nebentitel eines »autobiographischen *Romanes*« gegeben habe, so hat dies darin seinen Grund, daß ich nicht von einzelnen aus jener Zeit her vielleicht noch Lebenden auf die Echtheitsfrage hin interpelliert werden möchte. Für etwaige Zweifler also sei es Roman!« (Fontane, *Kinderjahre*, S. 3)

Tatsächlich tragen die *Kinderjahre* den Untertitel *Autobiographischer Roman*; Fontane spielt damit an die mit Goethes *Dichtung und Wahrheit* gestellte Frage nach dem Verhältnis von Authentizität und Fiktionalität an, gibt aber zugleich zu erkennen, dass es im Grunde gleichgültig ist, ob von ›Autobiographie‹ oder von ›Roman‹ gesprochen wird.

Meine Kinderjahre ist in achtzehn Kapitel unterteilt, die, wie die Spätfassung des *Grünen Heinrich* und die *Jugenderinnerungen eines alten Mannes*, gesonderte Überschriften erhalten: »Unser Haus, wie wir's vorfanden«, »Unser Haus, wie's wurde«, »Wie wir in unserm Hause lebten«, »Was wir in Haus und Stadt erlebten«, »Wie wir in die Schule gingen und lernten« usw. Dieser Tonfall der Beiläufigkeit, den man auch als Rhetorik anspruchsloser Schlichtheit bezeichnen könnte, stellt ein Gegenprogramm zu Goethes emphatischer Vorstellung des sein Jahrhundert spiegelnden Individuums auf. Fontanes Ich zielt nicht auf Profilierung seiner Einzigartigkeit, sondern erscheint viel mehr eingebunden in die geschilderten Szenen. Oftmals entsteht geradezu der Eindruck, als verschwinde das Ich im Erzählten. Vor diesem Hintergrund lassen sich Fontanes autobiographischen Büchern Merkmale zusprechen, die Neumann (1970) als kennzeichnend für den Typus der Memoiren beschrieben hat (vgl. Kap. II.2). Während von Kügelgens *Jugenderinnerungen* mit dem plötzlichen, gewaltsamen Tod des Vaters abbrechen, zu einem Zeitpunkt, zu dem der achtzehnjährige Wilhelm seine Ausbildung noch nicht abgeschlossen hat, enden die *Kinderjahre* mit dem Jahr 1831, in dem das autobiographische Ich vierzehn ist. Beide Texte steuern also nicht auf den Punkt eines entwicklungsgeschichtlichen Abschlusses hin; Goethes *Dichtung und Wahrheit* führte dagegen bis zum Beginn eines neuen, für den Autor wichtigen Lebensabschnitts, dem Eintritt in den Weimarer Fürstendienst. Weniger noch als von Kügelgen subsumiert Fontane das Erzählte einem Fluchtpunkt. Dies hat den Effekt, dass die berichteten Episoden in einer gewissen Vereinzelung stehen und der Text den Eindruck erweckt, weitere Episoden könnten hinzukommen, andere wegfallen, ohne dass sich der Gesamtcharakter des Buches änderte.

Auch bei Fontane rückt, ähnlich wie bei von Kügelgen, die Geste des Sicherinnerns in den Vordergrund. Während Goethe sein Leben gleichsam teleologisch und forsch ›nach vorne‹ erzählte, geht in der zweiten Jahrhunderthälfte der autobiographische Prozess selbst, der in der erinnernd-schreibenden Überbrückung jenes Abstandes zwischen erzählendem und erzähltem Ich besteht, in die Struktur des autobiographischen Textes mit ein. Indessen ist auch der Rückblick des erinnernden Autobiographen Fontane alles andere als ein sich in behaglicher Eindeutigkeit gefallender. Immer wieder scheint der Erzähler hinter die Szene zu blicken und dort, jenseits der bürgerlich-zivilisierten vereinbarten Welt, eine zweite mythische Wirklichkeit wahrzunehmen, die durch Gewalt und Sinnlichkeit gekennzeichnet ist. Was das autobiographische Ich offensichtlich am meisten verstört, ist die Tatsache, dass eben diese zweite Welt die notwendige Kehrseite der humanen und vertrauten Alltagswelt darstellt. Ob er im »Schlächterhaus« die »Rinne, drin immer Blut stand« und »quer ausgestreckt, über dem schreienden Tier« liegende Personen wahrnimmt (Fontane, *Kinderjahre*, S. 19) oder das jährliche Gänseschlachten als eine Postfiguration der römischen Saturnalien erfährt, bei der alte Frauen zu massakrierenden »Schlachtpriesterinnen« werden (S. 86), der Erzähler richtet einen geradezu ethnologischen Blick auf die eigene Kultur, hinter deren eingespielter Fassade ein Jenseits der kulturellen Ordnung aufscheint (vgl. dazu auch Rupp 1994, S. 568ff.). Der autobiographische Blick des Erzählers bringt auf diese Weise nicht nur das historische Gewordensein der Kultur, sondern gleichermaßen die ihr zugrunde liegenden Grenzziehungen zu Bewusstsein.

Der Tod ist in Fontanes *Kinderjahren* nicht nur in den Schlachtritualen präsent, sondern immer wieder werden Grenzsituationen geschildert, waghalsige Knabenspiele, schwere Krankheiten, die das autobiographische Ich in die Nähe des Todes bringen. Einmal mehr erscheint der **Tod als Motiv und Strukturbedingung** des Lebensberichts. Er vergegenwärtigt sich auch und gerade in der Figur des Vaters, dessen Todesbewusstsein und Lebensende in einem den zeitlichen Rahmen der *Kinderjahre* aufbrechenden »Intermezzo« mit der Überschrift »Vierzig Jahre später« in die Erzählung der Kinderjahre hereingeholt wird (vgl. auch Liebrand 1994). Der Vater ist für Fontanes Autobiographie zudem in struktureller Hinsicht von Bedeutung, insofern als er im Text ein Bildungsprinzip repräsentiert, das sich durch mangelnde Systematik und eben jene die Struktur der *Kinderjahre* selbst prägende Wertschätzung des metonymisch miteinander verbundenen anekdotischen Einzelnen auszeichnet. In den Unterrichtsstunden, die er seinem Sohn erteilt, kommt er von den Hauptstädten Ost- und Westpreußens über die Generale Kalckreuth und Lefèvre zu den Unterschieden der Sprachen und von da zu einem Ausspruch Napoleons und weiter zur Bedeutung des Wortes ›zynisch‹ (vgl. S. 124f.). Er ist ein eifriger Journal- und Zeitungsleser und schlägt jeden ihm unklaren Punkt im Konversationslexikon und in Geschichts- oder Geographiebüchern nach. Als »Phantast und Humorist, Plauderer und Geschichtenerzähler, und als solcher, wenn ihm am wohlsten war, kleinen Gasconaden nicht abhold« (S. 13), figuriert er jene Konversations- und Wissensstruktur, die als Stilprinzip von Fontanes autobiographischen Texten selbst betrachtet werden kann. Dies gilt in fast noch höherem Maße für den zweiten Autobiographieband *Von Zwanzig bis Dreißig*, der verstärkt Memoirencharakter hat und Berichte aus dem literarischen wie aus dem politischen Leben der Zeit neben die Schilderung der privaten Verhältnisse stellt. Wenn der Erzähler am Ende der *Kinderjahre* seine Bildung, jene für die biographische Tradition nicht nur des 19. Jahrhunderts so zentrale Größe, charakterisiert, ist damit in jedem Fall auch ein autobiographisches Stilideal beschrieben:

»Einige Lücken wurden wohl zugestopft, aber alles blieb zufällig und ungeordnet, und das berühmte Wort vom »Stückwerk« traf, auf Lebenszeit, buchstäblich [!] und in besonderer Hochgradigkeit bei mir zu. (Fontane, *Kinderjahre*, S. 188)

6. 20. Jahrhundert: Im Zeichen der Sprache

Die Schwierigkeit, die Vielfalt selbstbiographischer Darstellungsformen auch nur annähernd zu repräsentieren und auf ihre historische Spezifik zurückzuführen, verschärft sich mit dem programmatischen **Verbindlichkeitsverlust traditioneller Normen und
Vorbilder** in der beginnenden Moderne. Doch sind kennzeichnende Merkmale moderner autobiographischer Selbstdarstellung
bereits in der Autobiographik zumindest der zweiten Hälfte des
19. Jahrhunderts angelegt: Scheiternde Identitätsbildung und die
Auflösung einer kontinuierlichen Entwicklung des eigenen Lebens ins Episodische verweisen ebenso sehr auf das Unverbind-
lichwerden herkömmlicher, an den Vorstellungen von Ganzheit
und Zusammenhang orientierter Muster der Lebensbeschreibung
wie die in vielen Zeugnissen des 19. Jahrhunderts festzustellende
Aufmerksamkeit der Schreibenden auf den autobiographischen
Prozess selbst.

Die skizzierten Tendenzen lassen sich als Ankündigungen jenes
für die Moderne kennzeichnenden Krisenbewusstseins lesen. Für
die **Krise des Subjekts** kann die sich gerade um 1900 formieren-
de Psychoanalyse Sigmund Freuds (1856–1939) als sprechendes
Zeugnis angesehen werden. Bereits in der *Traumdeutung* (1900),
deren Fallgeschichten im Übrigen ebenfalls Autobiographien rekonstruieren, zeigt Freud die Nichtidentität des Subjekts mit sich
selbst in dem Sinne, dass es keine sich seiner selbst bewusste,
einheitliche und selbstmächtige Instanz darstellt; vielmehr führt
er anhand zahlreicher Traumanalysen vor Augen, in welchem Maß
das Bewusstsein des Subjekts vom Unbewussten geleitet wird und
sich somit gleichsam selbst entzogen ist.

Die ebenfalls zu verzeichnende **Krise der Sprache** kommt,
nachdem ihr Friedrich Nietzsche etwa in seinem Essay *Über Wahrheit und Lüge im außermoralischen Sinn* (1896) vorgearbeitet hatte, in Hugo von Hofmannsthals ›Chandos-Brief‹ aus dem Jahr
1902 ebenso zum Ausdruck wie in den 1901/02 erschienenen drei
Bänden von Fritz Mauthners *Beiträgen zu einer Kritik der Sprache*.
Konstatiert wird die Unfähigkeit der Sprache, die als konventionell
und erstarrt erscheint, die ›Wirklichkeit‹, das ›Eigentliche‹ erfassen
und mitteilen zu können. Die Tatsache, dass Freud das Unbewusste als eine Sprache bezeichnet, aber auch das sich auflösende Ichbewusstsein des Lord Chandos, dem die Worte bekanntlich ›im
Munde wie modrige Pilze zerfallen‹, weisen darauf hin, dass die
Krise des Subjekts und die Krise der Sprache aufs engste miteinander verbunden sind. So ist gerade die Autobiographie sympto-

matisch für das sich in der Moderne des 20. Jahrhunderts heraus-
bildende Bewusstsein von der **Sprachlichkeit des Subjekts**.

Gleichwohl setzt sich auch die autobiographische Tradition des
19. Jahrhunderts fort. Zu nennen sind etwa **Hans Carossas** (1878–
1956) Lebensberichte *Eine Kindheit* (1922) und *Verwandlungen einer Jugend* (1928), auf die bis in die fünfziger Jahre hinein weitere
autobiographische Bücher folgten. Merklich vom Bildungsgedanken
Goethes geprägt, sucht der autobiographische Erzähler nach Einheit
und Zusammenhang seines Lebens. Die Einteilung in einzelne kurze
Kapitel mit eigenen Überschriften (»Erste Freuden«, »Lichtspen-
dung«, »Opfergang« etc.) unterstreicht die topische Struktur des
Texts, der von mythischen und symbolischen Bildern getragen ist.
So lassen sich im Lebensweg des Protagonisten Stationen des Hera-
kles-Mythos auffinden, begleitet das bedrohliche Bild der Schlange
die Erzählung. Die Schilderung der Kindheit weist eine Reihe von
Parallelen zu derjenigen von Kügelgens auf, etwa die Darstellung des
kindlichen Hangs zum Bereich des Magischen und Naturmagischen,
der mitnichten in einer ungebrochenen Kindheitsidylle aufgeht. Erzählt wird auch von einer Neigung des Kindes zur Wortmagie, hinter
der sich ein unbewusstes Wissen sowohl von der Kreativität des
Wortes als auch von der Abgründigkeit seiner Bedeutungskraft verbergen mag. So scheint in der erzählten Geschichte ein zugleich zum
Erzählanlass werdendes Krisenmoment sprachlicher Repräsentation
auf, das die Erzählung in ihrem rückwärts gewandten Klassizismus
selbst zu bannen versucht (vgl. Weber 1991, 1993).

Berliner Kindheit um Neunzehnhundert (1932ff.) von **Walter
Benjamin** (1892–1940) rückt ein weiteres Mal den Lebensabschnitt der Kindheit in den Blickpunkt des Autobiographen. In
Benjamins Text vollzieht sich jener Darstellungsbruch, der sich
in der episodischen Verfasstheit von Fontanes Erzählen ankündigt. Die Version der Gesamtausgabe von Benjamins Schriften
enthält 41 jeweils mit einer eigenen Überschrift versehene Einzel-
abschnitte. Von diesen 41 Stücken erschienen zwölf im Februar
und März 1933 in drei Folgen in der *Frankfurter Zeitung* unter
dem Titel *Berliner Kindheit um Neunzehnhundert*; kurz darauf
veröffentlichte Benjamin in der *Vossischen Zeitung* den Abschnitt
»Das Fieber«. Dieser journalistische Publikationskontext ist für das
Selbstverständnis des Textes nicht ohne Bedeutung: Was bereits
den Stil des selbst journalistisch tätigen Autobiographen Fontane
strukturell prägt und sich dort in der Figur des Vaters als fleißigem
Journal- und Zeitungsleser spiegelt, wird bei Benjamin zur realen
Produktionsbedingung und treibt die Struktur des Vereinzelten
und des heterogenen Nebeneinanders noch schärfer hervor.

Adorno veröffentlichte 1950 eine Version der *Berliner Kindheit*, wobei einzelne Abschnitte teilweise bereits durch Abdrucke zu Benjamins Lebzeiten überholt waren. Die Gesamtausgabe folgt der Anordnung Adornos in der Annahme, dass Adorno den Text nach den Vorstellungen Benjamins zusammengestellt hat, fügt aber die in der adornoschen Ausgabe nicht enthaltenen Stücke an passender Stelle ein. Erst 1981 wurde in der Pariser Nationalbibliothek neben einer Anzahl von Manuskripten ein Typoskript der *Berliner Kindheit* gefunden, das die Fassung letzter Hand von 1938 enthält und eine von Benjamin selbst festgelegte Reihenfolge der Stücke bietet. Der Text selbst gibt keinerlei Anhaltspunkte für seine Anordnung. In radikaler Konsequenz der im 19. Jahrhundert ausgeprägten Prinzipien des Anekdotischen und des Vereinzelten, die bei von Kügelgen und Fontane noch mit einer chronologischen Ordnung einhergehen, verzichtet Benjamin auf jegliche Chronologie. Die einzelnen Abschnitte sind gänzlich auf sich selbst bezogen und dies in sprachlich überaus konzentrierter Form. Der chronologische Zusammenhang ist dem **Prinzip der Verdichtung** gewichen. Im Vergleich zu den autobiographischen Texten des 19. Jahrhunderts wird nicht mehr erzählt, vielmehr werden Bilder komponiert; d.h. der Duktus der *Berliner Kindheit* ist nicht referenziell, sondern die einzelnen Elemente des komponierten Bildes scheinen sich in erster Linie nur auf sich selbst und aufeinander zu beziehen.

Benjamin macht überaus sparsamen Gebrauch von dem Pronomen der 1. Person Singular – aus stilistischen Gründen, wie er in der *Berliner Chronik*, der Vorstufe zur *Berliner Kindheit um Neunzehnhundert*, erklärt. Auch dies weist darauf hin, dass der Text weniger darauf abzielt, auf ein außersprachliches Subjekt zu verweisen, vielmehr steht das sprachliche Bild selbst als Produktion einer kollektiven Vorstellung von ›Kindheit um 1900‹ im Mittelpunkt. Aus diesem Grund bemüht Benjamin auch den Mythos und aktualisiert damit die individuelle Erinnerung als eine kollektive, die sich aus dem kulturellen Archiv speist, so z.B., wenn das Karussell fahrende Kind, das er beschreibt, als »stummer Arion« und als von einem »hölzerne[n] Stier-Zeus entführte« Europa bezeichnet wird (Benjamin, *Berliner Kindheit*, S. 268). In der Verknüpfung zweier mythologischer Bilder erscheint der autobiographische Protagonist als Kreuzungspunkt verschiedener Erzählungen.

Gleichwohl ist die Frage nach dem autobiographischen ›Gehalt‹ der *Berliner Kindheit* keineswegs müßig. Er realisiert sich in einer durchgängigen Struktur der Entzogenheit. Beschrieben wird nicht die Faktizität des Gewesenen, geschildert werden kindliche Sehnsüchte, Verheißungen und Imaginationen, nicht ihre Erfüllung. In dem Maße, in dem Kindheit als das geheimnis- und erwartungsvolle Gefühl eines Noch-nicht entworfen wird, erweist sich die sprachliche Rückwendung auf diese Kindheit selbst als getragen von einem Bewusstsein des melancholischen Nicht-mehr. Wenn sich der Erzähler an »das blaue Zwiebelmuster« (S. 265) im Geschirr des Elternhauses erinnert, werden zugleich kollektive Erinnerungsmomente aufgerufen, die Muster auf dem Geschirr auch für die Leser und Leserinnen zu Imaginationsflächen. Allenthalben wird deutlich, dass es weniger um das Erinnerte selbst als um den sich im Erinnerten spiegelnden **Vorgang der Erinnerung** geht, oder genauer: das Erinnerte ist die Erinnerung als sprachlicher Prozess (vgl. auch Pethes 1999, S. 263ff.). Aus diesem Grund wird auch das Verhältnis des erinnerten Kindes zur Sprache thematisiert. Eine wichtige Rolle kommt dem Lesen, der Magie der Buchstaben, zu, und gerade das Missverstehen der Wörter, die Entzogenheit ihrer ›eigentlichen‹ Bedeutung hinter der Materialität ihrer Buchstäblichkeit, wird zum Darstellungsmodus jener verlorenen Kinderwelt der Erinnerung.

Die Selbstdarstellung des Erinnerungsvorgangs verbindet sich nicht nur mit der **Medialität der Sprache**, sondern mit einer genauen Beobachtung der für die Zeit um 1900 noch ›neuen **Medien**‹. Faszination und Schrecken des Telefons beispielsweise erscheinen als eine von außen in das ungeschützte Innen der Wohnräume und der Menschen eindringende Macht, die das Innen der Menschen dem Außen des Mediums ausliefert. Bemerkenswerterweise steht in dem Abschnitt »Das Telephon« die Erinnerung in Analogie zum Medium des Telefons: »Es mag am Bau der Apparate oder der Erinnerung liegen«, heißt es im Text, »- gewiß ist, daß im Nachhall die Geräusche der ersten Telephongespräche mir sehr anders in den Ohren liegen als die heutigen« (S. 242). Es ist also unentscheidbar, ob der Eindruck, demzufolge sich die frühen Telefongespräche anders anhörten als die heutigen, auf den unterschiedlichen Bau der Telefonapparate oder aber auf den ›Bau‹ der Erinnerung zurückzuführen ist, die somit gleichfalls als ein ›Apparat‹ gedacht wird. Einmal mehr erweist sich in der syntaktischen Ambivalenz des ›Nachhalls‹ die Identität von Darstellung und Dargestelltem, insofern als der Nachhall sowohl als erinnerter wie als erinnernder, mithin als Erinnerung selbst gelesen werden kann.

Ein weiteres Medium, das in die kritische Reflexion der *Berliner Kindheit* gerät, ist die Fotografie. Dargestellt wird ein Besuch beim Fotografen, der das Kind, den Gepflogenheiten der Zeit entsprechend, mit allen Requisiten der Studiofotografie umgibt, so dass es in der Staffage zu verschwinden droht. »Ich aber bin entstellt vor Ähnlichkeit mit allem, was hier um mich ist« (S. 261), lautet das Fazit. Dass die mediale Entstellung immer auch die Entstellung durch das Medium der Erinnerung und damit den Text der *Berliner Kindheit* selbst meint, wird ganz am Ende deutlich, wenn die Abfolge der einzelnen Bilder, die in der *Berliner Kindheit* entworfen wurden, mit dem Verfahren des Kinematographen verglichen werden. Alle Repräsentation ist entstellend, dies wäre die Quintessenz, aber ohne diese Entstellung gibt es überhaupt keine Erinnerung:

»Ich denke mir, daß jenes ›ganze Leben‹, von dem man sich erzählt, daß es vorm Blick der Sterbenden vorbeizieht, aus solchen Bildern sich zusammensetzt [...]. Sie flitzen rasch vorbei wie jene Blätter der straff gebundenen Büchlein, die einmal Vorläufer unserer Kinematographen waren. Mit leisem Druck bewegte sich der Daumen an ihrer Schnittfläche entlang; dann wurden sekundenweise Bilder sichtbar, die sich voneinander fast nicht unterschieden.« (S. 304)

Benjamins *Berliner Kindheit* vereinigt Grundzüge moderner Autobiographik, wie sie bei späteren Autor/innen des 20. Jahrhunderts in unterschiedlichen Spielarten wieder auftreten, die Thematisierung des Erinnerungsvorgangs, der etwa in Vladimir Nabokovs (1899–1977) Autobiographie *Speak, Memory* (zuerst 1951, überarb. 1966) bereits im Titel programmatisch wird, die Aufmerksamkeit auf die Medialität der Sprache sowie auf das signifikante Detail, die auch das autobiographische Werk von Michel Leiris (1901–1990) (*L'âge d'homme* [1939], *La règle du jeu* [1948–1976], *Le ruban au cou de l'Olympia* [1981]) (zu Leiris vgl. auch Schneider 1986, S. 199–244) prägen. Ein autobiographisches Form- und Versteckspiel treibt Gertrude Stein (1874–1946) in ihrer 1933 erschienenen *Autobiography of Alice B. Toklas*, in der sie unter der Maske ihrer Sekretärin und Lebensgefährtin ihre eigene Lebensgeschichte darstellt. Die Fortsetzung von 1937 *Everybody's Autobiography* betreibt Autobiographie als Sprachspiel einer kunstvollen Rhetorik der Kunstlosigkeit, in der das scheinbar Nebensächliche und Alltägliche die Gewichtigkeit des autobiographischen Genres konterkariert (vgl. Breslin 1980; Smith 1993, S. 64–82).

Ein altes, bereits topisches Motiv der autobiographischen Selbstdarstellung kommt, wenngleich unter spezifisch neuen und modernen Bedingungen, in **Gottfried Benn**s (1886–1956) 1950 veröffentlichtem *Doppelleben*, dessen Untertitel *Zwei Selbstdarstellungen* lautet, zum Tragen. Veranlasst ist die Wiederkehr des autobiographischen Selbstrechtfertigungsmodus in diesem Fall durch die zeitgeschichtlichen Ereignisse der Jahre 1933 bis 1945, Nazidiktatur und Weltkrieg, die auch für zahlreiche spätere und ganz unterschiedliche autobiographische Texte aus der zweiten Hälfte des 20. Jahrhunderts wie beispielsweise Margret Boveris (1900– 1975) *Verzweigungen* (1977), Manès Sperbers (1905–1984), *All das Vergangene...* (1983), Stephan Hermlins (1915–1997), *Abendlicht* (1979) oder auch Christa Wolfs (geb. 1929) *Kindheitsmuster* (1976) ein zentrales, die individualgeschichtliche Selbstwahrnehmung leitendes Datum bilden.

Auch die Rechtfertigungshaltung in Benns *Doppelleben* ist mit dem Verhalten des Autors während der nationalsozialistischen Herrschaft in Deutschland verbunden. Benns anfänglich positive Einstellung gegenüber den Nationalsozialisten war sehr schnell der politischen Enttäuschung gewichen; und den neuen Machthabern wurde er ihrerseits aufgrund seiner expressionistischen Dichtung missliebig. Schon im Winter 1933 schloss ihn der NS-Ärztebund von der Liste der attestberechtigten Ärzte aus. Benn ging in die ›innere Emigration‹, publizierte nicht mehr und beschränkte sich auf seinen ärztlichen Beruf, den er beim Militär ausübte. 1938 erfolgte der Ausschluss aus der Reichsschrifttumkammer und Benn erhielt Schreibverbot. Obwohl er rasch auf Distanz zum Regime ging und seine anfängliche Fehleinschätzung des Nationalsozialismus einräumte, sah sich Benn immer wieder zur Selbstverteidigung veranlasst. Die **Struktur von Anklage und Verteidigung** prägt den Text des *Doppellebens* (vgl. Jaeger 1995, S. 242ff.). So hatte Klaus Mann Benn im Mai 1933 sein Verbleiben in der Akademie und in Deutschland vorgehalten; Benn nahm Manns Brief und seine Antwort als Dokumente in das *Doppelleben* auf. Sein Verleger Max Niedermeyer veranlasste 1949 die zweite Selbstdarstellung aus der Befürchtung heraus, sein Autor (und damit er selbst) gerate ins Zwielicht, wenn Benn sein Verhalten nicht öffentlich begründe. Dieser außenmotivierte Rechtfertigungsdruck, der den Autobiographen Benn in eine Reihe mit Platon und Isokrates (vgl. Kap. III.1) stellt, wird auf eine Weise zum strukturbildenden Motiv des *Doppellebens*, das einmal mehr die enge Korrelation von Selbst- und Fremdwahrnehmung zeigt.

Das *Doppelleben* ist ein uneinheitlicher, vielfach unterteilter Text, dessen einzelne Kapitel jeweils unterschiedliche Themen ansprechen und wechselnde Redepositionen einnehmen. Wie schon der Untertitel deutlich macht, besteht das Buch zunächst aus zwei unabhängigen Selbstdarstellungen. Die erste erschien 1934 unter dem Titel *Lebensweg eines Intellektualisten*. Der Balladendichter Börries von Münchhausen hatte Benn mit den Expressionisten unter die »Deserteure, Zuchthäusler und Verbrecher« eingereiht und ihn einen »reinblütigen Juden« genannt. Im ersten Kapitel unter der aus heutiger Sicht misslichen Überschrift »Die Erbmasse« reagiert Benn, indem er zuerst in durchaus pathetischen Worten über das neue genealogische Denken spricht, dieses sogleich ironisch kommentiert (»Ist das mein Stamm[-tisch] [...]« [Benn, *Doppelleben*, S. 10]), dann aber gleichwohl seine arische Abstammung darlegt. Hier tut sich bereits ein Widerspruch auf zwischen einer Idee, der das autobiographische Ich nicht abgeneigt scheint, und ihrer verheerenden Stammtischrealität.

Beschreibt das erste Kapitel Benns Leben bis zum Jahr 1914, kommen in den weiteren Kapiteln Figuren seines Werks zu Wort, Rönne und Pameelen, an denen das moderne Credo, dass es weder die Wirklichkeit noch ein einheitliches Ich gebe, demonstriert wird. Kunsttheoretische Reflexionen schließen sich an, die Sprachlichkeit des lyrischen Ichs wird entwickelt und ein Plädoyer für die kalte, intellektualistische Betrachtung der Welt als ästhetisches Phänomen gehalten. Die zweite Selbstdarstellung trägt den Titel *Doppelleben*; Benn ließ sie 1950 zusammen mit dem *Lebensweg eines Intellektualisten* unter ebendemselben Titel *Doppelleben* drucken. In der zweiten Selbstdarstellung, die wiederum Biographisches und Kunsttheoretisches nebeneinander stellt, auch eigene Texte Benns zitiert, gibt es einen Abschnitt, der gleichfalls die Überschrift »Doppelleben« trägt. Hier findet sich so etwas wie eine Programmatik des den ganzen Text bestimmenden Prinzips:

»Unser Kulturkreis begann mit Doppelgestalten: Sphinxen, Zentauren, hundsköpfigen Göttern und befindet sich mit uns in einer Kulmination von Doppelleben: wir denken etwas anderes als wir sind, oder, wie die »Drei alten Männer« [ein dialogisches Prosastück von Benn aus dem Jahr 1949] es ausdrücken: *Wir lebten etwas anderes, als wir waren, wir schrieben etwas anderes, als wir dachten, wir dachten etwas anderes, als wir erwarteten und was übrigbleibt, ist etwas anderes, als wir vorhatten.*« (Benn, *Doppelleben*, S. 152)

Dies kann als Begründung für Benns eigenes Verhalten während des dritten Reiches gelesen werden: Leben und Denken, Wirklichkeit und Kunst haben nichts miteinander zu tun – ein gewiss problematischer Ästhetizismus. In diesem Sinne und weil das Ich in der Moderne heterogen und fragmentarisch ist, kann es im Grunde genommen auch keine Autobiographie im Sinne eines kontinuierlichen Textes mehr geben; Benn schreibt somit gleichsam die **Grenzfigur des Autobiographischen**.

Nach dem Zweiten Weltkrieg stellte sich angesichts des politischen und moralischen Zusammenbruchs Deutschlands für

Schriftstellerinnen und Intellektuelle mit neuer Dringlichkeit die Frage nach dem Verhältnis zwischen Kunst bzw., um den Begriff Benns aufzugreifen, ›Geist‹ und einer bürgerlichen Ideologie, die versuchte, die braune Vergangenheit sowie die Eindrücke des Krieges im Interesse eines zügigen Wiederaufbaus rasch hinter sich zu lassen. Kritische Analysen verbanden politische Argumente mit psychologischen bzw. psychoanalytischen Einsichten und beschrieben die Situation des Einzelnen als durch Erziehung und Gesellschaft geprägt. Im Bereich der Autobiographik sind in diesem Zusammenhang die Erzählung *Abschied von den Eltern* (1961) und der Roman *Fluchtpunkt* (1962) von **Peter Weiss** (1916–1982) zu diskutieren. Spätere Beispiele sind Fritz Zorns (1944–1976) *Mars* (1976) oder Christoph Meckels (geb. 1935) *Suchbild. Über meinen Vater* (1980). Weiss' literarischer Rückblick auf die eigene Kindheits- und Jugendentwicklung zeigt das autobiographische Ich im Zwang erdrückender Familienverhältnisse. Der Anfang von *Abschied von den Eltern* benennt die autobiographische Ausgangssituation:

»Ich habe oft versucht, mich mit der Gestalt meiner Mutter und der Gestalt meines Vaters auseinanderzusetzen, peilend zwischen Aufruhr und Unterwerfung. Nie habe ich das Wesen dieser beiden Portalfiguren meines Lebens fassen und deuten können. Bei ihrem fast gleichzeitigen Tod sah ich, wie tief entfremdet ich ihnen war. Die Trauer, die mich überkam, galt nicht ihnen, denn sie kannte ich kaum, die Trauer galt dem Versäumten, das meine Kindheit und Jugend mit gähnender Leere umgeben hatte.« (Weiss, *Abschied von den Eltern*, S. 7)

Der Tod des kurz nach der Mutter verstorbenen Vaters ist Anlass der Rückbesinnung, die aufzeigt, in welchem Maße das Kind in seiner **Persönlichkeitsentwicklung** durch den Einfluss und die Macht eines vom bürgerlichen Arbeitsethos geprägten Vaters und einer beherrschenden Mutter als Repräsentantin der bürgerlichen Moralvorstellungen bestimmt wird. Eine prüde Einstellung zur Sexualität und ein entsprechender pädagogischer Zwangsapparat werden für die Störung der eigenen sexuellen Entwicklung verantwortlich gemacht, ein Themenbereich, der im Text offen dargestellt wird. Doch ist Weiss' Text keine Anklage, sieht er doch, dass die Eltern selbst durch psychologische, moralische und gesellschaftliche Vorstellungen, die sie verinnerlicht haben, determiniert sind. Sein Blick richtet sich auf die eigene Entwicklung, die von jugendlicher Ziellosigkeit und der Unfähigkeit, den bürgerlichen Rollenerwartungen zu entsprechen, geprägt ist. Mit dem Entschluss, Künstler zu werden, ist ein bewusst antibürgerlicher Weg eingeschlagen.

In Weiss' autobiographischen Texten, deren literarischer Konstruktcharakter nicht übersehen werden sollte (vgl. Schutte 1997), finden sich eben jene **sozialpsychologischen Kategorien** wieder wie sie etwa auch Neumanns Buch *Identität und Rollenzwang* (vgl. Kap. II.2) der Autobiographieanalyse zugrunde legt: Das autobiographische Ich erlebt und erleidet den Zwangsapparat, mittels dessen eine bürgerliche Identität hergestellt und mithin zur Übernahme einer gesellschaftlichen Rolle geführt werden soll. Ihr verweigert sich die Ich-Figur auf der Suche nach einer eigenen Identität.

Der bereits in Weiss' *Fluchtpunkt* zum Ausdruck kommende Gedanke, dass die Kunstform der Literatur den politisch-gesellschaftlichen Verhältnissen ferner stehe als der subjektive Erfahrungsbericht, beschreibt eine allgemeinere Tendenz der sechziger Jahre. Die mit dem Bau der Mauer 1961 offenkundig werdende Spaltung Deutschlands, die zunehmende Amerikanisierung der Bundesrepublik, der Vietnam-Krieg, die Wirtschaftskrise Mitte der sechziger Jahre, Große Koalition und Entstehung einer Außerparlamentarischen Opposition brachten eine generelle Politisierung des öffentlichen Bewusstseins hervor, die namentlich den latenten Generationenkonflikt verschärfte und in der sog. **Achtundsechziger-Bewegung** zum Ausbruch kam. Die Diskussionen der Intellektuellen drehten sich um Politik und Gesellschaft; das Ästhetische als solches hatte einen schlechten Stand. Hans Magnus Enzensberger verkündete den ›Tod der Literatur‹, die bestenfalls noch durch ihre politisch-soziale Funktionalisierung gerechtfertigt erschien. ›Authentizität‹ schien nurmehr allein die Ende der sechziger Jahre aufkommende **dokumentarische Methode** zu gewährleisten, die nicht nur zu einer bevorzugten literarischen Technik avancierte, sondern auch den Blick auf biographische und autobiographische Zeugnisse leitete. Vor diesem Hintergrund sind beispielsweise die *Bottroper Protokolle* (1968) von Erika Runge (geb. 1939) zu lesen. Auf der Grundlage von Tonbandinterviews mit Angehörigen verschiedener Berufsgruppen, die von den Zechenstilllegungen im Ruhrgebiet existenziell betroffen waren, wollte Runge das ›tatsächliche‹ Leben, verkörpert in ›unverkünstelten‹ Menschen dokumentieren. Erst später trat zutage, dass Runge redigierend und d.h. gestaltend eingegriffen und auf diese Weise ein durchaus literarisches Konstrukt scheinbarer ›Lebensechtheit‹ hervorgebracht hatte. Überhaupt begann man bald dem Dokumentarismus kritisch gegenüberzustehen, indem man seine grundsätzlichen Aporien erkannte, die Tatsache, dass bereits die Anordnung von Dokumenten, ja schon der dokumentarische Gestus als solcher Wertungen vornimmt.

Unter dem Stichwort ›**neue Subjektivität**‹ oder ›**neue Innerlichkeit**‹ vollzog sich in den siebziger Jahren abermals ein Paradigmenwechsel, der für das Verständnis des Autobiographischen
folgenreich war. Die Hoffnungen der Achtundsechziger, die auf
einen Umsturz der politischen Verhältnisse und die Erneuerung
der Gesellschaft gesetzt hatten, erwiesen sich als utopisch, bevor sie
im sog. ›deutschen Herbst‹ des Jahres 1977 mit dem Selbstmord
der RAF-Terroristen Andreas Baader, Jan-Carl Raspe und Gudrun
Ensslin in Stammheim und der Ermordung des Arbeitgeberpräsi-
denten Hanns Martin Schleyer endgültig begraben wurden. Man
mag von Enttäuschung oder Resignation, von einem ›Rückzug‹
in die Innerlichkeit sprechen, jedenfalls zeichnet sich eine neue
Aufmerksamkeit auf die Erfahrung und Befindlichkeit des Ichs
ab. Der ›objektiven‹ Authentizität der sechziger Jahre trat nun eine
›subjektive‹ Authentizität gegenüber.

Indessen war die Rehabilitation des Privaten nicht apolitisch
gemeint, vielmehr wurde das Private geradezu programmatisch
als politisch verstanden. ›**Betroffenheit**‹, wie ein Leitbegriff dieser Jahre lautete, setzt nicht nur ein betroffenes Subjekt voraus,
sondern gleichfalls ein Betroffensein von ›etwas‹, und hier sind es
nach wie vor die politisch-sozialen Verhältnisse, die vordringlich
in Gestalt persönlicher Beziehungen, sei es zu Eltern, Partnern
oder Freunden, den privaten Horizont markieren. Die ansehnliche
Zahl sog. ›Verständigungstexte‹ zeichnet sich durch das Bestreben
aus, Gefühls- und Erlebniswelten möglichst ›unmittelbar‹ und dies
bedeutet zumeist ohne allzu elaborierte literarische Gestaltung gleichermaßen ›Betroffenen‹ mitzuteilen. Zu den Themenbereichen
die hier wie in den anspruchsvollen literarischen Texten der Zeit
aufgegriffen werden, gehören Sexualität und Körper als im repres-
siven Zugriff von Familie und Gesellschaft unterdrückt erscheinende Quellen vermeintlich ›authentischer‹ Ich-Erfahrung. Schreiben
wird vielfach als unmittelbarer Ausdruck des Gefühlten verstanden.

Im Übrigen ist seit den siebziger Jahren auch in der Literaturwissenschaft häufiger von ›**autobiographischem Schreiben**‹ denn
von ›Autobiographie‹ die Rede; damit soll offenkundig der traditionellen Vorstellung, eine Autobiographie sei ein festgeschriebenen
Gattungsmerkmalen folgendes, in sich einheitliches und zu einem
individualgeschichtlichen Abschluss führendes Werk, entgegenge-
wirkt werden. Der offenere Begriff des ›autobiographischen Schreibens‹ trägt der **Pluralität der auftretenden Formen**, der für di
Moderne geradezu programmatischen Unabgeschlossenheit sowi
der zunehmend in den Blick geratenden Rolle des autobiographi
schen Schrift-Mediums selbst Rechnung.

Ein Verständigungstext ist der *Versuch über die Pubertät* (1974) von **Hubert Fichte** (1935–1986) gewiss nicht. Fichte gestaltet und reflektiert die Geschichte seines ›Coming out‹ als Homosexueller, indem er diese gesellschaftliche Grenz- und Außenseiterposition ins Verhältnis zu anderen kulturellen und sozialen Grenzziehungen setzt. Der Blick auf die eigene Jugend der vierziger und fünfziger Jahre wird durch den Erzählstandpunkt einer Brasilienreise in den siebziger Jahren perspektiviert, die ihn in den Obduktionsraum eines gerichtsmedizinischen Instituts führt und die selbsterlebte körperliche Irritation im Lichte eines toten Körpers, der Leiche eines als politischer Gegner der Diktatur Ermordeten, wahrnehmen lässt. ›Pubertät‹ beschreibt bei Fichte, dessen Text nicht kontinuierlich erzählt ist, sondern sich aus zahlreichen kurzen und kürzesten Abschnitten zusammensetzt, nicht einen bestimmten entwicklungsbedingten Lebensabschnitt, sondern einen unabschließbaren **Prozess lebenslanger Identitätssuche.**

So wie der sich selbst als ›Roman‹ bezeichnende Text verschiedene zeitliche und räumliche Perspektiven neben- und gegeneinander stellt, auf diese Weise einen ethnographischen Blick auf das eigene kulturelle Selbst richtend, so stellt der Erzähler der eigenen Pubertät andere Pubertäten, d.h. Erfahrungsberichte anderer Homosexueller, zur Seite, ein Verfahren, das die Kontingenz des individuellen Daseins deutlich werden lässt. Von Anfang an steht die Sprache, die Fichte mit großer Präzision und Bildkraft gebraucht, vor und über dem Beschriebenen. »Vom Atem meiner Wörter hängt alles ab [...]«, sagt der Ich-Erzähler einmal (Fichte, *Versuch über die Pubertät*, S. 225). Die Einsicht in die Wirkungsmacht der Sprache geht so weit, dass der Erzähler mit dem Gedanken »Vielleicht gibt es die Homosexualität gar nicht« (S. 243) die eigene **Identität als diskursiven Effekt** zu denken gibt.

Verständigungsbereiter gibt sich da **Verena Stefans** (geb. 1947) 1975 erschienenes Buch *Häutungen*, das rasch zum Kultbuch der neuen **Frauenbewegung** wurde. Erzählt wird die Geschichte einer behaupteten weiblichen Selbstwerdung, die mit der Lösung aus der heterosexuellen Paarstruktur beginnt. Der Weg zum eigenen Ich und d.h. zum eigenen Körper führt über die Begegnung mit und körperliche Beziehung zu anderen Frauen. Das autobiographische Ich macht die Erfahrung, dass es in der Beziehung zu einem Mann ausschließlich den Part der Gebenden übernimmt, dass der Partner hingegen nicht in der Lage ist, den Gefühlen und Bedürfnissen der Frau entgegenzukommen. Erst in der lesbischen Liebe erfährt das weibliche Ich Zärtlichkeit und Geborgenheit. Dabei wird reflektiert, welche maßgebliche Rolle die Sprache im Prozess der sexuellen Sozialisation spielt. Die konventionelle Sprache erscheint als eine männliche, Frauen verachtende, weil Frauen zu Objekten degradierende Sprache. Ihr versucht Stefan eine neue, dem weiblichen Körper und dem weiblichen Begehren angemessenere Sprache entgegenzustellen. »Als ich über empfindungen, erlebnisse, erotik unter frauen schreiben wollte, wurde ich vollends sprachlos«, berichtet die Erzählerin (Stefan, *Häutungen*, S. 34). Die von Stefan verwendete Sprache vermeidet Fremdwörter wie ›Sozialisation‹ oder ›Konditionierung‹, weil sie die vermeintlich spezifisch weiblichen Erfahrungen nicht zum Ausdruck bringen. Stattdessen werden Negationsformen, bildhafte Ausdrücke und verfremdende Schreibweisen verwendet. Aus heutiger Sicht erscheint die pathetische Parteinahme von *Häutungen* für die weibliche Körperlichkeit und ein davon abgeleitetes weibliches Bewusstsein als überaus problematisch, weil sie einen neuen Mythos des Weiblichen errichtet, der die Frau als ›Natur‹ und als substanziell ›weiblich‹ idealisiert.

Ich-zentriert im Sinne der ›neuen Subjektivität‹ ist auch der unvollendet gebliebene Romanessay *Die Reise* (1977) von **Bernward Vesper** (1938–1971), der in den sechziger Jahren mit Gudrun Ensslin liiert war, sich aber von ihr trennte, als sie in den Untergrund ging. Vesper war der Sohn des völkisch-nationalen Schriftstellers Will Vesper; *Die Reise* versteht sich als **Protokoll einer Generation**, die sich, unter der autoritären Erziehung der Elterngeneration leidend, als eine betrogene dünkte. Der Titel *Die Reise*, der den alten Topos der Lebensreise aufnimmt, ist in mehrfachem Sinn lesbar: Zum einen wird eine Reise von Dubrovnik nach Tübingen über München geschildert, die Vesper Ende der sechziger Jahre unternommen hatte. Zwischengeschaltet ist die Darstellung eines LSD-›Trips‹, in dem sich Vesper halluzinativ die deutsche Geschichte der jüngsten Vergangenheit vergegenwärtigt. Schließlich lässt sich auch noch die Rückerinnerung an die eigene Kindheit und Jugend im Elternhaus als Reise ansprechen hierbei handelt es sich um Textpassagen, in denen geradezu in klassischer Weise autobiographisch erzählt wird. Wie Vesper, der sich in einer psychischen Krise das Leben nahm, die verschiedener Darstellungsperspektiven letzten Endes organisiert hätte, lässt sich kaum sagen; symptomatisch ist die dezidierte Ablehnung jeglicher Kunstwillens, die sich aus dem **unbedingten Authentizitätsanspruch** der achtundsechziger Generation erklärt. Seine Aufzeichnungen hätten nichts mit Kunst oder Literatur zu tun, behauptet Vesper: »Ich interessiere mich ausschließlich für mich und meine Geschichte und meine Möglichkeit, sie wahrzunehmen« (Vesper *Die Reise*, S. 37). Das Ich indessen erweist sich – und gerade hie fällt die literarische Stilisierung ins Auge, denn Vesper zitiert Rimbaud – als »ein anderes« (S. 126), d.h. als ein mit sich selbst nicht identisches. An Rimbauds autobiographische Prosadichtung *Une saison en enfer* (1873) erinnert auch der von Vesper festgehaltene ›Gang durch die Hölle‹ (S. 698) wie auch insgesamt das Motiv der drogeninduzierten Klarsicht bei dem französischen Modernisten des 19. Jahrhunderts vorgeprägt ist.

Der erste Band der fünfbändigen Autobiographie von **Thomas Bernhard** (1931–1989) erschien 1975 unter dem Titel *Die Ursache. Eine Andeutung* und beschreibt die Schulzeit des Zwölf- bis Fünfzehnjährigen. 1976 schloss sich *Der Keller. Eine Entziehung* an; im Mittelpunkt dieses Buches steht die im Ganzen nicht unglückliche Lehrzeit Bernhards bei einem Lebensmittelhändler. Der dritte Band der Autobiographie trägt den Titel *Der Atem. Eine Entscheidung* und wurde 1978 veröffentlicht; er beschreibt den Krankenhaus- bzw. Sanatoriumsaufenthalt des knapp achtzehnjährigen Bernhard, der sich aufgrund einer verschleppten Rippenfellentzündung eine schwere Krankheit zugezogen hatte. Die Krankengeschichte findet ihre Fortsetzung in dem 1981 veröffentlichten Band *Die Kälte. Eine Isolation*; Schauplatz dieses Teils ist die Lungenheilstätte Grafenhof, in die Bernhard mit offener Tuberkulose eingeliefert worden war. Der fünfte und letzte Band der Autobiographie geht zeitlich hinter den ersten zurück; er trägt den Titel *Ein Kind* und stellt die noch vor *Die Ursache* liegende Kinderzeit dar.

Auch für den Autobiographen Bernhard sind Familie und Gesellschaft, vor allem die Bildungsinstitutionen durch Ignoranz und Repressivität gekennzeichnet. So vermerkt er in *Die Ursache* das Fortleben nationalsozialistischen Gedankenguts und insbesondere nationalsozialistischer Erziehungsmethoden nach dem Krieg und prangert in den für ihn typischen Hasstiraden die verhängnisvollen Wirkungen der Erziehungsinstitutionen auf junge Menschen an:

»Wir werden erzeugt, aber nicht erzogen, mit der ganzen Stumpfsinnigkeit gehen unsere Erzeuger, nachdem sie uns erzeugt haben, gegen uns vor, mit der ganzen menschenzerstörenden Hilflosigkeit, und ruinieren schon in den ersten drei Lebensjahren alles in einem neuen Menschen, von welchem sie nichts wissen, nur, wenn überhaupt, daß sie ihn kopflos und verantwortungslos gemacht, und sie wissen nicht, daß sie damit das größte Verbrechen begangen haben.« (Bernhard, *Die Ursache*, S. 59)

Das autobiographische Ich nimmt eine radikal distanzierte Position zu seiner Umwelt ein und beschreibt sich in Abgrenzung zu dieser. Ein größerer Gegensatz zur Goetheschen Position, derzufolge das Individuum Produkt und Spiegel seiner Zeit sein soll (vgl. Kap.

III.4), lässt sich kaum denken: Bernhards autobiographisches Ich konstituiert sich in der *Differenz* zu seiner Umgebung, d.h. allerdings auch, dass es dieser geschmähten Kontrastfolie unabdingbar bedarf, um einen Begriff von sich selbst entwickeln zu können (vgl. Kaiser 1996, S. 71).

Die oben zitierte Passage aus *Die Ursache* ist in ihrer sprachlichen Prägnanz und der Schärfe ihrer Aussage ein sinnfälliges Beispiel für die sprachliche Faktur von Bernhards Prosatexten. Sie führt vor Augen, dass die scheinbare Atem- und Haltlosigkeit der bernhardschen Mammutsätze, die auf den ersten Blick ohne gedankliche und formale Gliederung gleichsam unvermittelt produzierten Wortergüsse in hohem Maße strukturiert und komponiert sind. Mit guten Gründen ist daher auch von Bernhards ›musikalischem Kompositionsprinzip‹ gesprochen worden (vgl. Reiter 1989). Bernhard erweist sich als versierter Rhetoriker und Sprachspieler, wenn er seine Wörter skandierend wiederholt, sie dabei abwandelt (»erzeugt« – »erzogen« – »Erzeuger«) und auf diese Weise das Material der Sprache als unabdingbares Medium autobiographischer Selbstvergegenständlichung hervorhebt. Dabei wendet sich die Aggression gegenüber referenziellen Zielobjekten auf das sprachliche Medium und die Textbewegung selbst zurück. Während die ältere Bernhard-Forschung vornehmlich einen psychologischen Blick auf die autobiographischen Texte des Autors richtete und sie als »Bewältigungsversuch« (Bugmann 1981) las, nehmen neuere Lektüren gerade die sprachlich-ästhetische Seite ihrer literarischen Machart in den Blick. Als ›diskursintegratives‹ Spiel‹ gelesen erweist sich der Zyklus, in dem sich zahlreiche Anspielungen auf die Tradition des Bildungsromans finden, als ebensosehr an literarischen Vorlagen orientiert wie diese in parodistischer Demontage kontrapunktierend (vgl. Kaiser 1996).

Max Frischs (1911–1991) autobiographische Erzählung *Montauk* (1975), versucht, nur die Gegenwart eines Wochenendes zu beschreiben, das der alternde Schriftsteller Max mit der jungen Amerikanerin Lynn verbringt. Allerdings drängt sich immer wieder die Vergangenheit in Gestalt von Erinnerungen dazwischen und führt zu der Erkenntnis, dass es die ›reine‹ Gegenwart des Augenblicks nicht gibt. Infolge dieser Erkenntnis spaltet sich auch das autobiographische Ich in eine Ich- und in eine Er-Perspektive, in denen die Geschlossenheit der Ich-Figur nicht nur erzähltechnisch aufgelöst, sondern auch einer Selbstanalyse unterworfen wird. Frischs Beziehung zu Ingeborg Bachmann wird hier ebenso thematisiert wie sich insgesamt ein problematisches Verhältnis des männlichen Schriftsteller-Ichs Frauen gegenüber zeigt.

Wie in *Montauk* verbinden sich auch im Roman *Kindheitsmuster* (1976) von **Christa Wolf** (geb. 1929) Tendenzen, die den Text im bewusstseinsgeschichtlichen Kontext der siebziger Jahre verstehbar machen, mit Merkmalen, in denen sich **Grundzüge einer postmodernen Ästhetik** ankündigen. Der Versuch einer Auseinandersetzung mit der im Bewusstsein der Nachkriegsdeutschen verdrängten nationalsozialistischen Vergangenheit, die Frage nach dem Funktionieren totalitärer Regime, ein bisweilen moralisierender aufklärerischer Gestus, aber auch die individualgeschichtliche Frage, die Wolf zu einer eigenen Kapitelüberschrift erhebt, »Wie sind wir so geworden, wie wir heute sind?« gehen zweifellos aus dem Diskussionshorizont der siebziger Jahre hervor, während das im Roman artikulierte Bewusstsein, dass weder die Geschichte noch das Subjekt als vorsprachliche Gegebenheiten zugänglich sind, auf postmoderne Positionen verweist (vgl. Finck 1995b, 1999). Weil Autobiographie nur Deutung – nicht der ›Wirklichkeit‹, sondern des immer schon Gedeuteten als ›Wirklichkeit‹ sein kann, schreibt Christa Wolf konsequenterweise einen ›Roman‹. Die Erzählerin muss ihr kindliches alter ego, das sie Nelly nennt, zum einen deswegen erfinden, weil die Selektivität des Gedächtnisses und die ununterbrochene Deutungsarbeit des Bewusstseins den Weg zum vergangenen Ich der Kindheit unumkehrbar überschrieben haben. Die Erfindung der Nelly-Figur kann als die einzig mögliche Form ›**subjektiver Authentizität**‹ – eine von der Autorin selbst in die Diskussion gebrachte Formulierung – angesehen werden, insofern als im Akt der Erfindung ein subjektiver, aber gleichwohl von der Vergangenheit beeinflusster Umgang mit dieser Vergangenheit stattfindet. Die Erfindung ist, so könnte man auch formulieren, nicht unabhängig von der gewesenen autobiographischen Realität. Zum Zweiten muss Nelly als Objektivierungsform erfunden werden, geht es *Kindheitsmuster* doch auch darum, am Beispiel einer individuellen Geschichte ein allgemeines, den Zeitgenossen gemeinsames **Muster der Kindheit** zu entwickeln.

Gleich am Anfang des Buches wird von dem in der Familie der Erzählerin gefassten Plan berichtet, »nach L., heute G.« (Wolf, *Kindheitsmuster*, S. 9) zu fahren. ›L‹ ist als Abkürzung für Landsberg an der Warthe lesbar, Christa Wolfs Geburtsort, der heute ›Gorzów Wielkopolski‹ heißt. Beschrieben wird einmal die im Juli 1971 tatsächlich zustande kommende Reise zu den Kindheitsstätten der Erzählerin. Memoriatechnisch (vgl. Kap. I.3.1) ließe sich von einem Aufsuchen der Gedächtnisorte reden, das gleichsam die Erinnerungen an die zweite erzählte Zeit des Romans abruft, die Kindheit und Jugend in den dreißiger und vierziger Jahren,

das Leben in L. während des Dritten Reiches sowie die Flucht aus
Polen in das Gebiet der ehemaligen DDR. Und schließlich ist die
in den Jahren 1972 bis 1975 erfolgende Niederschrift des Buches,
die Arbeit am Text selbst, Thema der Darstellung. Die **Erinnerung
als Schrift** findet auch hier wieder im Modus der Reise statt. Das
Ausmaß, in dem der autobiographische Erinnerungs- und Schreibprozess thematisiert und problematisiert wird, lässt *Kindheitsmuster*
im Einflussbereich postmodernen Denkens erscheinen.

Auf ihrer Erinnerungsreise wird die Erzählerin von Personen
begleitet, die mehr als nur Statisten sind. Da ist einmal der Bruder
Lutz, mit dem sie sich über die Vergangenheit und die gemeinsame Kindheit unterhält; er ist in gewisser Weise ihr Komplize und
Gegenspieler im Geschäft des Erinnerns: er bestätigt und relativiert
die Erinnerungen der Erzählerin, widerspricht gelegentlich auch.
Zum zweiten reist die sechzehnjährige Tochter Lenka mit, Repräsentantin einer kommenden Generation, die durch die Erfahrungen eines anderen autoritären Staates geprägt ist; sie hat keinen
Anteil an der Vergangenheit der Elterngeneration, ist diesbezüglich
gewissermaßen ohne Gedächtnis und angewiesen auf das, was die
gemeinsame Rekonstruktionsarbeit zutage fördert. Ihr gegenüber
fühlt sich die Erzählerin verantwortlich, ihr gilt es »das schauerli-
che Geheimnis der Menschen dieses Jahrhunderts« vor Augen zu
führen, »wie man zugleich anwesend und nicht dabeigewesen sein
kann« (S. 42). Obwohl die Erzählerin, die bislang nur in der 2.
Person von sich gesprochen hat, am Ende des Buches erstmals ›ich‹
sagt (vgl. Wilke 1991, S. 170), steht als Antwort auf ein ganzes
Bündel abschließend gestellter Fragen nach dem Ergebnis oder
dem Gelingen der unternommenen Vergangenheitsbeschwörung
ein skeptizistisches »Ich weiß es nicht« (S. 378).

In **Roland Barthes**' *Roland Barthes par Roland Barthes* (1975),
auf deutsch unter dem Titel *Über mich selbst* erschienen, verbindet
sich das Bewusstsein von der Unmöglichkeit der Autobiographie
in der Moderne mit dem Versuch, gleichwohl einen autobiographischen Text zu verfassen und über sich selbst zu sprechen. Barthes, der bereits im Jahr 1968 den »Tod des Autors« verkündet
hatte und damit gegen den Autor als Schöpfer eines Werks und für
die Betrachtung des Texts als »vieldimensionale[r] Raum« (Barthes
2000, S. 190) argumentierte, legt keinen linear und chronologisch
erzählenden Text vor. *Roland Barthes par Roland Barthes* reiht einzelne Abschnitte aneinander, in denen biographische Erinnerungen
und Reflexionen sowie theoretische Betrachtungen auf den ersten
Blick beziehungslos nebeneinander stehen, in einer wiederholten
Lektüre einander aber doch wechselseitig beleuchten und auf die-

se Weise Zeichentheorie und Praxis autobiographischer Selbstvergegenständlichung verschränken. Die einzelnen Abschnitte sind
alphabetisch, d.h. nach dem Prinzip der Schrift angeordnet, um
sich, wie Barthes schreibt, der »nichtmotivierte[n] Ordnung« der
Sprache »(außerhalb aller Imitation)« (Barthes 1978, S. 160) zu
überlassen. Doch folgt die Anordnung der Abschnitte nicht durch-
gängig dem alphabetischen Prinzip, einige tanzen aus der Reihe,
um – und hier wird die poststrukturalistische Skepsis allen Sinn-
und Bedeutungseinheiten gegenüber vernehmbar – die »höhere[]
Regel« zu zerbrechen und zu verhindern, »daß ein Sinn ›fest‹ wird«
(Barthes 1978, S. 161). Dem Text ist eine Fotogalerie vorausge-
schickt, die, wie die Textabschnitte selbst, eine **Spiegelfunktion**
im Lacan'schen Sinne erfüllen, indem sie dem Schreiber ein Ich
zurückspiegeln, das dieser immer schon als imaginär und d.h. als
brüchig reflektiert. Die Forschung hat Barthes' Text als ein Beispiel
der **Autofiktion** gelesen, in dem Sinne, dass das theoretische Wissen um die sprachliche Konstruiertheit jeglicher Selbstaussage zum
inszenierten autobiographischen Darstellungsprinzip selbst wird.

Angesichts so elaborierter Strukturen eines kritischen Sprach-,
Geschichts- und Subjektbewusstseins wie es bei Barthes oder auch
in Alain Robbe-Grillets (geb. 1922) *Le miroir qui revient* (1984)
auf der Grundlage von Robbe-Grillets Poetik des ›nouveau roman‹
noch weitergetrieben wird, konnte das autobiographische Werk
von **Elias Canetti** (1905–1994), bestehend aus den drei Bänden
Die gerettete Zunge. Geschichte einer Jugend (1977), *Die Fackel im
Ohr. Lebensgeschichte 1921–1931* (1980) und *Das Augenspiel. Lebensgeschichte 1931–1937* (1985) bei der literaturkritischen Zunft
nur Verwunderung und Irritation hervorrufen: Für Canetti scheint
es keine moderne Subjektproblematik, keine Krise des Erzählens,
keine autobiographischen Selbstzweifel zu geben; sein Erzählen
funktioniert, so hat es eine Kritikerin formuliert, »wie am Schnür-
chen« (Wiethölter 1990, S. 166). So wendet sich der autobiographische Erzähler von *Die Fackel im Ohr* gegen jegliches kritische
Zergliedern der subjektiven Erinnerung:

»[...] ich verneige mich vor der Erinnerung, vor jedes Menschen Erinnerung. Ich will sie so intakt belassen, wie sie dem Menschen, der für seine
Freiheit besteht, zugehört, und verhehle nicht meinen Abscheu vor denen,
die sich herausnehmen, sie chirurgischen Eingriffen so lange auszusetzen,
bis sie der Erinnerung aller übrigen gleicht.« (Canetti, *Die Fackel im Ohr*,
S. 342)

Mag dies als eine harmoniebetonte auktoriale Gegenstimme im
polyphonen, eher dem kritischen Ideal der Dissonanz verpflichte-

ten Konzert der Zeit gelesen werden, so hat die Forschung doch gezeigt, dass Canettis Texte von einem Bewusstsein der **subjekt-konstitutiven Macht der Sprache und der Literatur** (vgl. Bollacher 1996, Greiner 1993, 1996) geprägt sind, das sie dem Reflexions-horizont von Moderne und Postmoderne zuweist. So schildert *Die gerettete Zunge* den Kampf des in der frühen Kindheit zunächst Spanisch und dann Englisch sprechenden autobiographischen Ichs um die deutsche Sprache, der zugleich ein Kampf um die mit dem Vater Deutsch sprechende Mutter ist. Die enge Bindung des Sohnes an die Mutter nach dem Tod des Vaters ist eine sprach-liche Bindung, in der die Literatur eine zentrale Rolle spielt und aus deren ambivalenter Spannung heraus sich im Text die Ge-burt des deutschsprachigen Schriftstellers Elias Canetti vollzieht. In ähnlicher Weise hatte bereits Jean-Paul Sartre (1905–1980) in *Les mots* (1964) seinen Weg zu »Lesen« und »Schreiben«, wie die beiden Teile seiner Autobiographie überschrieben sind, dargestellt (zu Sartre vgl. auch Schneider 1986, S. 151–197; Ravy 1997). Ist im *Augenspiel* die Rede davon, dass die Literatur ein Mittel sei, Menschen durch Worte am Leben zu erhalten, sie gleichsam durch Worte zu erschaffen, so lässt sich diese auch in anderen Schriften Canettis verkündete Programmatik des Schreibens gegen den Tod in allererster Linie als ein **Projekt auktorialer Selbsterschaffung** lesen, als ein Projekt, dessen Bruchstellen im Lichte der vom au-tobiographischen Erzähler selbst geschmähten psychoanalytischen Lesarten zutage treten.

Jenseits aller Trends und Strömungen scheint das autobiogra-phische Werk von **Hermann Lenz** (1913–1998) angesiedelt, an dessen Beginn der Roman *Verlassene Zimmer* (1966) steht und das sechs weitere Bände umfasst: *Andere Tage* (1968), *Neue Zeit* (1975), *Tagebuch vom Überleben und Leben* (1979), *Ein Fremdling* (1983), *Der Wanderer* (1986) und *Seltsamer Abschied* (1988). Ganz offen kommen in der Darstellung der ins 19. Jahrhundert hineinrei-chenden Familiengeschichte fiktionale Strategien zum Einsatz und wird mit den Mitteln indirekter Darstellung und perspektivischer Brechung ein auf historische, lokal- und familiengeschichtliche Fakten rekurrierendes Zeitbild gezeichnet, das einmal mehr die notwendig literarische Faktur der autobiographischen Erinnerungs-arbeit verrät.

Postmoderne Strukturen prägen die Autobiographie des Drama-tikers **Heiner Müller** (1929–1995), die 1992 unter dem Titel *Krieg ohne Schlacht* erschien und 1994 in einer zweiten, um einen do-kumentarischen Anhang erweiterten Auflage veröffentlicht wurde. Ungewöhnlich ist die Form des Textes, der als Tonbandinterview in Zusammenarbeit mit vier Fragen stellenden und Stichworte gebenden Interviewer/innen entstanden ist und den Interview-charakter auch nach der Überarbeitung der Tonbandprotokolle durch Müller beibehält. In Verbindung mit dem umfangreichen Anhang von Briefen, Akten und anderem Zeugnismaterial, der das konfliktträchtige Verhältnis des Autors mit dem Staatsapparat der DDR dokumentiert, liegt das Erscheinungsbild eines autobiographischen Textes vor, der keinen **Anspruch auf Kohärenz**, weder für das autobiographische Ich noch für seine Repräsentation, mehr erhebt. Müller schreibt: »Mein Interesse an meiner Person reicht zum Schreiben einer Autobiographie nicht aus. Mein Interesse an mir ist am heftigsten, wenn ich über andre rede« (Müller, *Krieg ohne Schlacht*, S. 366).

Mit scheinbarer Distanziertheit und unter der Behauptung, sich an eine besondere Betroffenheit nicht erinnern zu können, spricht Müller über die letzten Kriegsjahre, die er als Jugendlicher im sächsischen Eppendorf verbrachte, seine Zeit beim Reichsarbeitsdienst, im Volkssturm sowie die amerikanische Kriegsgefangenschaft. Auch über die Nachkriegszeit wird knapp und lakonisch berichtet. Eine psychologische Innensicht findet nicht statt; der Text zielt auch nicht auf die Darstellung einer subjektiven Entwicklungsgeschichte, auf Einflüsse o.ä., denen das autobiographische Ich unterworfen wäre. Stattdessen werden Geschichten und Anekdoten erzählt, wobei Grausamkeiten und **Gewaltakte** die besondere Aufmerksamkeit des autobiographischen Erzählers finden.

Wie in seinen Dramen geht es Müller darum, die **Paradoxie des menschlichen Daseins** zu gestalten, die für ihn eben darin besteht, dass jeder politische und moralische Anspruch auf Humanität und Weltverbesserung notwendigerweise Ungerechtigkeit und Gewalt mit sich bringt. So ist jede Revolution mit Grausamkeiten gegen Menschen verbunden, erfordert jede Parteinahme – und dies ist eine Einsicht, die gerade postmoderne Theoriekonzepte formuliert haben – Ausschließungen und Selektion. Aufgrund dieser **pessimistischen Sicht der Geschichte**, die einer solchen Auffassung zugrunde liegt, musste Müller in Widerspruch zur Ideologie der DDR geraten, der er aufgrund seiner kommunistischen Grundüberzeugung zunächst positiv gegenübergestanden hatte. Gleichwohl betont der Autobiograph seinen unpolitischen Charakter sowie den von ihm stets verfolgten **Primat der Kunst**, die er als Angriff auf das Paradox der geschichtlich-politischen Realität begreift. Indessen wird deutlich, dass das totalitäre System der DDR jener Rahmen war, den Müllers künstlerische Produktivität benötigte, an dem sie sich gewissermaßen abarbeiten konnte. Da-

her räumt der Autobiograph ein, dass ihm »der Abschied von der
DDR nicht leichtfiel. Plötzlich fehlt ein Gegner, fehlt die Macht,
und im Vakuum wird man sich selbst zum Gegner« (S. 351).

Müller stellt nicht nur dar, wie sehr das politische Leben der
DDR auf Rollenspielen basierte, er führt gleichfalls vor, freilich
nicht in autobiographischer Bekenntnispose, in welcher Weise
er selbst mitspielte, um seine künstlerischen Ziele verfolgen zu
können. Vor dem Hintergrund der Interviewform von *Krieg ohne
Schlacht* wird deutlich, dass die **Strategie des Rollenspiels** nicht nur
die dargestellte autobiographische Vergangenheit und das Agieren
des erzählten Ichs kennzeichnet, sondern dass der autobiographische Erzähler selbst zum Rollenspieler wird, indem er eine Me-
diengestalt annimmt, die im Wechselspiel von Frage und Antwort
die Medialität des autobiographischen Ichs sichtbar macht. Dieses
autobiographische Ich, das, wie erwähnt, ohne Innensicht ist, agiert
auf der Bühne des Textes wie ein Schauspieler auf der Bühne
und ist daher nicht »primär historisch, psychologisch oder sozial«
zu lesen, »sondern dramaturgisch« (Pickerodt 1995, S. 65). Die
Forschung hat in diesem Zusammenhang auch von der **Performa-
tivität der Ich-Figur** gesprochen, insofern als die zutage geförderte
autobiographische ›Wahrheit‹ in der Interaktion zwischen den In-
terviewpartnern produziert wird und weniger als Selbstaussprache
des Autors denn als eine Hervorbringung des Diskurses erscheint
(vgl. Gemünden 1995, S. 118ff.).

Insgesamt zeichnet sich die autobiographische Produktion im
20. Jahrhundert durch eine Vielfalt von Formen und Konzepten
aus, die hier nicht annähernd repräsentiert werden kann. Anstatt
des eher Werkcharakter und Geschlossenheit suggerierenden Begriffs ›Autobiographie‹ legt sich dabei der Begriff ›**autobiographisches Schreiben**‹ nahe, wird doch mehr und mehr deutlich, wie
viele Schriftsteller/innen-Œuvres von einem autobiographischen
Impuls getragen sind bzw. sich über unterschiedliche Texte hinweg
an der Biographie des Autors/der Autorin abarbeiten. In diesem
Zusammenhang sind etwa zu nennen: **Wolfgang Koeppen** (1906–
1996), der mit seinem fragmentarischen Prosatext *Jugend* (1976),
aber auch mit einer Reihe von Reisebüchern eine literarische
Neuschaffung des eigenen Lebens zu unternehmen scheint, **W.G.
Sebald** (geb. 1944), in dessen Büchern Zeitgeschichtliches und
Autobiographisches an einem unendlich verschlungenen, kaum
Unterbrechung duldenden Erzählfaden aufgereiht sind, oder **Herta
Müller** (geb. 1953), die in ihren Texten die eigene rumäniendeut-
sche Herkunft literarisch fortschreibt. **Familiengeschichten** spielen
nach wie vor eine große Rolle, in **Hans-Ulrich Treichels** (geb.

1952) *Der Verschollene* (1998) ebenso wie in **Uwe Timm**s (geb. 1940) *Am Beispiel meines Bruders* (2003) – auf frappierende Weise findet in beiden Büchern eine Selbstbefragung des autobiographischen Ichs in der Auseinandersetzung mit einem verschollenen bzw. gefallenen Bruder statt, der in der Familie auf gespensterhafte Weise präsent ist.

Trotz allen modernen bzw. postmodernen Sprach- und Zeichenbewusstseins wird auch in der Gegenwart die **Auseinandersetzung mit der Geschichte** über das Medium des autobiographischen Textes gesucht. 1999 erschien **Günter Grass'** (geb. 1927) *Mein Jahrhundert*, ein Buch, das jedes Jahr des zu Ende gehenden 20. Jahrhunderts mit einem Text und einem Aquarell des ebenfalls als bildender Künstler tätigen Autors würdigt und mit dieser sehr subjektiven Geschichtsdarstellung auch einen autobiographischen Text verfasst bzw. sich selbst in die Geschichte einschreibt. In dem Maße, in dem am Ende des 20. Jahrhunderts ins Bewusstsein tritt, dass die **Zeitzeugen von Nationalsozialismus und Holocaust** aussterben, scheint das Interesse an Erinnerungstexten, in denen die Zeit zwischen 1933 und 1945 thematisiert wird, ungebrochen oder gar noch zuzunehmen. In diesem Zusammenhang ist **Martin Walser**s (geb. 1927) autobiographischer Roman *Ein springender Brunnen* (1998), der von einem hohen Fiktionalitäts- und Sprachbewusstsein geprägt ist, vehement kritisiert worden, weil er die teilweise idyllisch beschriebene Kindheit am Bodensee in keine Relation mit den zeitgleich geschehenden nationalsozialistischen Verbrechen bringt. Große Aufmerksamkeit haben die Autobiographie des Literaturkritikers **Marcel Reich-Ranicki** (geb. 1920) *Mein Leben* (1999) und **Georges-Arthur Goldschmidts** (geb. 1928) *Über die Flüsse* (1999/2001) aufgrund ihres zeitgeschichtlichen Gehalts gefunden.

Als »der Fall Wilkomirski« ist ein 1995 unter dem Namen **Binjamin Wilkomirski** erschienenes Buch mit dem Titel *Bruchstücke. Aus einer Kindheit 1939-1948* in die Geschichte der modernen Autobiographik eingegangen, dessen autobiographischer Gestus so überzeugend erschien, dass es als ›Klassiker der Shoah-Literatur‹ gefeiert wurde, bis es durch den unermüdlichen Einsatz des Schriftstellers **Daniel Ganzfried** (geb. 1958) als Fälschung entlarvt wurde. Diese Autobiographie-Fiktion gilt heute als Symptom für das nach wie vor problematische und ›Normalität‹ aus prinzipiellen Gründen unmöglich machende deutsch-jüdische Verhältnis.

Von der **Geste des Authentischen** ist **Walter Kempowski**s zehnbändiges Mammutwerk *Das Echolot* (1993-2005) geprägt. Es handelt sich bei diesem Werk, das den Untertitel »Ein kollektives

Tagebuch« trägt, um eine Zusammenstellung von privaten Briefen, Tagebüchern, Fotos und Aufzeichnungen. Die ersten vier Bände dokumentieren die Monate Januar und Februar 1943; weitere vier Bände versammeln Dokumente aus der Zeit von Januar bis Februar 1945, während *Das Echolot III* die Zeit von Juni bis September 1941 erfasst und schließlich mit »Abgesang 1945« die letzten Tage des Hitler-Regimes in den Blick treten. Opfer und Täter, prominente und unbekannte Personen kommen gleichermaßen zu Wort und zeigen wie in einem Prisma die perspektivische Verschränkung von Zeit- und Selbstwahrnehmung.

Ungeachtet der strittigen Antwort auf die Frage, ob die Postmoderne bereits abgeschlossen oder noch in vollem Gange sei, stellt sich die Frage, welche Funktion der Autobiographie noch zukommen kann, wenn alle autobiographischen Konventionen dekonstruiert sind und anerkannt ist, dass es kein authentisches Jenseits des autobiographischen Textes, kein dem Diskurs vorgängiges ›Leben‹ gibt. Wo deutlich ist, dass die Vergangenheit kein der nachträglichen Interpretation unterliegendes Ensemble von Fakten darstellt, sondern bereits im Augenblick ihres Sichereignens gedeutet und ohne deutende Kodierung nicht erfahrbar ist, und dass sich das Ich immer schon, nicht erst in der Erinnerung als sprachliches konstituiert, bilden ›Fakt‹ und ›Fiktion‹ keine Gegensätze mehr, sondern schreibt die autobiographische Fiktion die konstitutive **Fiktionalität des Faktischen** nahtlos weiter (vgl. Finck 1995b, 1999). Daher muss sich die autobiographische Praxis seit den neunziger Jahren nicht mehr an der sprachlichen Uneinholbarkeit des Gewesenen abarbeiten.

Gleichwohl hat die Autobiographie weiterhin eine Funktion und ein Anliegen. Dies zeigt nicht nur die postkoloniale Autobiographik (vgl. Kap. II.7.2), die Autorinnen und Autoren aus der vormals sog. ›Dritten Welt‹ den Eintritt in die Repräsentation ermöglicht; auch am Beispiel der autobiographischen Texte, die versuchen, das Erlebnis des Holocaust darzustellen, wird deutlich, dass Textualität und Referenzialität einander nicht ausschließen. Wenn Überlebende der nationalsozialistischen Konzentrationslager das von ihnen Erlebte der Nachwelt mitzuteilen und damit vor dem Vergessen zu bewahren versuchen, wird das Moment des Autobiographischen zum **Medium**, nicht zum Ziel der Darstellung. Der Autobiograph, die Autobiographin tritt als Zeuge oder als Zeugin auf; dabei kann es nicht um objektive Rekonstruktion des Gewesenen und Erlittenen gehen, vielmehr steht das Mitteilungsverhältnis zwischen Erzähler resp. Erzählerin und Leserschaft im Vordergrund. Die sprachliche Mitteilung stellt die einzige Chance dar, das Geschehene dem Gedächtnis der Nachwelt zu erhalten. Und doch kann die Sprache die Schrecklichkeit der Ereignisse nicht erfassen, nicht weil diese prinzipiell sprachjenseitig wäre, sondern weil sie der permanenten Umschrift, sowohl im Bewusstsein wie in der Arbeit des Unbewussten, unterliegt und sich nicht in einer stabilen Signifikant-Signifikat-Relation feststellen lässt.

In diesem Sinne frappiert etwa in **Ruth Klügers** (geb. 1931) 1992 erschienenem Buch *weiter leben. Eine Jugend* die teilweise lakonische Direktheit, die scheinbar anspruchslose Umstandslosigkeit, mit der sie über Theresienstadt, Auschwitz-Birkenau und Christianstadt spricht. In einem nüchternen, keineswegs Mitleid heischenden Stil werden Klischeevorstellungen über das Leben im KZ korrigiert und z.T. in ihrer Drastik noch übertroffen. Drohte mit der deutschen Wiedervereinigung im Jahr 1989 die nationalsozialistische Vergangenheit auch und gerade mittels einer neuen Konjunktur des öffentlichen Erinnerns und Gedenkens zu einem abgeschlossenen Kapitel zu werden, erhebt die Erzählerin von *weiter leben* ihre Stimme gegen eine Ritualisierung des öffentlichen und privaten Vergangenheitsbezugs, die im Zeichen einer pflichtschuldigen Betroffenheit das Ungeheuerliche der nationalsozialistischen Judenvernichtung zu distanzieren und damit einmal mehr zu verdrängen sucht. Gerade der Einsatz einfacher und deutlicher Worte soll den sich abzeichnenden kollektiven Konsens aufbrechen. Das Sprechen wird gegen den herkömmlichen Unsagbarkeitstopos gesetzt:

»Die Szene ist vielleicht die lebendigste, grellste Erinnerung aus Birkenau. Und doch hab ich nie darüber gesprochen. Ich dachte, die kann ich nicht aufschreiben, und wollte statt dessen hier einfügen, daß es Dinge gibt, über die ich nicht schreiben kann. Jetzt, wo sie auf dem Papier stehen, sind die Worte dafür so gewöhnlich wie andere und waren nicht schwerer zu finden.« (Klüger, *weiter leben*, S. 137)

Indem Klüger ihre z.T. unbeholfenen Kindergedichte wiedergibt oder darauf hinweist, welche Bedeutung auswendig gelernte Gedichte für sie im KZ hatten, wird nicht nur die Sprachlichkeit der Erlebnisse selbst deutlich, sondern ebenfalls die Rolle, die der Sprache in der Kommunikation mit dem Leser und der Leserin zukommt. Der im Stil gesprochener Umgangssprache inszenierte Dialog mit dem deutschen Lesepublikum unternimmt es, über den kalkulierten Einsatz auch tabuisierter Wörter Nähe und Fremdheit zugleich herzustellen:

»Ich schreibe [*weiter leben*] für die, die finden, daß ich eine Fremdheit ausstrahle, die unüberwindlich ist? Anders gesagt, ich schreib es für Deutsche. Aber seid ihr das wirklich? Wollt ihr wirklich so sein?

Ihr müßt euch nicht mit mir identifizieren, es ist mir sogar lieber, wenn ihr es nicht tut; und wenn ich euch »artfremd« erscheine, so will ich auch das hinnehmen (aber ungern) und, falls ich euch durch den Gebrauch dieses bösen Wortes geärgert habe, mich dafür entschuldigen.« (S. 141)

Klügers Buch macht deutlich, dass die Autobiographie am Ende des 20. Jahrhunderts jenseits einer Dialektik von Sprache und Leben, Dichtung und Wahrheit zu denken ist. Das als Bedingung ihrer selbst anerkannte Wissen um die Sprachlichkeit *aller* Realität verleiht der sprachlichen Setzung des autobiographischen Ichs eine neue Verbindlichkeit.

Die autofiktionalen Texte der in Deutschland lebenden und schreibenden, aus der Türkei stammenden Autorin **Emine Sevgi Özdamar** (geb. 1946) sind ein weiteres Beispiel dafür, dass das Autobiographische sich nicht mehr an der Unmöglichkeit seiner selbst abzuarbeiten hat und längst zum Medium anderer Diskurse geworden ist. Jenseits allen Betroffenheitspathos, das man sog. ›Migrantenliteratur‹ gerne zuweist, präsentieren sich Özdamars Romane *Das Leben ist eine Karawanserei hat zwei Türen aus einer kam ich rein aus der anderen ging ich raus* (1992) und *Die Brücke vom Goldenen Horn* (1998) sowie *Seltsame Sterne starren zur Erde. Wedding-Pankow 1976/77* als am Lebenslauf der Autorin orientierte, Realistisches und Märchenhaftes, Lakonie und Sprachspiel verbindende Texte, in denen Grenzüberschreitungen zur bestimmenden Figur inszenierter Transkulturalität werden.

IV. Bibliographie

1. Theorie der Autobiographie

Abbott, H. Porter: »Autobiography, Autography, Fiction. Groundwork for a Taxonomy of Textual Categories«. In: *New Literary History* 19 (1987/88) S. 597–615.

Aichinger, Ingrid: »Probleme der Autobiographie als Sprachkunstwerk«. In: Niggl (Hg.): *Die Autobiographie*, S. 170–199 (zuerst 1970).

Barclay, Craig R.: »Schematization of autobiographical memory«. In: Rubin (Hg.): *Autobiographical Memory*, S. 82–99.

Barthes, Roland: »Der Tod des Autors«. In: *Texte zur Theorie der Autorschaft.* Fotis Jannidis/Gerhard Lauer/Matias Martinez/Simone Winke (Hg.). Stuttgart 2000, S. 185–193.

Benesch, Klaus: »Fictions of the Self. Geschichte, Identität und autobiographische Form«. In: *Compar(a)ison* 1 (1994) S. 129–141.

Benstock, Shari (Hg.): *The Private Self. Theory and Practice of Women's Autobiographical Writings.* Chapel Hill/London 1988.

–: »Authorizing the Autobiographical«. In: S.B. (Hg.): *The Private Self,* S. 10–33.

Bergland, Betty: »Reading Photographs and Narratives in Ethnic Autobiography. Memory and Subjectivity in Mary Antin's *The Promised Land*«. In: Singh/Skerrett Jr./Hogan (Hg.): *Memory,* S. 45–88.

–: »Representing Ethnicity in Autobiography. Narratives of Opposition«. In: *Yearbook of English Studies* 24 (1994) S. 67–93.

Berndt, Frauke: *Anamnesis. Studien zur Topik der Erinnerung in der erzählenden Literatur zwischen ›1800‹ und ›1900‹. (Moritz-Keller-Raabe).* Tübingen 1999.

Breuer, Ulrich: *Bekenntnisse. Diskurs – Gattung – Werk.* Frankfurt a.M. u.a. 2000.

Brewer, William F.: »What is autobiographical memory?«. In: Rubin (Hg.): *Autobiographical Memory,* S. 25–49.

Brinker-Gabler, Gisela: »Metamorphosen des Subjekts. Autobiographie, Textualität und Erinnerung«. In: Heuser (Hg.): *Autobiographien von Frauen,* S. 393–404.

Bruss, Elizabeth W.: »Die Autobiographie als literarischer Akt«. In: Niggl (Hg.): *Die Autobiographie,* S. 258–279 (zuerst 1974 u. d. T. »L'autobiographie considérée comme acte littéraire«).

Bruyn, Günter de: *Das erzählte Ich. Über Wahrheit und Dichtung in der Autobiographie.* Frankfurt a.M. 1995.

Chandler, Marilyn R.: *A Healing Art. Regeneration through Autobiography.* New York/London 1990.

Christen, Matthias: *to the end of the line. Zu Formgeschichte und Semantik der Lebensreise.* München 1999.

Cohen, Anthony P.: »Self-conscious anthropology«. In: Okely/Callaway (Hg.): *Anthropology and Autobiography,* S. 221–241.

Cremerius, Johannes: »Die Konstruktion der biographischen Wirklichkeit im analytischen Prozeß«. In: J.C./Wolfram Mauser/Carl Pietzcker/Frederick Wyatt (Hg.): *Freiburger literaturpsychologische Gespräche*. Bd 1. Frankfurt a.M./Bern 1981, S. 15–37.

Cremerius, Johannes/Mauser, Wolfram/Pietzcker, Carl/Wyatt, Frederick (Hg.): *Über sich selber reden. Zur Psychoanalyse autobiographischen Schreibens. Freiburger literaturpsychologische Gespräche*. Bd. 11. Würzburg 1992.

de Man, Paul: »Autobiography as De-facement«. In: *Modern Language Notes* 94/5 (1979) S. 919–930 (dt. u. d. T. »Autobiographie als Maskenspiel«. In: P. d. M.: *Die Ideologie des Ästhetischen*. Christoph Menke [Hg.]. Aus dem Amerikanischen von Jürgen Blasius. Frankfurt a.M. 1993, S. 131–146).

Derrida, Jacques: »Nietzsches Otobiographie oder Politik des Eigennamens«. In: *Fugen. Deutsch-Französisches Jahrbuch für Text-Analytik*. Manfred Frank/ Friedrich A. Kittler/Samuel Weber (Hg.). Olten/Freiburg 1980, S. 64–98.

Dilthey, Wilhelm: »Das Erleben und die Selbstbiographie«. In: W.D.: *Der Aufbau der geschichtlichen Welt in den Geisteswissenschaften*. Einleitung Manfred Riedel. Frankfurt a.M. 1981, S. 235–251 (vgl. auch Niggl [Hg.]: *Die Autobiographie*, S. 21–32).

Eakin, Paul John: *Touching the World. Reference in Autobiography*. Princeton 1992.

Engelhardt, Michael von: »Sprache und Identität. Zur Selbstdarstellung und Selbstsuche im autobiographischen Erzählen«. In: Henning Kößler (Hg.): *Sprache*. Erlangen 1990, S. 65–88.

Feilke, Helmuth/Otto, Ludwig: »Autobiographisches Erzählen«. In: *Praxis Deutsch* 25/152 (1998) S. 15–25.

Finck, Almut: »Subjektbegriff und Autorschaft. Zur Theorie und Geschichte der Autobiographie«. In: Miltos Pechlivanos/Stefan Rieger/Wolfgang Struck/Michael Weitz (Hg.): *Einführung in die Literaturwissenschaft*. Stuttgart/Weimar 1995, S. 283–294 (Finck 1995a).

Folkenflik, Robert (Hg.): *The Culture of Autobiography. Constructions of Self-Representation*. Stanford 1993.

Foucault, Michel: »Was ist ein Autor?« In: M.F.: *Schriften zur Literatur*. Aus dem Französischen von Karin von Hofer. Frankfurt a.M./Berlin/Wien 1979, S. 7–31 (zuerst 1969 u. d. T. »Qu'est-ce qu'un auteur?«).

Gilmore, Leigh: *Autobiographics. A Feminist Theory of Women's Self-Representation*. Ithaca 1994.

Glagau, Hans: *Die moderne Selbstbiographie als historische Quelle*. Marburg 1903 (Ausschnitte u. d. T. »Das romanhafte Element der modernen Selbstbiographie im Urteil des Historikers« In: Niggl [Hg.]: *Die Autobiographie*, S. 55–71).

Goldmann, Stefan: »Leitgedanken zur psychoanalytischen Hermeneutik autobiographischer Texte«. In: *Jahrbuch der Psychoanalyse* 23 (1988) S. 242–260.

–: »Topos und Erinnerung. Rahmenbedingungen der Autobiographie«. In: Hans-Jürgen Schings (Hg.): *Der ganze Mensch. Anthropologie und Literatur im 18. Jahrhundert*. Stuttgart/Weimar 1994, S. 660–675.

Goodman, Katherine R.: »Weibliche Autobiographien«. In: Hiltrud Gnüg/Renate Möhrmann (Hg.): *Frauen Literatur Geschichte. Schreibende Frauen vom Mittelalter bis zur Gegenwart*. Stuttgart ²1999, S. 166–176.

Goodwin, James: *Autobiography. The Self made Text*. New York/Oxford/Toronto 1993.

Grimm, Reinhold/Hermand, Jost (Hg.): *Vom Anderen und vom Selbst. Beiträge zu Fragen der Biographie und Autobiographie*. Königstein/Ts. 1982.

Gusdorf, Georges: »Voraussetzungen und Grenzen der Autobiographie«. In: Niggl (Hg.): *Die Autobiographie*, S. 121–147 (zuerst 1956 u. d. T. »Conditions et limites de l'autobiographie«).

Hahn, Alois/Kapp, Volker (Hg.): *Selbstthematisierung und Selbstzeugnis. Bekenntnis und Geständnis*. Frankfurt a.M. 1987.

Halbwachs, Maurice: *Das kollektive Gedächtnis*. Stuttgart 1967 (zuerst 1950 u. d. T. *La mémoire collective*).

Herman, David: »Autobiography, Allegory, and the Construction of Self«. In: *The British Journal of Aesthetics* 35 (1995) S. 351–361.

Holdenried, Michaela: *Autobiographie*. Stuttgart 2000.

Hornung, Alfred/Ruhe, Ernstpeter (Hg.): *Postcolonialisme et Autobiographie: Albert Memmi, Assia Djebar, Daniel Maximin*. Amsterdam 1998.

Jaeger, Michael: *Autobiographie und Geschichte. Wilhelm Dilthey, Georg Misch, Karl Löwith, Gottfried Benn, Alfred Döblin*. Stuttgart/Weimar 1995.

Jay, Paul L.: »Being in the Text. Autobiography and the Problem of the Subject«. In: *Modern Language Notes* 97 (1982) S. 1045–1063.

Kosta, Barbara: *Recasting Autobiography. Women's Counterfictions in Contemporary German Literature and Film*. Ithaca/London 1994.

Kotre, John: *Weiße Handschuhe. Wie das Gedächtnis Lebensgeschichten schreibt*. München 1996.

Krupat, Arnold: »Native American Autobiography and the Synecdochic Self«. In: A.K.: *Ethnocriticism. Ethnography, History, Literature*. Berkeley/Los Angeles/Oxford 1992, S. 201–231.

Lacan, Jacques: »Das Spiegelstadium als Bildner der Ichfunktion wie sie uns in der psychoanalytischen Erfahrung erscheint. Bericht für den 16. Internationalen Kongreß für Psychoanalyse in Zürich am 17. Juli 1949«. In: J. L.: *Schriften I*. Norbert Haas (Hg.).Weinheim/Berlin 1986, S. 61–70 (zuerst 1949 u. d. T. »Le stade du miroir comme formateur de la fonction de Je, telle qu'elle nous est révélée dans l'expérience psychanalytique«).

–: »Das Drängen des Buchstaben im Unbewußten oder die Vernunft seit Freud«. In: J. L.: *Schriften II*. Norbert Haas (Hg.). Weinheim/Berlin 1986, S. 15–55 (zuerst 1957 u. d. T. »L'instance de la lettre dans l'inconscient ou la raison depuis Freud«).

Lehmann, Jürgen: *Bekennen – Erzählen – Berichten. Studien zu Theorie und Geschichte der Autobiographie*. Tübingen 1988.

Lejeune, Philippe: *Der autobiographische Pakt*. Aus dem Französischen von Wolfram Bayer/Dieter Horning. Frankfurt a.M. 1994 (zuerst 1975 u. d. T. *Le pacte autobiographique*; der titelgebende Essay »Le pacte autobiographique« erstmals 1973; die deutsche Übersetzung in *Der autobiographische Pakt*, S. 13–51, auch in Niggl [Hg.]: *Die Autobiographie*, S. 214–257).

–: »Autobiography in the Third Person«. In: *New Literary History* 9 (1977/78) S. 27–50 (frz. Fassung »L'autobiographie à la troisième personne«. In: P. L., *Je est un autre. L'autobiographie, de la littérature aux médias*. Paris 1980, S. 32–59).

–: »Autobiographie, roman et nom propre«. In: P.L.: *Moi aussi*. Paris 1986, S. 37–72 (zuerst 1984).

–: *Pour l'autobiographie. Chroniques*. Paris 1998.

–: *Les Brouillons de soi*. Paris 1998.

Mallet, Marie-Louise (Hg.): *L'animal autobiographique. Autour de Jacques Derrida*. Paris 1999.

Marcus, Julie: »Racism, terror and the production of Australian auto/biographies«. In: Okely/Callaway (Hg.): *Anthropology and Autobiography*, S. 100–115.

Marquard, Odo/Stierle, Karlheinz (Hg.): *Identität*. Poetik und Hermeneutik VIII. München 1979.

Mason, Mary G.: »The Other Voice. Autobiographies of Women Writers«. In: Olney (Hg.): *Autobiography*, S. 207–235.

Maurois, André: »L'autobiographie«. In: A.M.: *Aspects de la Biographie*. Paris 1930, S. 189–228.

Menke, Bettine: »Verstellt – der Ort der ›Frau‹. Ein Nachwort«. In: Barbara Vinken (Hg.): *Dekonstruktiver Feminismus. Literaturwissenschaft in Amerika.* Frankfurt a.M. 1992, S. 436–476.

Meyer, Eva: *Autobiographie der Schrift.* Frankfurt a.M. 1989.

Miraux, Jean-Philippe: *L'Autobiographie. Écriture de soi et sincérité.* Paris 1996.

Misch, Georg: »Begriff und Ursprung der Autobiographie«. In: G.M.: *Geschichte der Autobiographie.* Bd. 1: *Das Altertum.* I. Hälfte. 3. stark vermehrte Aufl. Bern 1949, S. 3–21 (erweiterte Fassung der Einleitung zur 1907 ersch. Erstausgabe; auch in Niggl [Hg.]: *Die Autobiographie*, S. 33–54).

Müller, Klaus-Detlef: *Autobiographie und Roman. Studien zur literarischen Autobiographie der Goethezeit.* Tübingen 1976.

Nelson, Katherine: »The Psychological and Social Origins of Autobiographical Memory«. In: *Psychological Science* 4/1 (1993) S. 7–15.

–: »Erzählung und Selbst, Mythos und Erinnerung: Die Entwicklung des autobiographischen Gedächtnisses und des kulturellen Selbst«. In: *Bios. Zeitschrift für Biographieforschung und Oral History* 15 (2003), S. 241–263.

Neumann, Bernd: *Identität und Rollenzwang. Zur Theorie der Autobiographie.* Frankfurt a.M. 1970.

Niggl, Günter (Hg.): *Die Autobiographie. Zu Form und Geschichte einer literarischen Gattung.* Darmstadt ²1998.

Okely, Judith/Callaway, Helen (Hg.): *Anthropology and Autobiography.* London 1992.

Okely, Judith: »Anthropology and autobiography: Participatory experience and embodied knowledge«. In: Okely/Callaway (Hg.): *Anthropology and Autobiography.* London 1992, S. 1–28.

Olney, James (Hg.): *Autobiography. Essays Theoretical and Critical.* Princeton 1980.

–: »Autobiography and the Cultural Moment. A Thematic, Historical, and Bibliographical Introduction«. In: Olney (Hg.): *Autobiography*, S. 3–27.

Oppel, Horst: »Vom Wesen der Autobiographie«. In: *Helicon. Revue internationale des problèmes généraux de la littérature* 4 (1942) S. 41–53.

Padilla, Genaro M.: »Rediscovering Nineteenth-Century Mexican-American Autobiography«. In: Singh/Skerrett, Jr./Hogan (Hg.): *Memory, Narrative, and Identity*, S. 305–331.

Pascal, Roy: *Die Autobiographie. Gehalt und Gestalt.* Übersetzung aus dem Englischen M. Schaible, überarb. Kurt Wölfel. Stuttgart/Berlin/Köln/Mainz 1965 (Originalausgabe 1960 u. d. T. *Design and Truth in Autobiography*).

–: »Die Autobiographie als Kunstform«. In: Niggl (Hg.): *Die Autobiographie*, S. 148–157 (zuerst 1959 u. d. T.: »Autobiography as an Art Form«).

Pike, Burton: »Time in Autobiography«. In: *Comparative Literature* 28 (1976) S. 326–342.

Renza, Louis A.: »The Veto of the Imagination. A Theory of Autobiography«. In: *New Literary History* 9 (1977/78) S. 1–25.

Ricklefs, Ulfert: »Leben und Schrift. Autobiographische und biographische Diskurse. Ihre Intertextualität in Literatur und Literaturwissenschaft«. In: *Editio* 9 (1996) S. 37–62.

Riedel, Christoph: *Subjekt und Individuum. Zur Geschichte des philosophischen Ich-Begriffes.* Darmstadt 1989.

Robinson, John A.: »Autobiographical memory: a historical prologue«. In: Rubin (Hg.): *Autobiographical Memory*, S. 19–24.

Rosello, Mireille: »›Votre plus émouvant souvenir d'enfance‹ Autobiographie et fascination«. In: Hornung/Ruhe (Hg.): *Postcolonialisme et Autobiographie*, S. 225–237.

Rosenblatt, Roger: »Black Autobiography. Life as the Death Weapon«. In: Olney (Hg.): *Autobiography*, S. 169–180.

Rubin, David C. (Hg.): *Autobiographical Memory.* Cambridge/New York/Melbourne 1986.

Sayre, Robert F.: »Autobiography and the Making of America«. In: Olney (Hg.): *Autobiography*, S. 146–168.

Scheffer, Bernd: *Interpretation und Lebensroman. Zu einer konstruktivistischen Literaturtheorie.* Frankfurt a.M. 1992 (insbes. das Kapitel 3.4 »Das fortlaufende Ende der literarischen Autobiographie«, S. 245–266).

Schneider, Manfred: *Die erkaltete Herzensschrift. Der autobiographische Text im 20. Jahrhundert.* München/Wien 1986.

–: »Das Geschenk der Lebensgeschichte: die Norm. Der autobiographische Text/ Test um Neunzehnhundert«. In: Michael Wetzel/Jean-Michel Rabaté (Hg.): *Ethik der Gabe. Denken nach Jacques Derrida.* Berlin 1993, S. 249–265.

Segebrecht, Wulf: »Über Anfänge von Autobiographien und ihre Leser«. In: Niggl (Hg.): *Die Autobiographie*, S. 158–169 (zuerst 1969).

Shumaker, Wayne: *English Autobiography: Its Emergence, Materials, and Form.* Berkeley/Los Angeles 1954 (Kap. V »Shape and Texture«, S. 101–141, S. 232–234, auch in Niggl [Hg.]: *Die Autobiographie* u. d. T. »Die englische Autobiographie. Gestalt und Aufbau«, S. 75–120).

Sill, Oliver: *Zerbrochene Spiegel. Studien zur Theorie und Praxis modernen autobiographischen Erzählens.* Berlin/New York 1991.

Simon, Ralf: »Autobiographie als elementare Hermeneutik«. In: *Jahrbuch der Jean-Paul-Gesellschaft* 29 (1994) S. 111–129.

Singh, Amritjit/Skerrett, Joseph T., Jr./Hogan, Robert E. (Hg.): *Memory, Narrative, and Identity. New Essays in Ethnic American Literatures.* Boston 1994.

Sloterdijk, Peter: *Literatur und Organisation von Lebenserfahrung. Autobiographien der Zwanziger Jahre.* München 1978.

Smith, Robert: *Derrida and autobiography.* Cambridge/New York/Melbourne 1995.

Smith, Sidonie: *A Poetics of Women's Autobiography. Marginality and the Fictions of Self-Representation.* Bloomington/Indianapolis 1987.

Smith, Sidonie/Watson, Julia (Hg.): *De/Colonizing the Subject. The Politics of Gender in Women's Autobiography.* Minneapolis 1992.

Stanford Friedman, Susan: »Women's Autobiographical Selves. Theory and Practice«. In: Benstock (Hg.): *The Private Self*, S. 34–62.

Starobinski, Jean: »Der Stil der Autobiographie«. In: Niggl (Hg.): *Die Autobiographie*, S. 200–213 (zuerst 1970 u. d. T. »Le style de l'autobiographie«).

Sturrock, John: *The Language of Autobiography. Studies in the First Person Singular.* Cambridge 1993.

Tatlock, Lynne: »Ab ovo: Reconceiving the Masculinity of the Autobiographical Subject«. In: L.T. (Hg.): *The Graph of Sex and the German Text. Gendered Culture in Early Modern Germany 1500–1700. Chloe. Beihefte zum Daphnis* Bd. 19. Amsterdam/Atlanta 1994, S. 383–412.

Waltz, Matthias: »Zur Topologie und ›Grammatik‹ der Abbildung des Lebens in der Autobiographie«. In: *DVjs* 63 (1989) S. 201–218.

Weigel, Sigrid: »Der schielende Blick. Thesen zur Geschichte weiblicher Schreibpraxis«. In: S. W./Inge Stephan (Hg.): *Die verborgene Frau*, Berlin 1983, S. 83–137.

Welzer, Harald: »Was ist das autobiographische Gedächtnis und wie entsteht es?« In: *Bios. Zeitschrift für Biographieforschung und Oral History* 15 (2003), S. 167–186.

Winter, Helmut: *Der Aussagewert von Selbstbiographien. Zum Status autobiographischer Urteile*. Heidelberg 1985.

Wuthenow, Ralph-Rainer: »Autobiographie, autobiographisches Schrifttum«. In: Gert Ueding (Hg.): *Historisches Wörterbuch der Rhetorik*. Bd. 1. Tübingen 1992, S. 1267–1276.

Zeller, Eva: *Die Autobiographie. Selbsterkenntnis – Selbstentblößung*. Stuttgart 1995.

2. Geschichte der Autobiographie

2.1 allgemein

Benstock, Shari (Hg.): *The Private Self. Theory and Practice of Women's Autobiographical Writings*. Chapel Hill/London 1988.

Doubrovsky, Serge: *Autobiographiques. De Corneille à Sartre*. Paris 1988.

Eakin, Paul John (Hg.): *American Autobiography. Retrospect and Prospect*. Madison 1991.

Folkenflik, Robert (Hg.): *The Culture of Autobiography. Constructions of Self-Representation*. Stanford 1993.

Grimm, Reinhold/Hermand, Jost (Hg.): *Vom Anderen und vom Selbst. Beiträge zu Fragen der Biographie und Autobiographie*. Königstein/Ts. 1982.

Heuser, Magdalene (Hg.): *Autobiographien von Frauen. Beiträge zu ihrer Geschichte*. Tübingen 1996.

Hilmes, Carola: *Das inventarische und das inventorische Ich. Grenzfälle des Autobiographischen*. Heidelberg 2000.

Holdenried, Michaela (Hg.): *Geschriebenes Leben. Autobiographik von Frauen*. Berlin 1995.

Holdenried, Michaela: *Autobiographie*. Stuttgart 2000.

Hornung, Alfred (Hg.): *Autobiography and Democracy in America*. Themenheft der *Amerikastudien/American Studies (Amst). Eine Vierteljahresschrift* 35/3 (1990).

Jessen, Jens: *Bibliographie der Autobiographien*. 4 Bde. München/New Providence/London/Paris 1987–1995.

Lecarme, Jacques/Lecarme-Tabone, Elaine: *L'Autobiographie*. Paris 1997.

Lejeune, Philippe: *L'Autobiographie en France*. Paris 1971.

Mahrholz, Werner: *Deutsche Selbstbekenntnisse. Ein Beitrag zur Geschichte der Selbstbiographie von der Mystik bis zum Pietismus.* Berlin 1919.

Misch, Georg: *Geschichte der Autobiographie.* 1. Bd.: *Das Altertum.* 3. stark vermehrte Auflage. I. Hälfte. Bern 1949; II. Hälfte. Bern 1950 (zuerst Leipzig und Berlin 1907). 2. Bd.: *Das Mittelalter.* 2. Auflage. I. Teil: *Die Frühzeit.* I. Hälfte. Frankfurt a.M. 1969; II. Hälfte. Frankfurt a.M. 1970 (zuerst Frankfurt a.M. 1955). 3. Bd.: *Das Mittelalter. Das Hochmittelalter im Anfang.* I. Hälfte. Frankfurt a.M. 1959; II. Hälfte. Frankfurt a.M. 1962. 4. Bd.: 1. Hälfte: *Das Mittelalter. Das Hochmittelalter in der Vollendung.* Leo Delfoss (Hg.). Frankfurt a.M. 1967; 2. Hälfte: *Von der Renaissance bis zu den autobiographischen Hauptwerken des 18. und 19. Jahrhunderts.* Bernd Neumann (Bearb.). Frankfurt a.M. 1969.

Niggl, Günter (Hg.): *Die Autobiographie. Zu Form und Geschichte einer literarischen Gattung.* Darmstadt ²1998.

Pascal, Roy: *Die Autobiographie. Gehalt und Gestalt.* Übersetzung aus dem Englischen M. Schaible, überarb. Kurt Wölfel. Stuttgart/Berlin/Köln/Mainz 1965 (Originalausgabe 1960 u. d. T. *Design and Truth in Autobiography*).

Pfotenhauer, Helmut: *Literarische Anthropologie. Selbstbiographien und ihre Geschichte – am Leitfaden des Leibes.* Stuttgart 1987.

Sagarra, Eda: »Quellenbibliographie autobiographischer Schriften von Frauen im deutschen Kulturraum 1730–1918«. In: *Internationales Archiv für Sozialgeschichte der Literatur (IASL)* 11 (1986) S. 175–213.

Shumaker, Wayne: *English Autobiography: Its Emergence, Materials and Form.* Berkeley/Los Angeles 1954.

Schulze, Winfried (Hg.): *Ego-Dokumente. Annäherung an den Menschen in der Geschichte.* Berlin 1996.

Sparn, Walter (Hg.): *Wer schreibt meine Lebensgeschichte? Biographie, Autobiographie, Hagiographie und ihre Entstehungszusammenhänge.* Gütersloh 1990.

2.2 Antike

Assmann, Jan: »Sepulkrale Selbstthematisierung im Alten Ägypten«. In: Hahn/Kapp (Hg.): *Selbstthematisierung und Selbstzeugnis*, S. 208–232.

Courcelle, Pierre: *Les Confessions de Saint Augustin dans la tradition littéraire. Antécédents et Postérité.* Paris 1963.

–: *Recherches sur les Confessions de Saint Augustin.* Nouvelle édition augmentée et illustrée. Paris 1968.

Ferretti, Silvia: »Zur Ontologie der Erinnerung in Augustinus' *Confessiones*«. In: Aleida Assmann/Dietrich Harth (Hg.): *Mnemosyne. Formen und Funktionen der kulturellen Erinnerung.* Frankfurt a.M. 1991, S. 356- 362.

Fuhrmann, Manfred: »Persona, ein römischer Rollenbegriff«. In: Marquard/Stierle (Hg.): *Identität*, S. 83–106.

–: »Rechtfertigung durch Identität – Über eine Wurzel des Autobiographischen«. In: Marquard/Stierle (Hg.): *Identität*, S. 685–690.

O'Daly, Gerard: »Remembering and Forgetting in Augustine, *Confessiones* X«. In: Anselm Haverkamp/Renate Lachmann (Hg.): *Memoria. Vergessen und Erinnern.* München 1993, S. 31–46.

Sonnabend, Holger: Geschichte der antiken Biographie. Von Isokrates bis zur Historia Augusta. Stuttgart 2002.

Vance, Eugene: »Augustine's *Confessions* and the Grammar of Selfhood«. In: *Genre* 6 (1973) S. 1–28.

2.3 Mittelalter

Anderson, Elizabeth/Haustein, Jens/Simon, Anne/Strohschneider, Peter (Hg.): *Autor und Autorschaft im Mittelalter. Kolloquium Meißen 1995.* Tübingen 1998.

Die Autobiographie im Mittelalter. Autobiographie et références autobiographiques au Moyen Age. Actes du colloque du Centre d'Études médiévales de l'Université de Picardie Jules Verne. 30 mars au 1 avril 1995. Greifswald 1995.

Graevenitz, Gerhart v.: »Differenzierung der Differenz. Grundlagen der Autobiographie in Abaelards und Héloises Briefen«. In: Johannes Janota u.a. (Hg.): *Festschrift Walter Haug und Burghart Wachinger.* 2 Bde., Tübingen 1992, Bd. 1, S. 25–45.

Greenspan, Kate: »Autohagiography and Medieval Women's Spiritual Autobiography«. In: Jane Chance (Hg.): *Gender and Text in the Later Middle Ages.* Gainesville 1996, S. 216–236.

Hartmann, Sieglinde: *Altersdichtung und Selbstdarstellung bei Oswald von Wolkenstein.* Göppingen 1980.

Haubrichs, Wolfgang: »Die Epiphanie der Person. Zum Spiel mit Biographiefragmenten in mitteldeutscher Lyrik des 12. und 13. Jahrhunderts«. In: Anderson/Haustein/Simon/Strohschneider (Hg.): *Autor und Autorschaft im Mittelalter,* S. 129–147.

Kiening, Christian: »Der Autor als ›Leibeigener‹ der Dame – oder des Textes? Das Erzählsubjekt und sein Körper im ›Frauendienst‹ Ulrichs von Liechtenstein«. In: Anderson/Haustein/Simon/Strohschneider (Hg.): *Autor und Autorschaft im Mittelalter,* S. 211–238.

Kühn, Dieter: *Ich Wolkenstein. Eine Biographie.* Neue, erweiterte Ausgabe. Frankfurt a.M. 1980.

Lehmann, Paul: »Autobiographien des lateinischen Mittelalters«. In: Niggl (Hg.): *Die Autobiographie,* S. 283–296 (zuerst 1953).

Mertens, Volker: »Liebesdichtung und Dichterliebe. Ulrich von Liechtenstein und Johannes Hadloub«. In: Anderson/Haustein/Simon/Strohschneider (Hg.): *Autor und Autorschaft im Mittelalter,* S. 200–210.

Müller, Ulrich: »Thesen zu einer Geschichte der Autobiographie im deutschen Mittelalter«. In: Niggl (Hg.): *Die Autobiographie,* S. 297–320 (zuerst 1977).

Peters, Ursula: *Religiöse Erfahrung als literarisches Faktum. Zur Vorgeschichte und Genese frauenmystischer Texte des 13. und 14. Jahrhunderts.* Tübingen 1988.

Rein, Adolf: »Über die Entwicklung der Selbstbiographie im ausgehenden deutschen Mittelalter«. In: Niggl (Hg.): *Die Autobiographie,* S. 321–342 (zuerst 1919).

Ruh, Kurt u.a. (Hg.): *Die deutsche Literatur des Mittelalters. Verfasserlexikon.* 2., völlig neu bearb. Aufl., 10 Bde., Berlin/New York 1978ff.

Stammler, Wolfgang (Hg.): *Deutsche Literatur des Mittelalters. Verfasserlexikon.* 5 Bde., Berlin 1933ff.

Wenzel, Horst (Hg.): *Die Autobiographie des späten Mittelalters und der frühen Neuzeit.* München 1980.

Zimmermann, T.C. Price: »Bekenntnis und Autobiographie in der frühen Renaissance«. In: Niggl (Hg.): *Die Autobiographie*, S. 343–366 (zuerst 1971).

Zumthor, Paul: »Autobiography in the middle ages?« In: *Genre* 6 (1973) S. 29–48.

2.4 Frühe Neuzeit

Beriger, Andreas: »Die Wegmetapher in den Autobiographien von Johannes Butzbach und Ignatius von Loyola«. In: Paul Michel (Hg.): *Symbolik von Weg und Reise*. Bern/Berlin/Frankfurt a.M./New York/Paris/Wien 1992, S. 57–81.

Burckhardt, Jacob: *Die Kultur der Renaissance in Italien. Ein Versuch*. 2 Bde., Leipzig 1904.

Graevenitz, Gerhart v.: *Das Ich am Rande. Zur Topik der Selbstdarstellung bei Dürer, Montaigne und Goethe*. Konstanz 1989.

Kästner, Hannes: »Die Autobiographie Melchior Schedels (1516–1571) aus Nürnberg«. In: Hans-Gert Roloff (Hg.): *Editionsdesiderate zur Frühen Neuzeit. Beiträge zur Tagung der Kommission für die Edition von Texten der Frühen Neuzeit*. Bd. 2. Amsterdam 1997, S. 955–1003.

Pafenberg, Stephanie B.: »Subjektivität und Skepsis in deutschen Schriften der frühen Neuzeit: Privatchronik und Autobiographie«. In: Alexander Schwarz/ Laure Abplanalp (Hg.): *Text im Kontext. Anleitung zur Lektüre deutscher Texte der frühen Neuzeit*. Bern 1997, S. 185–200.

Velten, Hans Rudolf: *Das selbst geschriebene Leben. Eine Studie zur deutschen Autobiographie im 16. Jahrhundert*. Heidelberg 1995.

Wenzel, Horst (Hg.): *Die Autobiographie des späten Mittelalters und der frühen Neuzeit*. München 1980.

Zimmermann, T.C. Price: »Bekenntnis und Autobiographie in der frühen Renaissance«. In: Niggl (Hg.): *Die Autobiographie*, S. 343–366.

2.5 17./18. Jahrhundert

Battistini, Andrea: »Das unvollendete Gewebe. Die zerrissenen Fäden der Autobiographie«. In: Bernd Bräutigam/Burghard Damerau (Hg.): *Offene Formen. Beiträge zur Literatur, Philosophie und Wissenschaft im 18. Jahrhundert*. Frankfurt a.M. 1997, S. 71–91.

Becker-Cantarino, Barbara: »Pietismus und Autobiographie. Das ›Leben‹ der Johanna Eleonora Petersen (1644–1724)«. In: James Hardin/Jörg Jungmayr (Hg.): *»Der Buchstab tödt – der Geist macht lebendig«. Festschrift zum 60. Geburtstag von Hans-Gert Roloff*. 2 Bde., Bern/Berlin/Frankfurt a.M./New York/ Paris/Wien 1992, S. 917–936.

Bernheiden, Inge: *Individualität im 17. Jahrhundert. Studien zum autobiographischen Schrifttum*. Frankfurt a.M./Bern/New York/Paris 1988.

Critchfield, Richard: »Prophetin, Führerin, Organisatorin: Zur Rolle der Frau im Pietismus«. In: Barbara Becker-Cantarino (Hg.): *Die Frau von der Reformation zur Romantik*. Bonn 1985, S. 112–137.

Esselborn, Hans: »Der gespaltene Autor. ›Anton Reiser‹ zwischen autobiographischem Roman und psychologischer Fallgeschichte«. In: *Recherches Germaniques* 25 (1995) S. 69–90.

–: »Erschriebene Individualität und Karriere in der Autobiographie des 18. Jahrhunderts«. In: *Wirkendes Wort* 46 (1996) S. 193–210.

Études Germaniques 50 (1995): *Karl Philipp Moritz et l'autobiographie.*

Fohrmann, Jürgen (Hg.): *Lebensläufe um 1800.* Tübingen 1998.

Galle, Roland: »Sozialpsychologische Überlegungen zu Rousseaus Autobiographie«. In: Cremerius/Mauser/Pietzcker/Wyatt (Hg.): *Freiburger literaturpsychologische Gespräche.* Bd. 1, S. 39–61.

Graevenitz, Gerhart v.: »Innerlichkeit und Öffentlichkeit. Aspekte deutscher ›bürgerlicher‹ Literatur im frühen 18. Jahrhundert«. In: *DVjs* 49 (1975): Sonderheft 18. Jahrhundert, S. 1–82.

Groppe, Sabine: *Das Ich am Ende des Schreibens. Autobiographisches Erzählen im 18. und frühen 19. Jahrhundert.* Würzburg 1990.

Heuser, Magdalene/Ortrun Niethammer/Marion Roitzheim-Eisfeld/Petra Walbusch (Hg.): *»Ich wünschte so gar gelehrt zu werden«. Drei Autobiographien von Frauen des 18. Jahrhunderts.* Göttingen 1994.

Hutch, Richard A.: *The Meaning of Lives. Biography, Autobiography, and the Spiritual Quest.* London/Washington 1997.

Koch, Manfred: »›Signe mémoratif‹ und Erinnerungsort. Rousseau, *Confessions* – Moritz, *Anton Reiser*«. In: M.K.: *»Mnemotechnik des Schönen«. Studien zur poetischen Erinnerung in Romantik und Symbolismus.* Tübingen 1988, S. 29–54.

Konersmann, Ralf: »Zeichensprache. Wahrheit und Wahrhaftigkeit bei Rousseau«. In: *DVjs* 66 (1992) S. 225–252.

Kormann, Eva: »Gattung, Geschlecht und gesellschaftliche Konstruktion. Das Beispiel der Autobiographik des 17. Jahrhunderts«. In: *Jahrbuch für Internationale Germanistik,* Reihe A 62 (2003) S. 87–92.

–: *Ich, Welt und Gott. Autobiographik im 17. Jahrhundert.* Köln, Weimar, Wien 2004.

Kuhn, Bernhard: »Natural History and the History of the Self. Botany, Geology, and Autobiography in the Works of Goethe and Rousseau«. In: *Colloquium Helveticum* 25 (1997/98) S. 41–62.

Lehmann, Jürgen: *Bekennen – Erzählen – Berichten. Studien zu Theorie und Geschichte der Autobiographie.* Tübingen 1988.

Miething, Christoph: »Rousseau und das anthropologische Zeitalter.« In: *Allgemeine Zeitschrift für Philosophie* 16/3 (1991) S. 25–46.

Moser, Christian: »Der ›Traum der schreibenden Person von ihr selbst‹. Autobiographie und Subjektkonzeption bei Johann Gottfried Herder«. In: *Herder-Jahrbuch* (1996) S. 37–56.

Müller, Klaus-Detlef: *Autobiographie und Roman. Studien zur literarischen Autobiographie der Goethezeit.* Tübingen 1976.

Niggl, Günter: *Geschichte der deutschen Autobiographie im 18. Jahrhundert. Theoretische Grundlegung und literarische Entfaltung.* Stuttgart 1977.

–: »Zur Säkularisation der pietistischen Autobiographie im 18. Jahrhundert«. In: Niggl (Hg.): *Die Autobiographie,* S. 367–391 (zuerst 1974).

Nübel, Birgit: *Autobiographische Kommunikationsmedien um 1800. Studien zu Rousseau, Wieland, Herder und Moritz.* Tübingen 1994.

Nussbaum, Felicity A.: *The Autobiographical Subject. Gender and Ideology in Eighteenth-Century England.* Baltimore/London 1989.

Paul, Jean-Marie: »Karl Philipp Moritz: Autobiographie et paradigmes anthropologiques«. In: J.-M. P. (Hg.): *Images de l'Homme dans le roman de formation ou Bildungsroman.* Nancy 1995, S. 117–141.

Pfotenhauer, Helmut: »›Des ganzen Lebens anschauliches Bild‹. Autobiographik und Symbol bei Karl Philipp Moritz«. In: *Jahrbuch des Wiener Goethe-Vereins* 86/87/88 (1984) S. 325–337.

Rippl, Gabriele: *Lebenstexte. Literarische Selbststilisierungen englischer Frauen in der frühen Neuzeit.* München 1998.

Schindler, Stephan K.: »›Selbstbeschmutzung‹: Der Gelehrte und sein Leib/Körper in Adam Bernds *Eigene Lebens-Beschreibung* (1738)«. In: Gerhild Scholz Williams/Stephan K. Schindler (Hg.): *Knowledge, Science and Literature in Early Modern Germany.* Chapel Hill 1996, S. 285–303.

Stüssel, Karin: *Poetische Ausbildung und dichterisches Handeln. Poetik und autobiographisches Schreiben im 18. und beginnenden 19. Jahrhundert.* Tübingen 1993.

Vance, Christie: »Rousseau's autobiographical venture: a process of negation«. In: *Genre* 6 (1973) 98–113.

Vanoosthuyse, Michel: »Une écriture de la mémoire: Anton Reiser, de Moritz«. In: *Cahiers d'études Germaniques* 29 (1995) 19–27.

Vollers-Sauer, Elisabeth: *Prosa des Lebensweges. Literarische Konfigurationen selbstbiographischen Erzählens am Ende des 18. und 19. Jahrhunderts.* Stuttgart/Weimar 1993.

Voßkamp, Wilhelm: »Poetik der Beobachtung. Karl Philipp Moritz' ›Anton Reiser‹ zwischen Autobiographie und Bildungsroman«. In: *Études germaniques* 51 (1996) S. 471–480.

Wade, Mara: »Enlightenment Self-Fashioning in the German Vernacular. Salomon Maimon's Autobiography«. In: *Lessing Yearbook* 29 (1997/98) S. 175–198.

Wagner-Egelhaaf, Martina: »Melancholischer Diskurs und literaler Selbstmord. Der Fall Adam Bernd«. In: Gabriela Signori (Hg.): *Trauer, Verzweiflung und Anfechtung. Selbstmord und Selbstmordversuche in mittelalterlichen und frühneuzeitlichen Gesellschaften.* Tübingen 1994, S. 282–310.

Weiß, Christoph: »Quellen- und Forschungsbibliographie zur deutschsprachigen Autobiographie im 18. Jahrhundert (1974–1984)«. In: *Das Achtzehnte Jahrhundert* 11 (1987) S. 45–62.

Wiethölter, Waltraud: »›Dieses Hokuspokus-Leben‹ oder Jean Pauls *Konjektural-Biographie.* Zur Geschichte der ›anderen‹ Autogriographie«. In: Werner Frick u.a. (Hg.): *Aufklärungen. Festschrift für Klaus-Detlef Müller zum 65. Geburtstag,* Tübingen 2003, S. 211–229.

Wuthenow, Ralph-Rainer: *Das erinnerte Ich. Europäische Autobiographie und Selbstdarstellung im 18. Jahrhundert.* München 1974.

2.6 19. Jahrhundert

Amann, Klaus/Wagner, Karl (Hg.): *Autobiographien in der österreichischen Literatur. Von Franz Grillparzer bis Thomas Bernhard.* Innsbruck/Wien 1998.

Berndt, Frauke: *Anamnesis. Studien zur Topik der Erinnerung in der erzählenden Literatur zwischen 1800 und 1900 (Moritz-Keller-Raabe).* Tübingen 1999.

Boyle, Nicholas: »Geschichtsschreibung und Autobiographik bei Goethe (1810–1817)«. In: *Goethe- Jahrbuch* 110 (1993/94) S. 135–145.

Bürger, Christa: *Leben Schreiben. Bettina von Arnim, Charlotte von Kalb, Sophie Mereau, Caroline Schlegel, Johanna Schopenhauer, Rahel Varnhagen.* Stuttgart

1990 (2001 neu erschienen u.d.T. *Leben Schreiben. Die Klassik, die Romantik und der Ort der Frauen.* Königstein/Ts.).

Clarke Fraser, Catherine: *The Autobiographies of Ludwig Richter, Ernst Rietschel and Wilhelm von Kügelgen. Fictionalization and Adoption of Goethes Narrative Techniques.* Ann Arbor 1984.

Craemer-Schroeder, Susanne: *Deklination des Autobiographischen. Goethe, Stendhal, Kierkegaard.* Berlin 1993.

Freud, Sigmund: »Eine Kindheitserinnerung aus *Dichtung und Wahrheit*«. In: S.F.: *Studienausgabe.* Alexander Mitscherlich u.a. (Hg.). Bd. 10: *Bildende Kunst und Literatur.* Frankfurt a.M. 1982, S. 255–266.

Goldmann, Stefan: *Christoph Wilhelm Hufeland im Goethekreis. Eine psychoanalytische Studie zur Autobiographie und ihrer Topik.* Stuttgart 1993.

Golz, Jochen: »Geschichtliche Welt und gedeutetes Ich in Goethes Autobiographik«. In: *Goethe-Jahrbuch* 114 (1997/98) S. 89–100.

Goodman, Katherine: *Dis/Closures. Women's Autobiography in Germany between 1790 and 1914.* New York/Bern/Frankfurt a.M. 1986.

Graevenitz, Gerhart v.: *Das Ich am Rande. Zur Topik der Selbstdarstellung bei Dürer, Montaigne und Goethe.* Konstanz 1989.

Groppe, Sabine: *Das Ich am Ende des Schreibens. Autobiographisches Erzählen im 18. und frühen 19. Jahrhundert.* Würzburg 1990.

Held, Gerd: »Das gewendete Selbst. Autobiographie und katoptrische Poetik bei Jean Paul«. In: Friedrich Friedl/Carola Hilmes/Dietrich Mathy (Hg.): *dies & daß: wie Sprache die vielfältigsten Gesichter macht.* Offenbach 1995, S. 106–121.

Knauer, Bettina: »Kombinatorik, Digression und Inszenierung als Schreibweisen vom Ich. Jean Pauls und Joseph von Eichendorffs autobiographische Entwürfe«. In: *Jahrbuch des Freien Deutschen Hochstifts* (1997) S. 187–205.

Kuhn, Bernhard: »Natural History and the History of the Self. Botany, Geology, and Autobiography in the Works of Goethe and Rousseau«. In: *Colloquium Helveticum* 25 (1997/98) S. 41–62.

Lehmann, Jürgen: *Bekennen – Erzählen – Berichten. Studien zu Theorie und Geschichte der Autobiographie.* Tübingen 1988.

Lenthe, Hermann: *Studien zu den Autobiographien L. E. Grimms, W. v. Kügelgens, L. Richters und F. Warmanns.* Diss Freiburg i. Br. 1953.

Liebrand, Claudia: »Tod und Autobiographie. Fontanes ›Meine Kinderjahre‹ und Canettis ›Die gerettete Zunge‹«. *Hofmannsthal-Jahrbuch* 2 (1994) S. 287–307.

Machann, Clinton: *The Genre of Autobiography in Victorian Literature.* Ann Arbor 1994.

Müller, Klaus-Detlef: *Autobiographie und Roman. Studien zur literarischen Autobiographie der Goethezeit.* Tübingen 1976.

Oesterle, Günter: »Die Grablegung des Selbst im Andern und die Rettung des Selbst im Anonymen. Zum Wechselverhältnis von Biographie und Autobiographie in der zweiten Hälfte des 19. Jahrhunderts am Beispiel von Friedrich Theodor Vischers *Auch einer*«. In: Grimm/Hermand (Hg.): *Vom Anderen und vom Selbst,* S. 45–70.

Remak, Henry H.H.: »Autobiography or Fiction? Johann Wolfgang and Johann Caspar Goethe's ›Schöne Mailänderinnen‹ and the ›Frankfurter Gretchen‹ as Novellas«. In: H.H. H.R.: *Structural Elements of the German Novella from Goethe to Thomas Mann.* New York/Bern/Paris/Wien 1996, S. 57–101.

Rupp, Gerhard: »Kindheit in Preußen. Fontanes ›Meine Kinderjahre‹«. In: *Deutschunterricht* 47 (1994) S. 562–572.

Satonski, Dimitri: »Die Entwicklungsidee in Goethes ›Dichtung und Wahrheit‹«. In: *Goethe-Jahrbuch* 99 (1982) S. 105–116.

Sautermeister, Gert: »Erinnerungsarbeit in Kellers Bildungsroman *Der grüne Heinrich*«. In: *Cahiers d'études Germaniques* 29 (1995) S. 75–82.

Schnur, Harald: »Identität und autobiographische Darstellung in Goethes ›Dichtung und Wahrheit‹«. In: *Jahrbuch des Freien Deutschen Hochstifts* 1990, S. 28–93.

Seitz, Erwin: *Talent und Geschichte. Goethe in seiner Autobiographie.* Stuttgart 1996.

Stelzig, Eugene: »Rousseau, Goethe, Wordsworth and the classic moment of romantic autobiography«. In: *Neohelicon* 18 (1991) S. 249–271.

Stern, Martin: »›Wie kann man sich selbst kennen lernen?‹ Gedanken zu Goethes Autobiographie«. In: *Goethe-Jahrbuch* 101 (1984) S. 269–281.

Stüssel, Karin: *Poetische Ausbildung und dichterisches Handeln. Poetik und autobiographisches Schreiben im 18. und beginnenden 19. Jahrhundert.* Tübingen 1993.

Vollers-Sauer, Elisabeth: *Prosa des Lebensweges. Literarische Konfigurationen selbstbiographischen Erzählens am Ende des 18. und 19. Jahrhunderts.* Stuttgart/Weimar 1993.

Witte, Bernd: »Autobiographie als Poetik. Zur Kunstgestalt von Goethes ›Dichtung und Wahrheit‹«. In: *Neue Rundschau* 89 (1978) S. 384–401.

2.7 20. Jahrhundert

Amann, Klaus/Wagner, Karl (Hg.): *Autobiographien in der österreichischen Literatur. Von Franz Grillparzer bis Thomas Bernhard.* Innsbruck/Wien 1998.

Ashley, Kathleen/Leigh Gilmore/Gerald Peters (Hg.): *Autobiography & Postmodernism.* Amherst 1994.

Aurenche, Emmanuelle: *La mémoire coupable. Les écrivains de langue allemande des années 70–80 et le passé nazi.* Bern/Berlin/Frankfurt a.M./New York/Paris/Wien 1994.

Bollacher, Martin: »›[...] das Weitertragen des Gelesenen‹. Lesen und Schreiben in Canettis Autobiographie«. In: Gerhard Neumann (Hg.): *Canetti als Leser.* Freiburg i.Br. 1996, S. 33–48.

Breslin, James E.: »Gertrude Stein and the Problems of Autobiography«. In: Estrelle C. Jelinek (Hg.): *Women's Autobiography. Essays in Criticism.* London 1980, S. 149–162.

Britten, Uwe: »Die ›Kellerasseln‹ treten ans Licht. Zur Autobiographie der achtziger Jahre«. In: *Weimarer Beiträge* 38 (1992) S. 448–459.

Bugmann, Urs: *Bewältigungsversuch. Thomas Bernhards autobiographische Schriften.* Bern/Frankfurt a.M./Las Vegas 1981.

Büsser, Gudrun: *Autobiographie im Frankreich des zwanzigsten Jahrhunderts. Konvergenzen und Divergenzen.* Wien 1996.

Darby, David: »A literary life. The textuality of Elias Canetti's autobiography«. In: *Modern Austrian Literature* 25 (1992) S. 37–49.

Deußen, Christiane: *Erinnerung als Rechtfertigung. Autobiographien nach 1945. Gottfried Benn, Hans Carossa, Arnold Bronnen.* Tübingen 1987.

Drügh, Heinz J.: »Allegorische Autobiographie«. In: H. D.: *Anders-Rede. Zur Struktur und historischen Systematik des Allegorischen,* Freiburg i.B. 2000, S. 346–376 (zu Walter Benjamin).

Eigler, Friederike: *Das autobiographische Werk von Elias Canetti.* Tübingen 1988.

Exilforschung. Ein Internationales Jahrbuch. Bd. 2 (1984): *Erinnerungen ans Exil. Kritische Lektüre der Autobiographien nach 1933 und andere Themen.*

Fell, Christa: »Lenkas Traum: Nachdenken über Christa W.«. In: Friedrich Gaede/Patrick O'Neill/Ulrich Scheck (Hg.): *Hinter dem Schwarzen Vorhang. Festschrift für Anthony B. Riley.* Tübingen/Basel 1994, S. 243–253.

Finck, Almut: »Subjektivität und Geschichte in der Postmoderne. Christa Wolfs *Kindheitsmuster*«. In: Holdenried (Hg.): *Geschriebenes Leben,* S. 311–323 (Finck 1995b).

–: *Autobiographisches Schreiben nach dem Ende der Autobiographie.* Berlin 1999.

Frieden, Sandra: *Autobiography: Self Into Form. German-Language Autobiographical Writings of the 1970's.* Frankfurt a.M./Bern/New York 1983.

Friedrich, Hans-Edwin: *Deformierte Lebensbilder. Erzählmodelle der Nachkriegsautobiographie* (1945–1960). Tübingen 2000.

Frodl, Aglaja: *Das Selbst im Stil. Die Autobiographien von Muriel Spark und Doris Lessing.* Münster 2004.

Gemünden, Gerd: »The Author as Battlefield: Heiner Müller's Autobiography *War without Battle*«. In: Gerhard Fischer (Hg.): *Heiner Müller. Contexts and History. A Collection of Essays from The Sydney German Studies Symposium 1994 ›Heiner Müller/Theatre – History – Performance‹.* Tübingen 1995, S. 117–127.

Germanica 20 (1997): *L'autobiographie moderne.*

Götze, Karl Heinz: »Soudaineté et Construction. Modes du souvenir chez Peter Weiss et Walter Benjamin«. In: *Cahiers d'études Germaniques* 29 (1995) S. 109–119.

Greiner, Bernhard: »Akustische Maske und Geborgenheit in der Schrift: Die Sprachorientierung der Autobiographie bei Elias Canetti und Walter Benjamin«. In: *Literaturwissenschaftliches Jahrbuch* 34 (1993) S. 305–325.

–: »Meta-phoren: Das Lachen und die Zeichen in Elias Canettis Autobiographie«. In: Lothar Fietz/Joerg O. Fichte/Hans-Werner Ludwig (Hg.): *Semiotik, Rhetorik und Soziologie des Lachens. Vergleichende Studien zum Funktionswandel des Lachens vom Mittelalter zur Gegenwart.* Tübingen 1996, S. 325–340.

Gronemann, Claudia: »›Autofiction‹ und das Ich in der Signifikantenkette. Zur literarischen Konstitution des autobiographischen Subjekts bei Serge Dubrovsky«. In: *Poetica* 31 (1999), S. 237–262.

–: *Postmoderne/Postkoloniale Konzepte der Autobiographie in der französischen und maghrebinischen Literatur. Autofiction – Novelle Autobiographie – Double Autobiographie – Aventure du texte.* Hildesheim/Zürich/New York 2002.

Grüter, Doris: *Autobiographie und Nouveau Roman. Ein Beitrag zur literarischen Diskussion der Postmoderne.* Münster/Hamburg 1994.

Günter, Manuela: *Anatomie des Anti-Subjekts. Zur Subversion autobiographischen Schreibens bei Siegfried Kracauer, Walter Benjamin und Carl Einstein.* Würzburg 1996.

–: *Überleben schreiben. Zur Autobiographik der Shoah.* Unter Mitarbeit von Holger Kluge. Würzburg 2002.

Heckmann, Herbert (Hg.): *Literatur aus dem Leben. Autobiographische Tendenzen in der deutschsprachigen Gegenwartsdichtung.* München 1984.

Heidelberger-Leonard, Irene: *Ruth Klüger, weiter leben. Eine Jugend. Interpretationen.* München 1996.

Heuser, Magdalene: »Holocaust und Gedächtnis. Autobiographien, Tagebücher und autobiographische Berichte von verfolgten Frauen«. In: Ortrun Niethammer (Hg.): *Frauen und Nationalsozialismus. Historische und kulturgeschichtliche Positionen.* Osnabrück 1996, S. 83–99.

Hilmes, Carola: »Individuum est ineffabile. Selbstdeutungen des Ich und der Stellenwert der Autobiographie«. In: Gerhart v. Graevenitz (Hg.): *Konzepte der Moderne.* Stuttgart/Weimar 1999, S. 284–302.

Hinck, Walter: *Selbstannäherungen. Autobiographien im 20. Jahrhundert von Elias Canetti bis Marcel Reich-Ranicki,* Düsseldorf/Zürich 2004.

Holdenried, Michaela: *Im Spiegel ein anderer. Erfahrungskrise und Subjektdiskurs im modernen autobiographischen Roman.* Heidelberg 1991.

Hornung, Alfred/Ruhe, Ernstpeter (Hg.): *Autobiographie & Avantgarde. Alain Robbe-Grillet, Serge Doubrovsky, Rachid Boudjedra, Maxine Hong Kingston, Raymond Federman, Ronald Sukenick.* Tübingen 1992.

–: *Postcolonialisme et Autobiographie: Albert Memmi, Assia Djebar, Daniel Maximin.* Amsterdam 1998.

Ivanovič, Christine: »Das Unbehagen in der Zeit. Kindheitserinnerung als Kulturkritik bei Benjamin und Mandel'štam«. In: *DVjs* 71 (1997) S. 461- 493.

Jaeger, Michael: *Autobiographie und Geschichte. Wilhelm Dilthey, Georg Misch, Karl Löwith, Gottfried Benn, Alfred Döblin.* Stuttgart/Weimar 1995.

Kaiser, Alfons: »›Ein Meister‹: Thomas Bernhards Autobiographie und die Tradition des Bildungsromans«. In: *Modern Austrian Literature* 29 (1996) S. 67–91.

Köhler, Sigrid G.: *»Einer Kalebassenscherbe gleich«. Autobiographisches Schreiben zwischen kolonialer Gewalt und kultureller Situierung. Amadou Hampâté Bâ.* Bremen 1999.

Köpnick, Lutz: »Rettung und Destruktion. Erinnerungsverfahren und Geschichtsbewußtsein in Christa Wolfs ›Kindheitsmuster‹ und Walter Benjamins Spätwerk«. In: *Monatshefte* 84 (1992) S. 74–90.

Körte, Mona: »Der Krieg der Wörter. Der autobiographische Text als künstliches Gedächtnis«. In: Nicolas Berg/Jess Jochimsen/Bernd Stiegler (Hg.): *Shoah. Formen der Erinnerung. Geschichte, Philosophie, Literatur, Kunst.* München 1996, S. 201–214.

Koopmann, Helmut: »Autobiographien des Exils«. In: Manfred Misch (Hg.): *Autobiographien als Zeitzeugen.* Tübingen 2001, S. 117–137.

Kosta, Barbara: *Recasting Autobiography. Women's Counterfictions in Contemporary German Literature and Film.* Ithaca/London 1994.

Lehnert, Herbert: »Fiktionalität und autobiographische Motive. Zu Christa Wolfs Erzählung ›Was bleibt‹«. In: *Weimarer Beiträge* 37 (1991) S. 423–444.

Liebrand, Claudia: »Tod und Autobiographie. Fontanes ›Meine Kinderjahre‹ und Canettis ›Die gerettete Zunge‹«. In: *Hofmannsthal-Jahrbuch* 2 (1994) S. 287–307.

Lindner, Burkhardt: »Peter Weiss: Abschied von den Eltern«. In: Herbert Kaiser/ Gerhard Köpf (Hg.): *Erinnern und Erzählen. Deutsche Prosa der Gegenwart. Interpretationen.* Frankfurt a.M. 1992, S. 69–86.

Literaturwissenschaftliches Jahrbuch 34 (1993): Symposium »Die Autobiographie im 20. Jahrhundert«.

Mahler-Bungers, Annegret: »Die Antiautobiographie. Thomas Bernhard als ›Antiautobiograph««. In: Cremerius u.a. (Hg.): *Über sich selber reden*, S. 121–133.

Mazenauer, Beate: »Konstruktion und Wirklichkeit. Anmerkungen zur autobiographischen Wahrhaftigkeit bei Peter Weiss«. In: *Peter Weiss Jahrbuch* 2 (1993) S. 41–50.

Mittag, Gabriele: »Erinnern, Schreiben, Überliefern. Über autobiographisches Schreiben deutscher und deutsch-jüdischer Frauen«. In: *Exilforschung* 11 (1993) S. 53–67.

Muschg, Adolf: *Literatur als Therapie? Ein Exkurs über das Heilsame und das Unheilbare. Frankfurter Vorlesungen*. Frankfurt a.M. 1981.

Paulsen, Wolfgang: *Das Ich im Spiegel der Sprache. Autobiographisches Schreiben in der deutschen Literatur des 20. Jahrhunderts*. Tübingen 1991.

Pethes, Nicolas: *Mnemographie. Poetiken der Erinnerung und Destruktion nach Walter Benjamin*. Tübingen 1999.

Pfotenhauer, Helmut: »Autobiographie als Schwellenereignis. Semiotische Zwiespältigkeiten der Moderne«. In: Nicholas Saul/Daniel Steuer/Frank Möbus/Birgit Illner (Hg.): *Schwellen. Germanistische Erkundungen einer Metapher*. Würzburg 1999, S. 349–368.

Pickerodt, Gerhart: »Zwischen Erinnern und Verdrängen. Heiner Müllers Autobiographie *Krieg ohne Schlacht. Leben in zwei Diktaturen*«. In: *Cahiers d'études Germaniques* 29 (1995) S. 63–71.

Ravy, Gilbert: »Au commencement étaient *les mots*. Pouvoir et magie du livre dans les récits autobiographiques«. In: *Germanica* 20 (1997), S. 15–29.

Reimann, Rammon: »Gottfried Benns autobiographische Schriften als Reaktionen auf die kollektive germanische Dummheit«. In: *Germanica* 20 (1997) S. 125–136.

Reisch, Heiko: »Autobiographie und Speichertechnik«. In: H.R.: *Das Archiv und die Erfahrung. Walter Benjamins Essays im medientheoretischen Kontext*. Würzburg 1992, S. 59–97.

Reiter, Andrea: »Thomas Bernhards ›musikalisches Kompositionsprinzip‹«. In: *Rowohlt Literaturmagazin* 23 (1989) S. 149–168.

Ruhe, Doris: »Wie neu ist die Nouvelle Autobiographie? Aspekte der Gattungsentwicklung in Frankreich und Deutschland«. In: *Romanistische Zeitschrift für Literaturgeschichte* 18 (1994) S. 353–369.

Saunders, Barbara: *Contemporary German Autobiography, Literary Approaches to the Problem of Identity*. London 1985.

Schemme, Wolfgang: »Heiner Müller: Krieg ohne Schlacht. Theater als Angriff auf die Wirklichkeit«. In: *Deutschunterricht* 48/4 (1995) 202–211.

Schmidt, Ulrich: *Zwischen Aufbruch und Wende. Lebensgeschichten der sechziger und siebziger Jahre*. Tübingen 1993.

Schneider, Manfred: *Die erkaltete Herzensschrift. Der autobiographische Text im 20. Jahrhundert*. München/Wien 1986.

Schönert, Thomas: *Figurengestaltung. Autobiographie und Fiktion. Eine Untersuchung zum literarischen Werk von Hermann Lenz*. Frankfurt a.M. 1992.

Schutte, Jürgen: »›Die Kindheit ist nicht mehr vorhanden‹. Anmerkungen zum autobiographischen Diskurs in Peter Weiss' *Abschied von den Eltern*«. In: Irmela von der Lühe/Anita Runge (Hg.): *Wechsel der Orte. Studien zum Wandel des literarischen Geschichtsbewußtseins*. Festschrift für Anke Bennholdt-Thomsen. Göttingen 1997, S. 334–345.

Schwab, Sylvia: *Autobiographik und Lebenserfahrung. Versuch einer Typologie deutschsprachiger autobiographischer Schriften zwischen 1965 und 1975.* Würzburg 1981.

Sill, Oliver: *Zerbrochene Spiegel. Studien zur Theorie und Praxis modernen autobiographischen Erzählens.* Berlin/New York 1991.

–: »»Fiktion des Faktischen‹. Zur autobiographischen Literatur der letzten Jahrzehnte«. In: Walter Delabar/Erhard Schütz (Hg.): *Deutschsprachige Literatur der 70er und 80er Jahre. Autoren, Tendenzen, Gattungen.* Darmstadt 1997, S. 75–104.

Sloterdijk, Peter: *Literatur und Organisation von Lebenserfahrung. Autobiographien der Zwanziger Jahre.* München 1978.

Smith, Sidonie: *Subjectivity, Identity, and the Body. Women's Autobiographical Practices in the Twentieth Century.* Bloomington/Indianapolis 1993.

Steinmayr, Markus: *Mnemotechnik und Medialität. Walter Benjamins Poetik des Autobiographischen.* Frankfurt a.M. u.a. 2001.

Sturrock, John: »The New Model Autobiographer«. In: *New Literary History* 9 (1977/78) S. 51–63 [über Michel Leiris].

Tebben, Karin: *Literarische Intimität. Subjektkonstitution und Erzählstruktur in autobiographischen Texten von Frauen.* Tübingen/Basel 1997.

Theisen, Bianca: »Im Guckkasten des Kopfes. Thomas Bernhards Autobiographie«. In: Franziska Schößler/Ingeborg Villinger (Hg.): *Politik und Medien bei Thomas Bernhard.* Würzburg 2002, S. 246–265.

Trautwein, Ralf: *Die Literarisierung des Lebens in Elias Canettis Autobiographie.* Glienicke 1997.

Türkis, Wolfgang: *Beschädigtes Leben. Autobiographische Texte der Gegenwart.* Stuttgart 1990.

Vogel, Ruth: »›Dies ist ein aufrichtiges Buch, Leser und was verschweigt es und warum?‹ Max Frisch, *Montauk:* Einblick in die Typoskripte«. In: *Editio* 16 (2002), S. 117–135.

Vom Hofe, Gerhard: »Zauber ohne Zukunft. Zur autobiographischen Korrektur in Max Frischs Erzählung *Montauk*«. In: Walter Schmitz (Hg.): *Max Frisch.* Frankfurt a.M. 1987, S. 340–367.

Weber, Albrecht: »›Widersprüche harmonisiert? Hans Carossas Leben als Werk«. In: Hartmut Laufhütte (Hg.): *Hans Carossa. Dreizehn Versuche zu seinem Werk.* Tübingen 1991, S. 97–116.

–: »Die Literarisierung von Kindheit, Jugend und Schule bei Georg Britting und Hans Carossa«. In: Bernhard Gajek/Walter Schmitz (Hg.): *Georg Britting (1891–1964). Vorträge des Regensburger Kolloquiums 1991.* Frankfurt a.M. 1993, S. 174–204.

Wiethölter, Waltraud: »Sprechen – Lesen – Schreiben. Zur Funktion von Sprache und Schrift in Canettis Autobiographie«. In: *DVjs* 64 (1990) S. 149–171.

Wilke, Sabine: »»Worüber man nicht sprechen kann, darüber muß man allmählich zu schweigen aufhören‹: Vergangenheitsbeziehungen in Christa Wolfs *Kindheitsmuster*«. In: *The Germanic Review* 56 (1991) S. 169–176.

3. Zitierte Texte

Augustinus, Aurelius: *Bekenntnisse*. Eingel. und übertr. von Wilhelm Thimme. München 1982.

Benn, Gottfried: *Doppelleben. Zwei Selbstdarstellungen*. Stuttgart 1984.

Benjamin, Walter: *Berliner Kindheit um Neunzehnhundert*. In: W. B.: *Gesammelte Schriften*. Rolf Tiedemann/Hermann Schweppenhäuser (Hg.). Frankfurt a.M. 1991. Bd. 4. Tillman Rexroth (Hg.), S. 235–304; S. 964–986.

Bernd, Adam: *Eigene Lebens-Beschreibung*. Volker Hoffmann (Hg.). München 1973.

Bernhard, Thomas: *Die Ursache. Eine Andeutung*. München 1977.

Bräker, Ulrich: *Lebensgeschichte und natürliche Ebenteuer des Armen Mannes im Tockenburg*. Werner Günther (Hg.). Stuttgart 1965.

Butzbach, Johannes: *Odeporicon. Wanderbüchlein*. Andreas Beriger (Übertr.). Zürich 1993.

Canetti, Elias: *Die Fackel im Ohr. Lebensgeschichte 1921–1931*. München/Wien 1980.

Cardano, Girolamo: *Des Girolamo Cardano von Mailand (Buergers von Bologna) eigene Lebensbeschreibung*. Hermann Hefele (Übertr., Einl.). Jena 1914.

Cellini, Benvenuto: *Leben des Benvenuto Cellini Florentinischen Goldschmieds und Bildhauers von ihm selbst geschrieben*. Übersetzt und mit einem Anhange herausgegeben von Goethe. Hans-Georg Drewitz/Wolfgang Proß (Hg.). In: Johann Wolfgang Goethe: *Sämtliche Werke*. 40 Bde. Bd. I/11. Frankfurt a.M. 1998.

Cicero, Marcus Tullius: *De inventione*. In: M.T.C.: *De inventione. De optimo genere oratorum. Topica*. H. M. Hubell (engl. transl.). London/Cambridge, Ma. 1960, S. 1–346.

Eckermann, Johann Peter: *Gespräche mit Goethe in den letzten Jahren seines Lebens*. Christoph Michel (Hg.). In: Johann Wolfgang Goethe: *Sämtliche Werke*. 40 Bde. Bd. II/12. Frankfurt a.M. 1999.

Eichendorff, Joseph von: »<Kapitel von meiner Geburt)«. In: J. v. E.: *Werke in sechs Bänden*. Bd. 5: *Tagebücher, autobiographische Dichtungen, historische und politische Schriften*. Hartwig Schultz (Hg.). Frankfurt a.M. 1993, S. 351–353.

Fichte, Hubert: *Versuch über die Pubertät. Roman*. Frankfurt a.M. 1993.

Fontane, Theodor: *Autobiographische Schriften*. Bd. 1: *Meine Kinderjahre*. Gotthard Erler (Bearb.). Berlin/Weimar 1982. Bd. 2: *Von Zwanzig bis Dreißig*. Peter Goldammer (Bearb.). Berlin/Weimar 1982.

Francke, August Hermann: Lebenslauf. In: Erhard Peschke (Hg.): *August Hermann Francke. Werke in Auswahl*. Berlin 1969, S. 4–29.

Goethe, Johann Wolfgang von: *Aus meinem Leben. Dichtung und Wahrheit*. Klaus-Detlef Müller (Hg.). In: J.W.G.: *Sämtliche Werke*. 40 Bde. Bd. I/14. Frankfurt a.M. 1986.

–: *West-östlicher Divan*. Teil 2. Hendrik Birus (Hg.). In: J.W.G.: *Sämtliche Werke*. 40 Bde. Bd. I/3,2. Frankfurt a.M. 1994.

–: *Die letzten Jahre. Briefe, Tagebücher und Gespräche von 1823 bis zu Goethes Tod*. Teil II: *Vom Dornburger Aufenthalt 1828 bis zum Tode*. Horst Fleig (Hg.). In: J.W.G.: *Sämtliche Werke*. 40 Bde. Bd. II/11. Frankfurt a.M. 1993.

Heine, Heinrich: *Geständnisse*. In: H.H.: *Sämtliche Schriften in zwölf Bänden*. Klaus Briegleb (Hg.). München/Wien 1976. Bd. 11, S. 443–513; Bd. 12, S. 153–256.

–: *Memoiren.* In: H.H.: *Sämtliche Schriften in zwölf Bänden.* Briegleb (Hg.). München/Wien 1976. Bd. 11, S. 554–610; Bd. 12, S. 295–332.

Herder, Johann Gottfried: *»Bekenntnisse merkwürdiger Männer von sich selbst.* Herausgegeben von Joh. Georg Müller. Erster Band. Wintherthur 1791. Einleitende Briefe«. In: *Herders Sämmtliche Werke.* Bernhard Suphan (Hg.). Bd. 18. Berlin 1883, S. 359–376.

Isokrates: *Antidosis oder über den Vermögenstausch.* In: I.: *Sämtliche Werke.* Bd. 2. Christine Ley-Hutton (Übertr.). Stuttgart 1997, S. 117–290.

Jean Paul: *Selberlebensbeschreibung.* In: J.P.: *Werke,* Bd. 6. Walter Höllerer (Hg.). München 1963, S. 1037–1103.

Johnson, Uwe: *Jahrestage. Aus dem Leben von Gesine Cresspahl.* Frankfurt a.M. 1970–1983. Bd. 2 (1971).

Jung-Stilling, Johann Heinrich: *Henrich Stillings Jugend, Jünglingsjahre, Wanderschaft und häusliches Leben.* Nachwort und Anmerkungen Dieter Cunz. Stuttgart 1982.

Keller, Gottfried: *Der grüne Heinrich.* Erste Fassung. Thomas Böning/Gerhard Kaiser (Hg.). In: G.K.: *Sämtliche Werke in fünf Bänden.* Bd. 2. Frankfurt a.M. 1985.

–: *Der grüne Heinrich.* Zweite Fassung. Peter Villwock (Hg.). In: G.K.: *Sämtliche Werke in sieben Bänden.* Bd. 3. Frankfurt a.M. 1996.

–: *Autobiographie (1876/77).* In: G.K.: *Sämtliche Werke.* Historisch-kritische Ausgabe. Jonas Fränkel/Carl Helbling (Hg.). 22 Bde., Bern/Zürich 1929–1948. Bd. 21: *Autobiographien, Tagebücher, Aufsätze zur Politik und zum Tage.* Carl Helbling (Hg.). Bern 1947, S. 7–22.

–: *Gesammelte Briefe.* 4 Bde. Hg. Carl Helbling. Bd. 1, Bern 1950.

Klüger, Ruth: *weiter leben. Eine Jugend.* Göttingen 1993.

Mann, Thomas: *Die Bekenntnisse des Hochstaplers Felix Krull. Der Memoiren erster Teil. Gesammelte Werke* Bd. II. Frankfurt a.M. 1974.

Moritz, Karl Philipp (Hg.): ΓΝΩΘΙ ΣΑΥΤΟΝ *oder Magazin zur Erfahrungsseelenkunde als ein Lesebuch für Gelehrte und Ungelehrte.* 10 Bde., Berlin 1783–1793. Nachdruck Nördlingen 1986.

–: *Anton Reiser. Ein psychologischer Roman in vier Teilen.* In: *Anton Reiser. Ein psychologischer Roman in vier Teilen. Andreas Hartknopf. Eine Allegorie. Andreas Hartknopfs Predigerjahre.* Nachwort Benedikt Erenz, Anmerkungen, Zeittafel von Kirsten Erwentraut. Düsseldorf/Zürich 1996.

Müller, Heiner: *Krieg ohne Schlacht. Leben in zwei Diktaturen.* Köln ²1994.

Musil, Robert: *Der Mann ohne Eigenschaften. Roman.* In: *Gesammelte Werke in neun Bänden.* Adolf Frisé (Hg.). Bde. 1–5. Reinbek b. Hamburg 1978.

Petersen, Johanna Eleonora: *Leben Frauen Joh. Eleonora Petersen/Gebohrnen von und zu Merlau, Hrn. D. Jo. Wilh. Petersen Eheliebsten; Von Ihr selbst mit eigener Hand aufgesetzet, und vieler erbaulichen Merckwürdigkeiten wegen zum Druck übergeben, daher es als ein Zweyter Theil Zu Ihres Ehe-Herrn Lebens-Beschreibung beygefüget werden kan.* O.O. 1718.

Reitz, Johann Henrich: *Historie Der Wiedergebohrnen.* Hans-Jürgen Schrader (Hg.). 1. Bd., Teile I–III, 1698–1701. Tübingen 1982.

Rousseau, Jean-Jacques: *Die Bekenntnisse. Die Träumereien des einsamen Spaziergängers.* Übers. Alfred Semerau/Dietrich Leube. München 1978.

Schiller, Friedrich: *Briefwechsel 1.1.1801–31.12.1802.* Stefan Ormanns (Hg.). Nationalausgabe Bd. 31. Weimar 1985.

Seume, Johann Gottfried: *Mein Leben.* Nebst der Fortsetzung von G.J. Göschen und C.A.H. Clodius. Jörg Drews (Hg.). Stuttgart 1991.

Seuse, Heinrich: *Deutsche mystische Schriften*. Georg Hofmann (Übertr., Hg.).
Düsseldorf 1966.

Spener, Philipp Jacob: [Lebensgeschichte]. In: *Christliche Leichenpredigten* 13.
Frankfurt a.M. 1707, S. 182- 205.

Stefan, Verena: *Häutungen. Mit einem Vorwort zur Neuausgabe*. Frankfurt a.M.
1994.

Vesper, Bernward: *Die Reise. Romanessay*. Reinbek bei Hamburg 1995.

Weiss, Peter: *Abschied von den Eltern. Erzählung*. Frankfurt a.M. 1964.

Wilde, Oscar: *The Picture of Dorian Gray*. New York 1981.

Wolf, Christa: *Kindheitsmuster*. Roman. Darmstadt/Neuwied 1979.

Stichwortregister

Namenregister

Sammlung Metzler